元明戏曲流变研究

YUANMING XIQU LIUBIAN YANJIU

郝青云 马婧如 著

人民出版社

目　录

下　编　元杂剧到明杂剧的流变研究

前　言

一、研究方法及价值意义

元明易代是中国历史上一个重要文化转型时期。元代是少数民族为最高统治者的历史时期。同中原传统的汉族统治者相比，作为元代统治阶级上层的蒙古族在生产方式和意识形态方面都有很大差异。蒙古族崛起于北方草原，世代以游牧方式生产和生活，所形成的游牧文化与中原汉族的农耕文化有很大差异。蒙古族入主中原之后，其游牧文化与农耕文化发生了冲突与交融。两种文化的差异在元代社会的各个层面都有所反映，在文学上也是如此。

在中国文学史上，元代文学通常只被当作汉族文学来学习和研究，其中的多民族文化构成往往被忽略了。这其中的原因也是多方面的：首先，尽管元代的最高统治者是蒙古人，但主流文化依然是汉族农耕文化；其次，元代文学作品基本上都是用汉语创作的，元代文学的绝大多数作家和受众都是汉族人，创作活动也主要发生在中原地区；再次，从元代的文学作品本身很难孤立地界定其中的多元文化属性。

在明代，很多文人发现并指出了元代文学的"特殊"之处，但由于当时正处于对异族统治的"拨乱反正"时期，大多数文人的评论都带有鄙薄和排斥的心理，因而，未能从正面去发掘和研究这种"特殊"的文化内涵。清代对民族问题是很敏感的，因而，关注这一现象的人也很少。从近代以来，王国维等一些学者才指出了元代文学的多元性。之后的学者较多关注的是元代社会政治的特殊性对文学的影响，以及元代文学中外来语汇的大量存在，以此证实了元代文学的多元文化属性。这些研究固然已经迈出了很大的一步，但是在元代文学的内部，也就是文学作品本身，应该还存在着作为统治阶级主体民族的文化——蒙古游牧文化的更多影响。但多年来在元代文学的研究中，关于元代社会文化的多元性与文学的关系研究始终是一个薄弱环节。

2002年12月，恩师扎拉嘎先生的著作《比较文学：文学平行本质的比较研究》付梓，先生在多年从事蒙汉文学关系研究的实践基础上，站在哲学的高度，从学理分析和价值判断的双重角度，指明了比较文学的研究范畴，即比较文学是研究文学平行本质的相互关系及其发展规律的一门学科。书中论证了文学平行本质的基本单元就是民族文学，并把各民族文化和文学放在一个平等的位置，对各民族的影响关系进行了进一步深入思索，从而突出了各民族文学的个性因素。蒙古游牧文化与汉族农耕文化属于两种文化体系，彼此之间构成了平行的关系。在金元时期，游牧民族南下乃至入主中原，使两种文化发生近距离接触，并影响到彼此的社会文化和生活方式。在元代，作为统治阶级的主体，游牧民族的意识形态应该在当时的社会生活中产生一定的影响，进而也会对文学产生一定的影响。由于作家身份、生活环境以及接受群体的主体都是汉族，因而这种影响是通过蒙古族所代表的游牧文化与中原农耕文化的差异来体现的。但是单纯就元代文学作品而言，很难证明这一点。如果将元代文学放置在中原文化背景下来观察，用一个恰当的参照物来对比，那么，其中的文化差异就比较容易被发现。杂剧是元代有代表性的文艺形式。一方面，元杂剧是汉语文学的一代之象征，这是不争的事实；另一方面，元杂剧的创作又是在一个多元的文化背景之下进行的，因而一定程度上偏离了中原的文化传统。在中国文学史上与元杂剧有承袭关系的是明代戏剧。

明传奇和明杂剧中均有较大一部分是改写自元杂剧的作品，这些改写的作品皆是考察元杂剧多元文化属性的一个重要参照。明代正统文化的回归势必在戏剧的改写过程中得以体现和主张，对元杂剧中的文化"偏离"也势必得以矫正。在改写过程中的删节与增加之间，对蒙古游牧文化与中原农耕文化的差异性也应该有所体现，这也正是元代蒙古游牧文化对元杂剧产生影响的体现。基于上述考虑，以元明易代的文化变迁为切入点，可以探讨中国古代戏曲在多元文化背景下的流变。

（一）研究的方向与方法

研究方向上，元杂剧与明代戏剧改写本有多方面的可比性，如果能对元杂剧与明传奇进行全面的比较，将会得出更多维的科学结论。但是由于篇幅的局限，这里只选取有较强可比性的作品，即以现存有明确改写关系的作品为主要研究对象，通过分析研究明传奇改编元杂剧过程中对内容进行的删节、增加和改写，发现其中的文化差异，从而求证戏曲流变过程中，游牧文化与农耕文化的交融对文学变迁的影响。

具体的研究方法为，首先以元杂剧为基点，以明代戏剧改写本作品为参照，相同之处找差距，不同之处找原因。在明代戏剧对元杂剧的改编中，找出其对不同民族文化因素的取舍，进而实证元杂剧所蕴含的游牧文化元素。其次，宏观理论与微观实证相结合的方法，大时代与小细节相关照，通过个别来发现一般。

当然，在研究中也难免会遇到一些困难。

首先，寻找可比较的材料有一定的难度。从根本上讲，作为比较文学的双方，要有一定的可比性，而可比性的关键是发现能够体现差异的材料。比较元杂剧与其明代戏剧改写本，要同时观照游牧文化与农耕文化的不同特征，以此作为识别元杂剧中游牧文化因素的依据。在这个过程中，对材料的查找和辨别都是有一定难度的。针对这一点，只有反复阅读文本材料，认真思考两种文化的区别和联系，才能更大限度地搜索和处理可靠材料。

其次，对材料的证明也是一项难度很大的工作。发现了体现元杂剧与其明代戏剧改写本之间文化差异的材料之后，如何论证其反映了游牧文化在元杂剧中的影响，没有旁证材料，单就文本差异便认定是游牧文化的影响因素，这样做缺乏说服力。因而，找到可比较的材料之后，如何去证实这些材料，这是难度更大的工作。要解决这一难题，一方面要依赖于对材料的分析，另一方面更重要的是要找到历史文献等旁证材料加以证实。

（二）研究的价值和意义

首先，中国文学自古以来就是在多民族的环境中生成和发展的，各民族共同缔造了中华民族的历史文化，也缔造了中华民族的文学。多层面、多角度的文学研究有利于更深刻地揭示各时代文学生成的文化语境，从而探索中国古代戏曲的传承与变异。

其次，用比较文学的一般原理和方法对中国古典戏曲的传承关系进行研究，有益于扩大比较文学研究方法的应用领域，丰富比较文学的研究内容，从而促进比较文学在中国的发展。

最后，将同一文化系统内的两个对象进行比较研究，从中发现另外一个文化系统的影响因素，这在以往的比较文学研究中尚不多见。元明戏剧同属于中原汉族古典文学体系，由于历史原因，使元杂剧携带有不同民族的文化基因。通过对元杂剧与其明代戏剧改写本进行跨文化比较研究，发掘游牧文化在元杂剧中的影响，以此来探求多民族文学之间的互动关系，这一实践在比较文学研究中是带有尝试性的。将元杂剧与其明代戏剧改写本进行比较研究，通过实证来探求游牧文化在元杂剧中产生的影响，求证元代文学发展中的多元属性，有利于扩展多元文化背景下中国古典文学的生成和发展研究，从中探索少数民族在中国文学发展史上的地位和贡献，并由此求证中华民族文学共同体的形成过程，进而弥补中国文学史研究中的不足，以促进各民族文学研究的共同繁荣。

二、研究综述

（一）古代戏剧理论中对南北曲差异的论述

1959 年 8 月，中国戏剧出版社出版了《中国古典戏曲论著集成》，集成中收录了元明清几代的戏曲论著。其中可以看到，明代的学者就已经注意到南北戏曲差异，并也论及了北曲与少数民族文化的关系。相关的论述主要有：

1. 何良俊（1506—1573）在《曲论》中指出戏曲与正统儒家文化的矛盾，并且论及了古典戏曲发展的南北异流以及北曲衰微的原因。[①]

---

①　（明）何良俊在《曲论》中写道："祖宗开国，尊崇儒术，士大夫耻留心辞曲，杂剧与旧戏文本皆不传，世人不得尽见，虽教坊有能搬演者，然古调既不谐于俗耳，南人又不知北音，听都即不喜，则习者亦渐少，而西厢、琵琶记传刻偶多，世皆快睹，故其所知者独此二家。"（《中国古典戏曲论著集成》第四集，中国戏剧出版社 1959 年版，第 6 页）

2.王世贞（1526—1590）在《曲藻》中谈到了南北曲的差异及元代北方民族音乐对北曲的影响。①

3.在相关的论著口，王骥德(？—约1623）的《曲律》是涉猎较广的一部，其中分析了南北曲的差异渊源，以及元杂剧与明传奇（南曲）的不同、元曲不传的历史原因，同时还记录了一些蒙古乐器和乐曲，并指出南北曲的各自特点和不同风格。②

4、沈德符（1578—1642）在《顾曲杂言》中记载了当时何元朗家里曾经养家僮唱北曲，同时也记载了在明末北曲还有传唱，但已濒临失传。③ 这

① （明）王世贞在《曲藻》序言中写道："曲者，词之变。自金、元入主中国，所用胡乐，嘈杂凄紧，缓急之间，词不能按，乃更为新声以媚之。……但大江以北，渐染胡语，时时采入，而沈约四声遂阙其一。凡曲：北字多而调促，促处见筋；南字少而调缓，缓处见眼。北则辞情多而声情少，南则辞情少而声情多。北力在弦，南力在板。北宜和歌，南宜独奏。北气易粗，南气易弱。"（《中国古典戏曲论著集成》第四集，中国戏剧出版社1959年版，第25—27页）

② （明）王骥德《曲律》写道："而金章宗时，渐更为北词，如世所传董解元西厢记者，其声犹未纯也。入元而益漫衍其制，栉调比声，北曲遂擅盛一代；顾未免滞于弦索，且多染胡语，其声近嚼以杀，南人不习也。迨季世入我明，又变而为南曲，婉丽妩媚，一唱三叹，于是美善兼至，极声调之致。始犹面北画地相角，迩年以来，燕赵之歌童、舞女，咸弃其捍拨，尽效南声，而北词几废。……世之有南、北，非始今日也。"（《中国古典戏曲论著集成》第四集，中国戏剧出版社1959年版，第55—56页）"唐之绝句，唐之曲也，而其法宋人不传。宋之词，宋之曲也，而其法元人不传。以至金、元人之北词也，而其法今复不能悉传。是何以故哉？国家经一番变迁，则兵燹流离，性命之不保，遑过此太平娱乐事哉。今日之南曲，他日其法之传否，又不知作何底止也！为慨，且惧。"（同上书第155页）"北剧之于南戏，故自不同。北词连篇，南词独限。北词如沙场走马，驰骋自由；南词如揖逊宾筵，折旋有度。连篇而芜蔓，独限而跼蹐，均非高手。"（同上书第159页）

③ （明）沈德符《顾曲杂言》："嘉、隆间度曲知音者，在松江何元朗，蓄家僮习唱，一时优人俱避舍，以所唱俱北词，尚得金、元遗风。"（《中国古典戏曲论著集成》第四集，中国戏剧出版社1959年版，第204页）"自吴人重南曲，皆祖崑山魏良辅，而北词几废，今惟金陵尚存此调。然北派亦不同，有金陵，有汴梁，有云中（大同）；而吴中以北曲擅场者，仅见张野塘一人——故寿州产也——亦与金陵小有异同处。顷甲辰年（1604），马四娘发生平不识金闾为恨，因挈其家女郎十五六人来吴中，唱北西厢全本。其中有巧孙者，故马氏粗婢，貌甚丑而声遏云，于北词关捩窍妙处，备得真传，为一时独步。他姬曾不得其十一也。四娘还曲中，即病亡。诸妓星散。巧孙亦去为市妪，不理歌谱矣。今南教坊有傅寿者，字灵修，工北曲，其亲生父家传，誓不教一人。寿亦豪爽，谈笑倾坐。若寿复嫁去，北曲真同广陵散矣。"（同上书第212页）

些明代的学者已经关注到杂剧与南戏、明传奇的不同风格，在他们的论著中也留下了很多珍贵的资料。

（二）近代以来学者的研究著述

近代以来的研究当以王国维为发轫。新中国成立后，研究成果渐丰。其中著作主要有：

1. 王国维的《宋元戏曲史》。该书于 1913 年完稿，其中提及了元代戏曲音乐的多民族文化成分以及元代社会带给戏曲创造的自然风格。①

2. 新中国成立后，各种文学通史及断代分体文学史中的有关论述开始关注元代社会文化在元杂剧创作中的影响。如游国恩等主编的《中国文学史》（人民文学出版社 1964 年版），从民族矛盾和阶级矛盾入手，肯定了元杂剧的人民性和现实主义创作手法；中国科学院文学所的《中国文学史》（人民文学出版社 1962 年版）和袁行霈主编的《中国文学史》（第三卷，高等教育出版社 1999 年版），简单阐述了元代社会与元代文学的关系；邓绍基的《元代文学史》（人民文学出版社 1991 年版），分析了元代文学的若干历史文化背景；李修生的《元杂剧史》（江苏古籍出版社 1996 年版），肯定了元代社会文化在戏曲中的积极作用；等等。

3. 关于元代社会文化与元杂剧关系的专门论著。如郭英德的《元杂剧与元代社会》（北京师范大学出版社 1996 年版），从元代民族关系及社会文化的特殊性入手，剖析元杂剧反映元代社会生活的广度、深度；么书仪的《元人杂剧与元代社会》（北京大学出版社 1997 年版），深刻分析了社会文化变迁在元杂剧中形成的影响；方龄贵的《元杂剧中的蒙古语》（汉语大词典出版社 1991 年版，后又增补出版了《古典戏曲外来语考释词典》，汉语大词典

---

① 王国维在《宋元戏曲史》中写道："元剧之佳处何在？一言以蔽之，曰：自然而已矣。古今之大文学，无不以自然胜，而莫著于元曲。盖元剧之作者，其人均非有名位学问也；其作剧也，非有藏之名山，传之其人之意也。彼以意兴之所至为之，以自娱娱人。关目之拙劣，所不问也；思想之卑陋，所不讳也；人物之矛盾，所不顾也。彼但摹写其胸中之感想，与时代之情状，而真挚之理，与秀杰之气，时流露于其间。故谓元曲为中国最自然之文学无不可也。若其文字之自然，则又为其必然之结果，抑其次也。"（王国维：《宋元戏曲史》，上海古籍出版社 1998 年版，第 98 页）

出版社与云南大学出版社 2001 年版），从元杂剧的外来语入手，分析了元杂剧使用蒙古及其他少数民族语言的现象，在蒙古文化对元杂剧的影响研究中，取得实质性突破。

此外，还有相当数量的相关论述文章：

1. 李春祥的《元人杂剧反映元代民族关系的几个问题》（《河南师范大学学报》1980 年第 2 期），认为“元人杂剧反映的元代民族关系问题是比较全面而真实的，它既反映了民族矛盾斗争的一面，也反映了民族融合的一面”。2. 席永杰的《元曲描写中蒙古族民风被忽视的原因》（《民族文学研究》1996 年第 1 期），探讨了元杂剧中蒙古民风长期没有引起重视的原因。3. 扎拉嘎的《接受群体之结构变化与文学的发展——论游牧文化影响下中国文学在元代的历史变迁》（《比较文学——文学平等本质的比较研究》，内蒙古教育出版社 2002 年版），从接受群体的变化论证元代文学发生的文化偏离，系统分析了多民族文化因素对元代文学的整体影响。4. 扎拉嘎的《北方少数民族对中国文学的贡献》（《社会科学战线》2003 年第 3 期）、杨义的《“北方文学”的宏观价值与基本功能》（《民族文学研究》2003 年第 1 期），从宏观上论述了北方少数民族对中国文学的贡献。5. 刘祯的《元大都杂剧勃盛论》（《文艺研究》2001 年第 3 期）、云峰的《论蒙古民族及其文化对元杂剧繁荣兴盛之影响》（《内蒙古师范大学学报》2003 年第 4 期）分析了杂剧在元大都兴起与蒙古族统治者的政治文化之间的联系。

（三）古代戏剧理论著作中对元杂剧与明传奇关系的评价

元杂剧在明代广有影响，因而很多明代的学者也开始关注到明传奇对元杂剧的改写问题。相关的著述主要有：

1. 凌蒙初（1580—1644）在《潭曲杂札》中指出了《南西厢记》改写《北西厢》的失败之处，并且分析了李日华和陆天池改写《北西厢》的不成功的原因。[1]

---

① （明）凌蒙初（1580—1644）在《潭曲杂札》中写道：“改北调为南曲者，有李日华西厢。增损字句以就腔，已觉截鹤续凫，如‘秀才们闻道请’下增‘先生’二字等是也。更有不能改者，乱其腔以就字句，如‘来回顾影，文魔秀士欠酸丁’是也。无论原曲为风欠而删其‘风’字为不通，即玉抱肚首二句而强欲以句字平仄叶，亦须云‘来回顾影，秀文魔风酸欠丁’。盖第

2. 李渔（1611—1680）在《闲情偶记》中，谈到了李日华《南西厢》的弊病，并指出改写续写旧有故事常常失败的原因。[①]

3. 张琦（明末人，生卒不详）在《衡曲尘谭》中则认为李日华《南西厢》的成功之处在于对《北西厢》中的游牧文化影响进行了"清洗"："南袭北辞，殊为可笑。今丽曲之最胜者以王实甫西厢压卷，日华翻之为南，时论弗取，不知其翻变之巧，顿能洗尽北习，调协自然，笔墨中之垆冶，非人官所易及也。"[②]

（四）20 世纪以来学者的著述

1. 丛静文的《南北西厢记比较》（台湾商务印书馆 1976 年版），到目前为止，这是对元杂剧和明传奇改写本进行比较的唯一专著。作品把比较的重点放在了艺术形式和艺术风格上，只是简单地比较了人物和情节差异，没有分析差异的原因，最后对两部作品的艺术成就从不同角度分别给予了评价。

2. 么书仪的《铜琵铁琶与红牙板——元杂剧与明传奇比较》（大象出版社 1997 年版），该书以翔实的材料说明了元杂剧与明传奇在艺术风格和艺术

二句乃三字一节、四字一节，而四字又须平平春平者；今四字一节、三字一节如一句七言诗，岂本调耶？今唱者恬不知怪，亦可笑也。至西厢尾声，无一不妙，首折煞尾，岂无情语、佳句可采，以檃括南尾，使之悠然有馀韵，而直取'东风摇曳垂杨线，游丝牵惹桃花片'两词语填入耶？真是点金成铁手！乃西厢为情词之宗，而不便吴人清唱，欲歌南音，不得不取之李本，亦无可奈何耳。陆天池亦作南西厢，悉以己意自创，不袭北剧一语，志可谓悍矣，然元词在前，岂易角胜，况本不及？"（《中国古典戏曲论著集成》第四集，中国戏剧出版社 1959 年版，第 257 页）

① （清）李渔在《闲情偶记》中写道："向有一人欲改《北西厢》，又有一人欲续《水浒传》，同商于予。予曰：'《西厢》非不可改，《水浒》非不可续，然无奈二书已传，万口交赞，其高踞词坛之座位，业如泰山之稳，磐石之固，欲遽叱之使起而让席于予，此万不可得之数也。无论所改之《西厢》、所续之《水浒》，未必可继后尘，即使高出前人数倍，吾知举世之人不约而同，皆以"续貂蛇足"四字，为新作之定评矣。'二人唯唯而去。……《北西厢》不可改，《南西厢》则不可不翻。何也？世人喜观此剧，非故嗜痂，因此剧之外别无善本，欲睹崔张旧事，舍此无由。地乏朱砂，赤土为佳，《南西厢》之得以浪传，职是故也。使得一人焉，起而痛反其失，别出心裁，创为南本，师实甫之意，而不必袭其词，祖汉卿之心，而不独仅续其后，若与《北西厢》角胜争雄，则可谓难之又难，若止与《南西厢》赌长较短，则犹恐屑而不屑。"（清）李渔著，杜书瀛评点：《闲情偶记》，学苑出版社 1998 年版，第 74—75 页。

② 《中国古典戏曲论著集成》第四集，中国戏剧出版社 1959 年版，第 269 页。

形式上的不同，分析了元杂剧与明传奇作者的身份差异，同时也指出了元代与明代统治者对戏曲的不同态度和对策。

3.在近代以来的学者的论文中，也有论及元杂剧与明传奇改写本之差异的文章：

（1）〔美〕西利尔·白之（Cyril Birch，1925—　）的《明传奇的几个课题的几种方法》①（《白之比较文学论文集》，湖南文艺出版社1987年版），文章中有一个小节分析了马致远《青衫泪》与顾大典《青衫记》的故事情节和艺术手法比较，视角独特。该文作为比较文学的研究论文被译成中文。

（2）金乃俊的《论〈窦娥冤〉改编中的几个问题》（《戏曲研究》第21辑，文化艺术出版社1986年版），该文分析了《窦娥冤》自诞生以来被改写的情况，较详细地比较了从《窦娥冤》到《金锁记》的情节变化和人物差异，并评价了二者在批判现实力度上的不同。

（3）王卫民的《〈窦娥冤〉与历代改编本之比较》（《华中理工大学学报（社科版）》1994年第3期），文章通过《窦娥冤》与《金锁记》及清代《东海记》的对比，分析了各自的成就，认为《金锁记》情节安排更曲折，人物性格刻画和创作笔法更细腻，但在批判现实的力度和作品的艺术感染力上却退步了。

（4）母进炎的《接受·扬弃·创造——〈窦娥冤〉与〈金锁记〉戏曲艺术经验传承比较研究》（《贵州师范大学学报》2002年第6期），该文章分析了《金锁记》对《窦娥冤》传统道德观念的接受，并且重点从艺术理论角度论证二者之间的"扬弃"关系。

（五）元杂剧与明杂剧之比较研究

元杂剧的辉煌有目共睹，而对明杂剧的态度学界则各持己见。王国维对明杂剧持全盘否定的态度，他认为："元曲为活文学，明清之曲乃死文学。"②他的《宋元戏曲史》中议论明人杂剧"徐文长渭之《四声猿》，虽有佳处，

---

①　原文刊于白之主编：《中国文学文书研究》（*Studies in Chinese Literary Genres*），加州大学出版社1974年版。

②　〔日〕青木正儿：《中国近世戏曲史·原序》，作家出版社1958年版，第1页。

然不逮元人远甚。至明季所谓杂剧，如汪伯玉道昆，陈玉阳与郊，梁伯龙辰鱼，梅禹金鼎祚、王辰玉衡、卓珂月人月所作，蒐于《盛明杂剧》中者，既无定折，又多用南曲，其词亦无足观"。① 而吴梅则不然，他认为："元剧排场至劣，明则有次第矣。然而苍茫雄宕之气，则明人远不及元，此亦文学上自然之趋向也。"② 不持褒贬，仅述事实，采取了一种客观的态度。随着戚世隽的专著《明代杂剧研究》和徐子方的《明杂剧史》的问世，对明杂剧主题取向、总体风格、创作观念以及历史发展等做了一系列的研究。这两部专著的出现为后来者研究明杂剧提供了许多可资借鉴的路径和资料。

近些年来，很多学者把关注的目光投向元明戏曲的对比研究。随着学术界对明杂剧的关注程度日益加深，关于元明杂剧的对比也渐渐受到了学术界的重视。

1. 姜涛的《古代戏曲同题材作品的文化嬗变与传播接受》（山西大学2010 年硕士学位论文）中，较为全面地对比了元明清戏曲同题材作品，在其所对比的作品中涉及了部分元明杂剧。在文化思潮演变的大背景下，从戏曲形式的主题思想方面进行分析，从而研究同题材戏曲作品的文化嬗变和传播接受；

2. 刘丽华的《元明杂剧文人形象与剧作家心态变迁研究》（陕西师范大学2008 年博士学位论文）从文人形象入手，研究了元明历史变迁对剧作家心态的影响，以及对整个杂剧创作的影响；

3. 美国学者伊维德的《朱有燉的杂剧》一书中，提到了元代石君宝和明代朱有燉的同名杂剧《李亚仙花酒曲江池》，但并未进行太详细的对比分析，他以一个外籍人士的眼光看待中国杂剧，认为石剧接近悲剧，而朱剧属于大团圆的闹剧，并不具有可比性。由此，我们可以看到因中西方文化差异而导致的看待事物的角度差异；

4. 吴晓红的《〈汉宫秋〉与〈昭君出塞〉比较》（《太原城市职业技术学院学报》2008 年第 6 期），对马致远的《汉宫秋》与陈与郊的《昭君出塞》

① 王国维：《宋元戏曲史》，上海古籍出版社 1998 年版，第 126 页。
② 吴梅：《中国戏曲概论》，上海古籍出版社 2000 年版，第 154 页。

这两部不同时期的同题材杂剧作品进行了比较分析。通过对两部戏曲故事情节及人物形象等进行比较，探讨了不同时期作家创作思想的不同；

5. 赵红的《"威人以法不若感人以心"——论元明间"辰勾月"系列杂剧的道德化展衍趋向》（《西南交通大学学报》2011 年第 1 期），文中作者从道德化趋向的角度对"辰勾月"系列杂剧进行了分析，得出由元到明社会道德风化不断加强的结论。

上述已有的研究成果对本书的研究具有一定的启发意义和参考价值，本书将在前人研究的基础上，采用比较文学的研究方法，从多元文化的视角来分析元杂剧与其明代戏剧改写本之间的文化差异。

上 编

元杂剧到明传奇的流变研究

第一章　中国古代戏曲艺术的
发展演进

第一节　戏剧的起源及元杂剧的兴起

中国古典戏剧很早就出现了端倪，但完备的戏剧是从元代开始的。王国维曾说："我国戏剧，汉魏以来，与百戏合，至唐而分为歌舞戏及滑稽戏二种，宋时滑稽戏尤盛，又渐藉歌舞以缘饰故事，于是向之歌舞戏，不以歌舞为主，而以故事为主，而元杂剧出而体制遂定。南戏出而变化更多，于是我国始有纯粹之戏曲。"① 他给戏剧下的定义是："必合言语、动作、歌唱以演一故事，而后戏剧之意义始全。"② 从这几句话中可以看出：与其说元杂剧在艺术形式上具备符合成熟戏剧的标准，不如说是王国维按照元杂剧的特征规范了成熟戏剧的定义。但元杂剧绝不是突然之间出现在舞台上的，它的产生是文艺发展的必然结果，也是时代的产物。

一、元杂剧的产生是文学艺术发展的必然结果

首先，中国很早就有舞台表演，最早的舞台艺术可以追溯到先秦，司马迁在《史记·滑稽列传》中记载了先秦时期楚国的优孟模仿孙叔敖以假乱真的表演。可见，最晚在春秋时期的宫廷中就有了模仿表演。正如明人胡应麟

---

① 王国维:《宋元戏曲史》，上海古籍出版社 1998 年版，第 127 页。
② 王国维:《宋元戏曲史》，上海古籍出版社 1998 年版，第 32 页。

在《庄岳委谈》中所云："优伶戏文，自优孟抵掌孙叔，实始滥觞。"到了汉代，有角触和百戏，在汉代的文物中就有表演百戏的陶俑；魏晋南北朝时期由于大量外来文化的涌入，中国的音乐体系产生了变化，各类丝竹乐器开始参与到音乐歌舞之中，而各种参军戏是当时较为普遍的娱乐方式。唐代的参军戏、变文以及宋代的杂剧、说话等市民娱乐，都为戏剧舞台表演的成熟奠定了艺术基础和群众基础。

其次，中国的诗歌艺术是戏曲演唱的前提。中国古典诗歌始终是伴随音乐一同发展的。原始歌谣作为诗歌的源头，从产生起就与音乐、舞蹈融混在一起，第一部诗歌总集《诗经》也是"弦而歌之"的，而《楚辞》在屈原的笔下"书楚语、作楚声"，也是文学与音乐的结合体。到了汉魏六朝时期，最为流行的诗歌是乐府民歌，乐府本身就是音乐官署，从乐府民歌中，可以享乐音乐，同时也能欣赏文学和考察时弊。唐代的律诗绝句尽管句式整齐、格律严谨，但和乐而歌依然是它的主要表现方式，王之涣、王昌龄、高适等的"旗亭画壁"的故事就很好地说明了这一点。宋词及元曲则是在一定的乐谱里填词演唱，更是离不开音乐。从《诗经》的"饥者歌其食，劳者歌其事"开始，经过汉乐府的"感于哀乐，缘事而发"，到唐代的诗言志、宋代的词言情，中国的古典诗歌始终是以抒情言志为宗旨，代代传承。待到元杂剧的兴起，戏曲演唱充分发挥了古典诗歌的抒情作用，这非常有利于人物心理的刻画。因此，欣赏中国的戏曲，尽管节奏缓慢，但声情并茂的表演并不使人觉得枯燥和乏味。

最后，中国传统的史传文学、笔记小说及宋代的说话艺术都为戏剧的创作提供了人所共知的故事情节和人物形象。戏剧虽然是一种综合艺术，但从文学角度来看是属于叙事文学的，因而一定的故事情节是必需的。戏剧要取得好的舞台效果并与观众产生共鸣，就要在故事情节和人物塑造上下功夫，力求选取一些知名度较高或具有震撼力的人物和故事情节，将其搬演到舞台上。所以符合大众审美和欣赏口味的故事和人物是戏剧作家的首选。

二、元杂剧也是时代的产物

首先，元代城市经济的繁荣及市民队伍的壮大为杂剧表演提供了一定数量的观众。在北宋时期，就开始大量出现大众娱乐场所，如勾栏、瓦肆、棚等。元代，交通更加发达，商业、手工业经济更加繁荣，因而市民队伍也更加壮大了。戏剧是融"说、唱、科、诨"于一体的综合性的表演艺术，欣赏方式的多样性要求戏剧顾及各个层次观众的欣赏水平和习惯。城市居民"有钱""有闲"以及居住相对集中的特点，是戏剧表演的巨大市场，也是剧作家创作的巨大动力。

其次，元代的多元文化促成了戏剧艺术形式的完善。北方地区自古就是少数民族相对集中的地区。先秦时期的晋国境内就生活着大量少数民族。魏晋南北朝时期的"五胡十六国"带来的民族大融合使西域及北方少数民族的音乐和乐器进一步传入中原，中原的音乐体系发生了重大的变化，燕（宴）乐的形成在词和曲的产生与发展中发挥了巨大的作用。唐代，室韦、契丹、突厥及回纥等诸多民族活跃在北方，唐朝国内的少数民族也很多。宋代，北方民族先后建立了辽、西夏、金、蒙古等几个大的政权。1127 年北宋灭亡，北方乃至中原大面积的领土被女真统治。女真同蒙古一样，是以游牧和狩猎为主要生产方式的北方民族。1234 年蒙古灭金，统治了北方地区，直到1368 年元朝灭亡，蒙古族统治者退回漠北地区，结束了少数民族对中原的统治。从北宋灭亡到明朝建立，有近两个半世纪的时间，长江以北地区处于北方少数民族的统治之下。北方少数民族的文化渗透到社会文化生活的各个方面，其中，北方民族的乐曲是构成元曲曲牌的重要成分之一。明代曲论家王骥德在《曲律》中记录了蒙古和回回的乐曲："元时北虏达达所用乐器，如筝、秦、琵琶、胡琴、浑不似之类，其所弹之曲，亦与汉人不同。不知其音调词义如何，然亦各具一方之制，谁谓胡无人哉。今并识于此，以广异闻。"其中大曲包括哈八儿图、口温、也葛倘兀等 16 种，小曲包括哈儿火失哈赤(黑雀儿叫)、阿林捺(花红)、曲律买等 12 种，另外还有回回曲 3 种。[1]同时他还指出："北剧之于南戏，故自不同。北词连篇，南词独限。"[2] 而"北

---

① （明）王骥德：《曲律》，《中国古典戏曲论著集成》第四集，中国戏曲出版社 1959 年版，第 156 页。

② （明）王骥德：《曲律》，《中国古典戏曲论著集成》第四集，中国戏曲出版社 1959 年版，第 159 页。

词连篇"也反映出北方民族的讲唱文学的演述形式。讲唱文学是北方很多少数民族的民间文艺形式。金时开始流行的说唱诸宫调也与此有重要关系,这种说唱表演和戏剧都是以演唱为主的叙事文艺形式。

再次,作为接受群体的一个组成成分,蒙古统治者对戏剧的繁荣具有促进作用。在中国历史上元朝是疆域最大、民族最多的朝代。虽说元朝蒙古族人口相对数量少,蒙古族文化也不能成为元代社会的主流文化。但是作为统治民族,对元代社会的意识形态产生一定影响是必然的。在中国历史及文学中"上有所好"的先导作用是自古就有的。"楚灵王好细腰,而国中多饿人。"汉武帝好辞赋,司马相如得以成名;唐代皇帝喜爱诗歌,唐诗得以繁盛;蒲松龄笔下的"促织"之所以如此重要,也只是因为"上有所好"。可见,统治者的兴趣爱好有如引导社会风尚的风向标。"元代以前的中国文学属于创作者欣赏者尚未分离的文人自足性文学,……写作群体与接受群体都是同一个文人圈子"①,那时的文学基本上是以诗词为主的"雅文学"。蒙古族入主中原并参与到内地的文化市场中,受汉文水平限制,蒙古人在很短时间内难以接受这种文艺形式,但这并不影响他们欣赏杂剧和散曲。蒙古族自古以来就有爱好歌舞的习俗,加上杂剧和散曲是融演唱、说白和舞美于一体的综合艺术,其中的造型艺术和旋律艺术同样可以被不通汉文和汉语的少数民族所欣赏。正如扎拉嘎先生所言:

在元代这个特殊的环境中,能够同时提供会话语言艺术和非会话语言艺术,这样两个既结合在一起又可以适当分离的审美欣赏系统,同时满足接受群体中两部分成员的审美需求:中原汉族和通晓汉语的少数民族观众,是将两个系统合为一个系统,既欣赏属于会话语言系统的说话和唱词,也欣赏属于非会话语言系统的造型艺术和旋律艺术;而不通晓汉语的蒙古和其他北方少数民族观众,则主

---

① 扎拉嘎:《比较文学——文学平行本质的比较研究》,内蒙古教育出版社 2002 年版,第 300 页。

要欣赏属于非会话语言系统的造型艺术和旋律艺术。①

可以说，元杂剧这种艺术形式顾及了元代文化市场消费者的各种需求，为其在元代这样一个"创作者与欣赏者分离的社会消费性文学"寻求到了稳定的市场。文学市场化之后，观众的需求正是作家们创作的终极目标。

最后，科举废弛及自由的文化氛围解放了戏剧作者的思想。中国的科举制度开始于隋朝，在唐代兴盛。由于宋朝注重文治，因而加大了科举取士的力度，真正体现了儒家的"学而优则仕"。科举制度取代魏晋时期的门阀制度，更有利于广泛地选用人才，从而给很多中下层文人以晋身的机会。所以在唐宋时代，读书—科举—仕宦是完美的人生三部曲，科举也是很多读书人学习的根本目的。由于生产方式的差异，游牧民族自古就有尚武的习俗，元朝蒙古族以武力征服天下，因而不理解科举取士对治理国家的重要作用，所以在元朝开国之初没有推行科举制，直至延祐时（1314）才举行第一次科考，而且时断时续，"科举规模，无论就取录人数或进士的地位前途，与唐、宋相比都是很不足道的。元代后期五十多年，科举取士共一千二百余人，占当时相应时期文职官员总数的百分之四。按比例，只相当于唐代和北宋的十分之一强"。②从唐宋到元，中国的读书人境遇形成了巨大落差，"读书—科举—仕宦"这个一贯的娴熟路径几乎成了元代文人的"死胡同"。以往的自尊与清高都荡然无存，生存问题摆在了面前，于是文人纷纷放下对科举的诉求，逐渐学会了靠自己的学识和才艺来谋求生存与发展。科举的废止在一定程度上使文人在思想上获得了解放。在以往的科举制度下，读书人的思想受到儒家思想的严重束缚，"离经叛道"的文人是不会被科举所录取的。封建正统思想与市民大众的思想也存在差异。一部分文人结成书会，依靠文艺创作来谋求生计。书会才人的创作不再去迎合统治阶级的意志，而是尽量去适合市民观众的审美口味。对剧作家们而言，这无疑是一次思想上的解放。以往被

---

① 扎拉嘎：《比较文学——文学平行本质的比较研究》，内蒙古教育出版社 2002 年版，第 306 页。

② 内蒙古社会科学院历史所：《蒙古族通史》（上），民族出版社 2001 年版，第 238 页。

科举所摒弃的一些所谓"怪才""歪才"有了施展才华的机会，在戏曲创作中大显身手。这样从事杂剧创作的文人数量就大大地增加了。一个稳定的作家队伍是元杂剧兴盛的必要条件。

元代相对自由的文化氛围又给作家提供了广阔的创作空间。蒙古统治者对占领地区通常采用"依俗而治"的方略，对各地区各民族的文化、习俗、信仰等并不强行加以干预。蒙古族入主中原之后，对中原的文化和艺术也采取了任其自由发展态度。明代李开先在《西野春游词序》中说道："元不戍边，赋税轻而衣食足，衣食足而歌咏作，乐于心而声于口，长之为套，短之为令，传奇戏文于是乎涉而可准矣。"①"乐于心而声于口"颇带有"感于哀乐，缘事而发"这样一种汉乐府的现实主义风格，这是出自明人之口对元代文学的评价。

元代科举不兴，文人组成书会，从事民间文艺创作。而书会非自元代始，宋朝已有书会，多由失意文人组成。"说话"这种民间文艺被当作"市井末技"，多为士大夫所不齿，因而宋代的说话艺人没有史籍可载，宋代的话本也几乎找不到刊印的文本，现在见到的宋代话本最早也是元代刊印的。但宋人笔记中记载，两宋的"说话"艺术是非常繁荣的，这和沉抑下潦的知识分子有着十分密切的关系。元代科举废弛，的确堵住了很多知识分子的晋身之路，但它对文学的推动作用是不容忽视的。很多文人在元曲创作中大显身手，其中有很多戏曲作家本来也不能算是理想的"科举之才"，如关汉卿等。从关汉卿的《南吕·一枝花》中就可以看出他与中国传统儒士的不周之处。但他的戏剧作品不仅在元杂剧史上，而且在中国文学史上甚至在世界戏剧史上都占有非常重要的地位。科举废弛客观上对元杂剧的兴盛是有积极作用的。胡适曾说："科举一日不废，古文的尊严一日不倒。……南宋晚年……北方受了契丹、女真、蒙古三大征服的影响，古文学的权威减少了，民间的文学渐渐起来。金元时期的白话小曲——如《阳春白雪》和《太平乐府》两集选载的——和白话杂剧，代表这第四时期的

---

① （明）李开先：《西野春游词序》，转引自程炳达、王卫民：《中国历代曲论释评》，民族出版社 2000 年版，第 75 页。

白话文学。明朝的文学又是复古派战胜了；八股之外，诗词的散文都带着复古的色彩，戏剧也变成了又长又酸的传奇了。"①可见科举的废弛在客观上对作家和文学都是一种解放。

三、元杂剧反映了元代广阔的社会生活

元杂剧诞生在北方。"元初期（作家）并有杂剧流传到今者，其籍贯或居留地均在淮河以北。……主要是今北京、河北、山西、山东，兼及河南、安徽等地。"②也就是说，元杂剧是在北方地区发源并发展的，北方的风土人情是元杂剧赖以存在的生活基础。元杂剧的作家大多是书会才人，他们多是"沉抑下潦"的没落文人，个别也有仕宦出身，但也基本都是名不见经传的刀笔小吏。可以说，元杂剧作家是跟人民生活得很近的，他们有机会接触到元代最真实的市民社会，能够体察到人民的喜怒哀乐，因而他们的作品能够反映出广阔的生活画面。元代政治的"疏阔"历来是得到公认的。元代政治环境和文化环境的宽松为作家提供了较自由的创作空间。他们可以在戏曲中宣泄情感，寄托思想，因而元杂剧也真实地记录了作家的个人情感。此外，"元杂剧的观众包括帝王、达官、文人、下层官吏，以及商、农百姓、引车卖浆者流"，③作家和演员要迎合社会各个阶层的不同需求，因为元杂剧这种艺术形式毕竟属于"社会消费性文学"，要得到观众的认可，作家的劳动才能换来经济收益。所以为了适应不同的消费对象，元杂剧作家必须要丰富自己的创作内容。由此可见，元杂剧是能够反映最广阔的社会生活的一种艺术。它是在舞台上演出的，所以必须与时代同步，才能与观众产生共鸣。因而可以说，元杂剧是元代社会生活的缩影。

① 胡适：《五十年来中国之文学》，《胡适说文学变迁》，上海古籍出版社 1999 年版，第142 页。
② 李修生：《元杂剧史》，江苏古籍出版社 2002 年版，第 62 页。
③ 么书仪：《铜琶铁琶与红牙板——元杂剧与明传奇比较》，大象出版社 1997 年版，第54 页。

第二节　明传奇的产生与发展

元杂剧在北方兴起的时候，在南方早已流行起一种戏曲艺术，那就是南戏。北宋无南戏可言，所谓宋元南戏，指南宋加元季南戏。南戏是从南方的一种民间小调开始逐渐发展而成的，即温州（或永嘉）杂剧，历时约240年。明代魏良辅（嘉靖时人）在南戏昆山、弋阳、海盐、余姚四大声腔的基础上，改革了昆山腔。直至明嘉靖、隆庆之交，梁辰鱼（1519—1591）创作《浣纱记》，将魏良辅改革后的昆山腔搬上戏曲舞台，这便是通常意义上的明传奇。①

与元杂剧比较而言，明传奇的创作环境发生了变化。明朝秉承中原重文轻武的文化传统，注重文治并宣扬儒家的伦理道德，朝廷对明代作家的创作进行了行政干预。在明洪武二年（1369），朱元璋下了一道政令，规范戏曲表演不能涉及"帝王""圣贤"，鼓励以孝子顺孙、义夫节妇、劝人为善为内容创作戏曲，后来将这项规定写进了《大明律》。由于行政的干预，作家所表现的生活空间变小了。明传奇的作者文人居多，还有相当数量的士大夫甚至皇室成员。明代文人的地位比较高，生存状况要远远好于元代。他们大多处在社会的中上层，他们所体现的是上层社会的思想和利益。他们所站定的立场与市民作家是不同的，而且这些传奇作家很多都是读书科举出身，受理学思想影响较深。因而，明传奇在价值观念和审美理想上基本与儒家传统观念保持一致。另外，明传奇除了舞台表演之外，还增加了新的欣赏方式——案头阅读。这使其在语言上更加文雅化，有时甚至古拗难懂，严重脱离市民观众。

---

①　关于明传奇的界定目前在学界还没有完全达成一致。如果按声腔划分，专指《浣纱记》之后的以昆山腔体系创作的作品，而在梁辰鱼《浣纱记》之后出现的非昆山腔南戏作品也不能算明传奇；如果按时间划分，只要在《浣纱记》之后，用其他声腔创作的南戏作品，也都算是明传奇。本书主要比较的对象是作品的思想内容和时代文化，所以，采用后一种观点，把明代创作的南戏作品都并入明传奇之列。

第三节　元杂剧与明传奇的关系

一、元杂剧与明传奇在艺术形式上有区别。元杂剧的篇幅较短，通常只有四折一楔子，容量很有限（《西厢记》和《赵氏孤儿》等作品例外），但这也给元杂剧带来了另外一种优点：情节简单，结构紧凑，矛盾冲突集中。元杂剧通常只由一个主要角色演唱，其他角色只有说白和科范。按照主唱角色的性别，元杂剧可分为旦本、末本。旦本即女主角演唱，末本是男主角演唱。但这种演唱方式极不利于剧团发展，因为这是主角的天下。元末夏庭芝之所以能作《青楼集》，是因为每个剧团都是以挑大梁的几个"明星"为主角搭班子唱戏，而其他演员展示才艺的机会却很少。待到元代中后期，南北戏曲出现合流的趋势，杂剧的这种演出形式受到冲击，这应该也是杂剧衰落的原因之一。

相对而言，明传奇的篇幅较长，一般都在二十出以上，有的多达五十多出。所以传奇的容量也比较大，可以展现更加丰富的内容。但同样也带来一些弊病：结构松散，情节冗杂，主题不鲜明。但在演唱方式上，明传奇有更大的进步。明传奇的演唱比较自由，台上的演员都可以唱，而且有时一支曲子里，可以有几个人对唱，舞台上的气氛比较活跃，演员的负担也不是太重。

明传奇在演出上自由灵活的优点，加之元末杂剧的衰微，使传奇逐渐成为戏曲舞台的新"盟主"，中国戏剧史上的一场革命也就在不知不觉中完成了。从艺术形式来看，明传奇是更加完备的戏曲艺术。

二、元杂剧和明传奇在思想内容上有联系。首先，元杂剧与明传奇都是中国文学艺术的表现形式，是中国戏曲的一对"并蒂花"，他们都是在中国历史文化语境中生成的，它们有着共同的文化基因。其次，在某些题材的创作上，明传奇是在元杂剧的基础上加工改写而成的，元杂剧在故事情节和主题思想上对明传奇都有着一定的影响。

三、明传奇与元杂剧之间存在不同的文化属性。元杂剧诞生并发展在北方地区，受北方游牧民族文化影响较深，在某种程度上，偏离了中原的文化传统。明传奇是在宋元南戏的基础上演化而成。宋元时期的南方与北方的境况有很大差异，南方地区受到游牧文化影响的时间短，影响的程度也比较小，所以南戏生成的环境距离中原传统文化更近一些。明传奇诞生时，中原就已经是汉族皇帝的天下了，明朝统治者对文化的整顿也基本完成，这时的社会文化基本上又回到了中原传统文化轨道。元杂剧所携带的游牧文化基因使其与明传奇之间形成了一定的文化差异，这样元杂剧与明传奇就带有了跨文化的属性。

四、元杂剧和明传奇作为比较文学的研究对象具有可比性。由于元明两代文化的差异，作家的审美和时代的风尚都有所不同。在明传奇作家对元杂剧进行修改时，必然会对其作品的故事情节和文化思想做适当的调整。明传奇与元杂剧的这种区别与联系及其不同的文化属性恰好构成了"文学的平行本质"的关系，因而可以作为比较文学的研究对象，而且这种比较具有非常大的实证意义。因为，在以往的比较研究中，虽然也注意到了元杂剧与明传奇的这些区别和联系，但并没有深入探讨其背后的文化根源。如果将元杂剧与明传奇进行泛泛的比较，也很难找到实际的证据说明哪些是游牧文化，哪些是农耕文化。因此，本书将比较的对象定位在与元杂剧有改写关系的现存明传奇作品，并通过分析明传奇作家改写元杂剧作品时所进行的增加、删减和改写，对其不同的文化属性进行梳理和分拣，从中就可以发现游牧文化影响元杂剧的证据。

五、元杂剧与其明传奇改写本具有对应关系。明传奇对前代戏曲的改写现象非常普遍，通过对存目和存本的作品进行全面梳理，将有改写关系的作品进行比照列表，表格附在全书的最后。根据表格进行统计发现：在元杂剧、南戏及明传奇存目作品中，同题现象的作品有 134 组，其中涉及元杂剧作品 205 种，南戏 87 种，明传奇 200 种。但有剧本流传的同题作品只有 35 组，其中涉及元杂剧 40 种，南戏 5 种，明传奇 40 种。现存明传奇与元杂剧有明显改写关系的作品有 14 组，涉及元杂剧作品有 19 种，传奇作品有 17 种。在这些改写作品中，改写关系和发展脉络非常复杂，比如说，元杂剧和宋元南戏中有大量反映同一题材的作品，有相当数量的作品很难鉴别谁先谁后。其后又出现了明传奇的改写本，有的传奇作品很难鉴别是出自杂剧还是南戏。因此在比较过程中，梳理材料和论证文本系统是非常复杂的，而且最终的结果可能也不尽人意。虽然改本系统复杂，但存本数量却很有限，所以这里只选取其中有明显改写关系的几组作品进行比较。这几组作品的改写关系中，有一对一的，也有一对多和多对一的情况。这里只是选择了改写特征明显，而且研究价值较大的《西厢记》《窦娥冤》等几组作品进行了深入比较，其他作品有待进一步研究。

第二章　元明两代历史变迁

　　对元杂剧与其明传奇改写本进行跨文化比较研究，了解元明两代的社会、历史及文化的变迁是非常必要的环节。因为元代社会的巨大变革不仅是中国古典戏剧产生的巨大动力之一，而且也是形成元明两代不同文化特征的重要因素。不同民族的不同文化统治，对元明两代的文化与文学都发生了不同程度的影响，这是由影响者与被影响者之间意识形态的差异造成的，而这种差异是在一定的社会历史条件下形成的。

第一节　蒙古的崛起到明朝的建立

　　元明社会的历史变迁是游牧文化与农耕文化互相冲击的时代背景，也是游牧文化向中原渗透的重要前提。从成吉思汗统一蒙古各部，到蒙古族入主中原，再从元末农民起义到朱元璋建立明朝、蒙古族回归草原，到汉族又重新统治中原、明朝开始清理蒙元文化的影响，等等。这一系列变迁使中原的文化与文学在元代受到了游牧文化的影响，在明代又重新回归到儒家传统。

一、蒙古族的崛起

　　1.蒙古族的崛起。蒙古族崛起于 13 世纪初，尼伦蒙古孛儿只斤·乞牙惕氏铁木真(成吉思汗)经过十余年的战争，先后征服了蒙古"毡帐百姓"(如札剌亦儿、篾儿乞惕、塔塔儿、斡亦剌惕、巴儿忽、豁里、秃剌思、秃马惕、汪古惕、克烈亦惕、乃蛮等)，占领了东自兴安岭、西迄阿尔泰山、南达阴山的广大地区，统一了蒙古高原，结束了蒙古高原多年混战的局面。铁木真于1206年春，通过贵族及诸那颜"忽里勒台"，即大汗位，号称"成吉思汗"，建立了蒙古大汗国。蒙古高原各部族被统称为蒙古，蒙古由部落名称变成了民族的名称，统一的蒙古民族形成了。蒙古民族是自古以来生活在蒙古地区的各游牧部族和游牧部落的大集成。

2. 蒙古族的对外扩张战争。建立蒙古汗国之后，成吉思汗及其子孙不断进行对外扩张战争，征服"林木中百姓"、收附畏吾儿、灭西辽、灭金、征高丽、灭西夏。蒙古人三次西征占领中东、中亚、西亚、东欧、北欧等广大地区，征伐地域远及南高加索、里海草原及欧洲大陆的波兰、匈牙利。建立了包括四大汗国的横跨欧亚两大洲的蒙古大帝国。蒙古人对外战争声势之大，占领地区之广，在人类历史上是空前的，蒙古军被称为"世界的征服者"。

二、元朝的建立

1. 蒙古族入主中原。蒙古军在西征的同时，也开始对西夏、金、南宋及高丽、日本的进兵。1218年成吉思汗让哲别出征灭掉了西辽。同年九月，成吉思汗为追剿契丹叛军，派哈真征讨高丽，1219年两国达成友好协议。1224年命孛罗去征讨西夏，1227年西夏灭亡。1234年蒙古灭金。1260年忽必烈称汗。1271年11月忽必烈改国号为"大元"，并迁都原金中都（今北京），1272年改称"大都"。1279年灭南宋。从此结束了自唐之后三四百年的南北分裂局面，建立了一个中国历史上空前广大的统一多民族国家。

2. 元朝的政治、经济及文化。早在1251年蒙哥即位后，忽必烈受命主管漠南蒙汉接壤区，从此他以漠南为根据地，同汉族和其他各民族上层阶级紧密地结合起来，并笼络了一大批汉族文人，为其出谋划策。忽必烈定国号为"大元"，并效仿汉法制定国策，与重用这些谋士有一定的关系。因而在元朝的政治、经济及文化的管理上，基本上采用了中原传统的管理模式，但在具体的操作上，很多都受到蒙古人传统方式的影响。因而元朝的政治、经济及文化体制都体现出多元性。

意识形态、民族文化、传统习惯的转变过程是漫长的。元朝蒙古人还依然保持着原有的生活习俗，包括皇家的日常生活依然按旧有的习惯来安排。比如，元朝皇帝还依然乘着"斡尔多"（帐车）出行；夏季要到上都去避暑；每年皇家都要举行狩猎活动等。作为统治民族，蒙古民族的游牧文化精神在元朝的社会意识形态里广泛地存在，并且影响到了元代文化和文学。

三、元末农民起义及明朝的建立

1351 年，元末农民起义爆发，起义军主要有三支：刘福通在颍州起义，徐寿辉在蕲水起义，郭子兴在濠州起义。起义军头裹红巾，被称为红巾军。红巾军起义后，各地纷纷响应，起义军的活动遍及大半个中国。起义军中以刘福通起义军发展最快，影响最大。1357 年，刘福通派三路大军讨伐元军，但刘福通在一次战斗中兵败被俘。在起义军发展过程中，朱元璋开始崭露头角。朱元璋在 1352 年加入濠州的郭子兴起义军，郭子兴去世后，朱元璋成为这支起义军的首领。1356 年朱元璋攻占集庆，改名应天府，势力迅速发展。1368 年在应天称帝，建立明朝。同年又派大军北伐，攻克大都。元顺帝及蒙古政权的核心北撤上都，元朝灭亡。

朱元璋从元末农民起义到明朝的巩固和发展过程中，始终把反蒙元作为激励士卒和号召人民的大旗。明朝在其治国方略上，很多方面考虑的是如何与蒙元相区别，如何用汉家治国方略来治理天下，并以此来巩固其统治。朱元璋曾多次提出要恢复中原的汉家传统，剔除蒙元的"不良"影响。统治民族的意识形态和文化差异直接影响了元明两代不同的文化精神和道德规范。

第二节　元代和明代的历史文化差异

从根本上讲，元代社会依然是以汉族为主体的社会，农耕文化依然是主流文化。但由于北方的游牧文化与中原的农耕文化有着明显的差异，蒙古族作为统治阶级的主体，在蒙汉民族的近距离接触中，两种文化出现了一定程度的合流或相互影响的趋势，于是造成了元代文化的多元性，这是元明两代文化差异的主要根源。元代文化的多元性主要体现在蒙古游牧文化的影响，因此，要了解元明两代的文化差异，首先要了解游牧文化与农耕文化的差异。①

虽然中国历史上也经历了几次大的民族融合，但在南宋以前，北方游牧文化与中原农耕文化还是相对独立的。尽管正史材料中关于游牧民族的历史和社会生活的记载比较少，但在一些野史、笔记中，还是可以看到农耕民族眼中的游牧生活片段。元代李志常在《长春真人西游记》中写道：

> 俗无文籍，或约之以言，或刻木为契，遇食同享，难则争赴，有命则不辞，有言则不易，有上古之遗风焉。以诗叙其实云：极目山川无尽头，风烟不断水长流。如何造物开天地？到此令人放马牛。饮血茹毛同上古，峨冠结发异中州。圣贤不得垂文化，历代纵横只自由。②

这是站在中原农耕文化的视角对游牧生活的观察，很显然在文明进程、风土人情和文化传统上，北方游牧民族与中原农耕民族的生活都有很大差异。由于蒙古游牧文化在元代的广泛渗透，使中原地区的文化风尚偏离了儒家传统。明代以朱元璋为首的汉族统治者收回皇权，统治集团又对中原文化所受到的外来影响进行了"拨乱反正"，对游牧文化的遗风进行了多次清理，由此元代与明代有了一道文化"分水岭"。

由于生产方式和生活方式的不同，北方游牧文化与中原农耕文化形成了明显的差异，这些差异主要表现在以下几个方面。

第一，游牧文化崇尚武力，农耕文化崇尚文治。由于自然条件艰苦，强健的体魄是游牧民族生存的第一要素。在游牧生活中，无论是牧业生产还是

---

① 这里的游牧文化是指中国北方游牧民族的文化传统，并非广义的游牧文化；农耕文化是指以中原汉族农业文明为基础的文化传统。

② （元）李志常著，党宝海译注：《长春真人西游记》，河北人民出版社 2001 年版，第32 页。

狩猎活动，大自然都是主要对抗的对象，加之游牧部落之间的掠夺战争频繁发生，因而勇敢强壮是游牧民族的生存基础，由此也就形成了游牧民族的尚武精神。在农耕生活中，无论是种植生产还是采集劳动，生产和生活都比较稳定，人与人的交往频繁，因而对社会的管理和人伦关系的处理很早就已经开始引起重视。儒家学派的思想体系皆出于对社会的管理，因而早在战国中期孟子就提出了"劳心者治人，劳力者治于人"的观点。春秋战国时期士人阶层是一个备受统治阶级依赖的群体，诸侯们争相养士，所谓"礼贤下士""士可杀不可辱"等古语都是这个时期的写照。在和平年代，更是往往一个人才就决定了一个国家的命运，一个杰出文士的重要性远远要高于一个武将。自隋代科举制度产生之后，在唐代又得到进一步发展完善。科举制使中下层地主出身的读书人有机会进入社会的管理层，因而中原农耕文化"重文"的倾向主要表现为对科举的热衷。到了宋代，开国皇帝赵匡胤为了避免武力对皇权造成威胁，江山刚一稳固，便解除了武将的兵权，同时推行重用文臣的政策，并加大了科举取士的用人力度，从而使重文轻武之风更加盛行。

第二，人伦等级观念差别。中原地区很早就进入了封建社会，农业生产人口集中，组织严密，等级森严。春秋战国时期就开始用礼制来约束人民。长期的礼制约束在农耕文化中形成了一系列的人伦等级规范，如三纲五常、三从四德、长幼有序、夫妻有别、君臣有义、父子有亲、朋友有信等诸多的人际等级规范。宋明两代，理学的兴起又使这些等级观念上升到天理。游牧生活受自然条件的影响，依赖于大自然的恩赐、逐水草而迁徙，没有长期固定的居地，居住松散，人员流动性大，人与人之间相对较自由独立。因而，很难形成森严的等级关系。正如项英杰所说的："游牧人在政治生活中，虽也有上下之别，但层次少，规范也不严格，重武功，以武功论贵贱。"①朱元璋也曾经这样评价元代的社会等级状况："贵贱无等，僭礼败度，此元之失政也。"① 他把元朝等级不明看作是元代政治失误的主要原因。

---

① 《明太祖实录》卷55，台湾"中央研究院"历史语言研究所1950年影印版，第2页，总第1176页。

第三，伦理道德规范的差别。中原农耕文化伦理道德标准是个不断升级的过程。从早期的儒家思想发展到宋明理学，已经形成了一个庞大的思想体系，包括"仁义礼智信，温良恭俭让，忠孝节义"等诸多的思想道德规范，成为中原农耕文化所追求的人格标准。"农耕人以乡村为基本单位，以姻亲为纽带，聚宗族、家族而定居。"① 为了维护森严的等级制度，保证君权、父权与夫权的至上地位，保证家族血统的纯正，中原农耕文化渐渐形成了一整套以"忠""孝""节""义"为核心的道德规范和人格审美标准。而游牧文化所遵循的是"适者生存，优胜劣汰"的生存法则。游牧生活依赖自然，这种生存方式的本质特性塑造了游牧民族适应大自然的能力。恶劣的生产生活条件和游牧、狩猎及战争造就了勇敢顽强的民族性格。游牧民族"崇尚武力，贵壮贱老"是生存所需。赵珙在《蒙鞑备录》中说："鞑人贱老而喜壮。"② 因而在伦理道德观念和行为方式上与中原有很多差异。蒙古游牧民族施行族外婚制，在游牧文化中没有过分严格的贞节观念。"男婚女嫁，都很随便。性爱颇自由，嫁妆不苛求。"③ 特定的生产和生活方式使游牧民族很难像中原农耕民族那样形成系统的社会伦理道德规范。

第四，对社会劳动价值判断的差别。由于文化积淀的原因，中原农耕民族始终把农业当作"立邦之本"，重中之重，其他百工及商人则是被抨击和压制的对象。蒙古游牧民族热衷于游牧狩猎生活，但对百工及商人并不歧视和压制，反而出于获取生活必需物资的需要，对商人和手工业者格外重视和依赖。蒙古人在对外扩张战争中，把百工当作掠夺的对象之一。在攻打锦州叛军时，"木华黎说：'此叛寇，存之无以惩后。'除工匠优伶外，悉屠之"。④

第五，对宗教信仰的态度差别。蒙古人对外扩张的过程中，接触到了多种宗教。元朝是个多民族大融合的国家，出于统治需要元朝统治者实行宗教信仰自由的原则，对征服地依俗而治。由于在文字、医学等方面的特殊原因，蒙古族统治者给予佛教特殊优待，将其定为国教，但不排挤异教。中原

① 项英杰等：《中亚：马背上的文化》，浙江人民出版社1993年版，第16页。
② （明）陶宗仪：《说郛》卷54，中国书店1986年版，第20页。
③ 项英杰等：《中亚：马背上的文化》，浙江人民出版社1993年版，第11页。
④ （明）宋濂：《元史·木华黎传》，中华书局1976年版，第2932页

地区尽管很早就传入了佛教，但农耕文化所特有的封闭性和保守性以及受中原固有的道教思想的排挤，佛教并没有被统治者过分地推崇，因而基本上还处在一个民间自由信仰的阶段。明朝注重以儒家思想治理国家，佛教地位明显下降，无法与元朝同日而语。

　　蒙古族入主中原后，成吉思汗黄金家族的君权上升到神圣不可侵犯的神权。蒙古族在接受汉法的过程中受到中原农耕文化的影响，因而蒙古族的等级观念、伦理道德等也发生了变化。与此同时，蒙古游牧文化对中原文化也产生了影响，尤其是北方地区，经历了女真一百多年的统治，游牧文化已广泛渗透。蒙古族作为统治集团的主体，其文化虽不能算是元代的主流文化，但游牧文化对农耕文化的冲击是必然存在的。在《明实录·太祖实录》中朱元璋曾这样说道：

　　　　初，元世祖起自朔漠，以有天下，悉以胡俗变易中国之制，士庶咸辫发垂髻，深襜胡俗。衣服则为袴褶窄袖，及辫线腰褶。妇女衣窄袖短衣，下服裙裳，无复中国衣冠之旧。甚者易其姓氏，为胡名，习胡语。俗化既久，恬不知怪。上久厌之。……其辫发椎髻、胡服胡语胡姓一切禁止。斟酌损益，皆断自圣心。于是百有余年胡俗，悉复中国之旧矣。①

　　这段话说明游牧文化已经使元代社会的习俗发生了很大变化。发式、衣着、姓氏、语言等"俗化既久，恬不知怪"，中原人民对此已经到了浑然不觉的地步。显然这种影响已经渗透到意识形态的内部，而这种对意识形态的影响必然会在文学作品中得以体现。

---

　　①　《明太祖实录》卷30，台湾"中央研究院"历史语言研究所1950年影印版，第10页，总525页。

第三章　西厢记故事在多元文化语境中的演进

　　自从唐代元稹的《莺莺传》^① 诞生以来，西厢记故事在每一种文艺形式中都以新的面貌出现。在中国古代文学史上，很少有哪一部作品产生过如此巨大的影响。西厢记故事诞生之后经历了中国历史上文化变迁较大的宋、金、元、明、清等几个时代。文化的变迁与整合为西厢记故事的形式和内容的演变提供了不同的文化语境，因而，每一次文化变迁都为《西厢记》打上了时代的烙印。

第一节　文化变迁与西厢记故事艺术形态的演变

　　西厢记故事的最初源头是唐代元稹的传奇小说《莺莺传》，小说描写了一段凄婉的爱情故事：书生张生旅居蒲州普救寺，碰巧遇上了崔莺莺一家也住在这里。时遇兵乱，幸有张生托友人保护，才使崔家人财两安。崔母郑氏与张生母乃同族，宴请张生，以示答谢。席间请女儿莺莺出来致谢，莺莺不情愿地出来作陪，也不多话。张生见莺莺貌美，很是动心。宴罢，张生恳请莺莺的丫鬟红娘传递书简，后莺莺感张生至诚，以身相许，来往数月。后张

---

　　① 《莺莺传》又名《会真记》。元稹（779—831），唐代文学家，字微之，别字威明，洛阳人。8岁丧父，少经贫贱。15岁以明两经擢第。21岁初仕河中府，25岁登书判拔萃科，授秘书省校书郎。28岁列才识兼茂明于体用科第一名，授左拾遗，仕臣沉浮较大，逝于武昌军节度使任上。元稹的创作，以诗成就最大。与白居易齐名，并称"元白"，同为新乐府运动倡导者。

生西去，又归来，复去赶考，落榜，再未归。后有书信往来，但一年后莺莺别嫁，张生另娶。故事以"始乱终弃"为结局。

在宋代，西厢记故事得到了发展。北宋文人赵令畤（1051—1134）曾根据《莺莺传》的内容创作了《商调·蝶恋花》鼓子词，共12首，多描述、感叹之语。在南宋时期还有话本《莺莺传》。据南宋皇都风月主人的《绿窗新话》记载，宋代话本主要是本于元稹的传奇小说。

在金代，也就是南宋时期的北方，董解元根据《莺莺传》创作了《西厢记说唱诸宫调》（又称《董西厢》），将故事的演述形式由书面阅读转变为说唱表演，使西厢记故事从此走向大众文学。《西厢记说唱诸宫调》从人物身份到故事情节都发生了变化，最主要的是结局由"始乱终弃"改变为"有情人终成眷属"，使作品由悲剧变成了喜剧。

元代，杂剧的兴盛又使这个故事登上了戏曲舞台，杂剧大家王实甫将董解元的《西厢记说唱诸宫调》改编成了舞台剧——杂剧《崔莺莺待月西厢记》（又称《王西厢》或《北西厢》）。《王西厢》继承了《董西厢》的反封建思想，内容更加紧凑，结局由"私自出走"改为"合法结合"。

西厢记故事在元代的演变还有一个环节是需要关注的，那就是南戏。据文献记载，元代还有南戏《崔莺莺西厢记》。元末明初有李景云同名作品，但全本均佚，只在一些曲谱等著述中留下残曲28支，具体内容不详。但从这些残曲中透露了崔老夫人悔亲等信息，说明故事也受到《董西厢》或《王西厢》的影响。

明代由于戏剧形式的演变，元杂剧的唱词无法用南戏和明传奇的声腔来演唱，而《西厢记》这样的作品又为广大观众所喜闻乐见，所以，明传奇的改写本便应运而生。在明代的诸多改本中影响较大的是崔时佩、李日华的《南调西厢记》（又称《南西厢记》或《南西厢》）。《南西厢》的情节基本上同于《北西厢》，只对部分唱词和说白做了调整和改写。此外还有陆采的《陆天池合并西厢记》；佚名作者（一说是黄粹吾作）的《续西厢升仙记》；周公鲁的《翻西厢》；佚名作者的《锦西厢》。佚失的作品有杨讷的《翠西厢》，屠本畯《崔氏春秋补传》，卓人月《新西厢》，《王百户南西厢记》，等等。可以说在明代形成了西厢翻改热潮。

一、西厢记故事艺术形式的演进

在中国历史上，唐、宋、金、元、明四个时期五个朝代的交替更迭，在文艺形式上也经历了诗、词、曲、小说的转型。从《西厢记》艺术形式的演进来看，每当有一种新的艺术形式兴起，《西厢记》很快就以新的面貌出现，西厢记故事的与时俱进也充分证明了这部作品的巨大生命力。

文艺形式的演进往往是以文化的整合为契机的。在《西厢记》的演变史上，也经历了几个阶段的文化整合。

第一阶段：从唐到宋的演进。首先，词在宋代得到了空前的发展。词的产生和发展是以外来音乐的融入为前提的。在魏晋南北朝时期，大量的北方民族及西域的音乐融入中原的音乐体系，丰富了音乐的表现力，促进了宴乐①的产生，而宴乐的产生是丰富词的音乐体系的重要因素。在宋词的广泛题材中，西厢记故事也得到了吟咏。在秦观（1049—1100）和毛滂（1055？—1120？）的笔下，都用《调笑转踏》对崔莺莺进行了描写；赵令畤（1051—1134）创作《商词·蝶恋花》鼓子词12首，算是词中的"鸿篇巨制"了。其次，西厢记故事在说话艺术中也得到讲述。由于宋代城市经济的繁荣等原因，说话艺术以大众娱乐的方式得以流行。据《东京梦华录》记载，在北宋的都城开封说话艺术十分繁荣，著名的有说"三分"的霍四究、说五代故事的尹常买等，都是演说历史故事的。另外，唐代的传奇小说也成为说话的重要题材，短小的《莺莺传》也登上了说话艺术的舞台。《绿窗新话》著录有《张公子遇崔莺莺》，其故事梗概与元稹的小说内容基本是一致的。

第二阶段：在宋金对峙时期，文学在北方与南方之间发生了分化。北方地区由于女真族南下，北方少数民族的文化与中原地区的传统汉文化相融合。在北方民族乐舞和讲唱文学的影响下，结合中原地区的诗词艺术和舞台表演艺术，产生了新的文艺形式——院本和说唱诸宫调。在诸宫调作品中，董解

---

① 宴乐，又称"燕乐"，魏晋南北朝时期的民族大融合使西域、北方少数民族以及高丽等音乐传入中原，丰富了中原地区的乐器和音乐，在隋唐时期形成了由西域胡乐与民间里巷之曲相融而成的一种新型音乐，主要用于娱乐和宴会的演奏。

元的《西厢记说唱诸宫调》①成为西厢记故事世代传承的里程碑。《西厢记诸宫调》不仅将西厢记故事搬上了说唱艺术的舞台,而且对这个故事做了进一步的加工,丰富了原有的情节,结局让崔莺莺与张生一同出走,并在杜确的主张下终成眷属。这样,长久以来广大读者和观众的不满和遗憾得到了抚慰。

第三阶段:金元统治时期,政治上的巨变,在文化上产生了深刻的影响。女真人于1127年建立金朝就开始统治北方地区。以女真为代表的北方游牧文化与中原的农耕文化相互交融,彼此产生影响。与此同时,南方地区依然处于南宋政权的统治之下,儒家的传统文化传承和保留得相对较好。金时的南北隔离使南方与北方文艺发展具有了相对独立性。王世贞在《曲藻》序言中谈到了南北曲的差异及元代北方民族音乐对北曲的影响:

> 曲者,词之变。自金、元入主中国,所用胡乐,嘈杂凄紧,缓急之间,词不能按,乃更为新声以媚之。……但大江以北,渐染胡语,时时采入,而沈约四声遂阙其一。②

元代蒙古统治者入主中原,统一中国,结束了长期以来南北对峙的局面。在中国思想文化上也出现了中原农耕文化与蒙古游牧文化的碰撞与融合。元杂剧就在这种特定的情况下兴盛起来的。元杂剧的兴盛既是中国文学发展的必然结果,也是时代的产物。剧作家王实甫将西厢记故事搬上了舞台,从此,元杂剧的不朽之作《西厢记》诞生了。但南方与北方在历史上形成的文化差异却一时难以消除,因而在宋、金、元时期,南方与北方的文学形成了不同的发展体系。正如徐渭在《南词叙录》中所言:"今之北曲,盖辽、金北鄙杀伐之音,壮伟狠戾,武夫马上之歌,流入中原,遂为民间之日用。"同时他还说道:"南戏始于宋光宗朝,永嘉人所作《赵贞女》《王魁》二种实

---

① 但近世对《董西厢》的产生时间地点有一些分歧,张炳森在2002年7月发表于《河北学刊》题为《西厢记诸宫调究竟创作于何时》的文章,认为《董西厢》产生于南宋,其证据不足以改变以往公认的定论。

② (明)王世贞:《曲藻》,《中国古典戏曲论著集成》第四集,中国戏剧出版社1959年版,第25页。

首之，故刘后村有'死后是非谁管得，满村听唱蔡中郎'之句。"①南戏的源头未必一定如徐渭所言，但徐渭的话却很恰当地点明了南北戏曲的不同源流，以及少数民族音乐对中原民间文艺的影响。

第四阶段：明朝的建立使中原传统文化得以回归，汉族政权的北上也使南方文化北移。蒙古族多年的统治早已使中原儒士大感"礼崩乐坏"。因此，革除蒙元遗风是明朝建立之后的当务之急。开国之初，朱元璋曾对侍臣说：

> 礼以道敬，乐以宣和，不敬不和，何以为治？元时古乐俱废，惟淫词艳曲更唱迭和，又使胡虏之声与正音相杂，甚者以古先帝王祀典神祇饰为舞队，以戏殿廷，殊非所以道中和、崇治体也，今所制乐章，颇和音律，有和平广大之意。自今一切流俗喧譊淫亵之乐，悉屏去之。②

在中原传统文化中，以"礼"来约束人的行为，以"乐"来陶冶人的性情，中原传统的礼乐具有重要的教化作用。"淫词艳曲更唱迭和，胡虏之声与正音相杂"也就是指北方民族的音乐打破了以往中原的音乐体系，并与中原传统音乐相融合而建立起来的元曲音乐。明朝建立之后，南方的文化北上，使原本盛行于南方的南戏（后来发展为明传奇）也移居北方，并逐渐为广大观众所接受，因此开始了明传奇的兴盛和元杂剧的衰微。正如王骥德《曲律》中所言："唐之绝句，唐之曲也，而其法宋人不传。宋之词，宋之曲也，而其法元人不传。以至金、元人之北词也，而其法今复不能悉传。是何以故哉？国家经一番变迁，则兵燹流离，性命之不保，遑习此太平娱乐事哉。今日之南曲，他日其法之传否，又不知作何底止也！为慨，且惧。"③而戏剧形

---

①　（明）徐渭：《南词叙录》，《中国古典戏曲论著集成》第三集，中国戏剧出版社 1959 年版，第 240 页。

②　《明太祖实录》卷 66，台湾"中央研究院"历史语言研究所 1950 年影印版，第 6 页，总 1245 页。

③　（明）王骥德：《曲律》，《中国古典戏曲论著集成》第四集，中国戏剧出版社 1959 年版，第 155 页。

式的变革促成了西厢记故事的又一次重生，也就是《南调西厢记》的诞生。此后出于不同作者的审美和不同欣赏者的需求，在明代又出现了诸多的《西厢记》改本和续本。由于南戏音乐的不同体系，在明代甚至出现了传奇改本的改本。

从西厢记故事的演变过程来看，伴随文艺形式的建构与解构，伴随不同时代的精神追求，西厢记故事始终活跃在文艺舞台上。

二、西厢记故事思想内容的演进

西厢记故事思想内容的演进是伴随文艺形式的演进发生的。从《莺莺传》到《南西厢》的演进，历经了几个朝代、几种文化语境，从故事情节到人物形象的变化无不与时代密切相关。无论哪一种新的文艺形式演义西厢记故事，都对其内容进行了不同程度的改造。

（一）从《莺莺传》到宋词及说话的演进

这个时期的变化有以下特点：艺术形式的变化较大，但思想内容相对稳定。从《莺莺传》诞生之日起，就以传奇小说的形式把玩于文人墨客的股掌之间，在《莺莺传》中就多次提到友人的评价及赋诗。到了宋代，《莺莺传》在文人手中依然是个"尤物"，词人们所咏所赋也依然没有超脱元稹的本传。

在秦观的《调笑转踏·莺莺》中写道：

> 诗曰：崔家有女名莺莺。未识春光先有情。河桥兵乱依萧寺，红愁绿惨见张生。张生一见春情重。明月拂墙花树动。夜半红娘拥抱来，脉脉惊魂若春梦。
> 词曰：春梦。神仙洞。冉冉拂墙花树动。西厢待月知谁共。更觉玉人情重。红娘深夜行云送。困觯钗横金凤。[1]

毛滂也呼应秦观写下《调笑转踏·莺莺》：

---

① 《全宋词》一，中华书局1965年版，第466页。

诗曰：春风户外花萧萧。绿窗绣屏阿母娇。白玉郎君恃恩力，尊前心醉双翠翘。西厢月冷蒙花雾。落霞零乱墙东树。此夜云犀已暗通，玉环寄恨人何处。

词曰：何处。长安路。不记墙东花拂树。瑶琴理罢霓裳谱。依旧月窗风户。薄情年少如飞絮。梦逐玉环西去。①

这两篇诗词都以咏物咏史的方式，吟咏了崔莺莺的不幸遭遇，同时也对张生的薄情予以了指责。应该说，秦观与毛滂所表达的只是士大夫文人的闲愁而已。在秦观、毛滂同元稹之间，没有什么本质上的区别，他们所代表的是同一种文化形态下的同一个社会阶层，因而，他们也没有超脱元稹的立场，去为崔莺莺的不幸寻找解决的出路。对于他们而言，崔莺莺只是文学创作的一个素材，是文人的一个"尤物"，与功名仕途相比，是微不足道的。这一点同元稹是一致的。

南宋时期赵令畤的《商调·蝶恋花》鼓子词共 12 首，其序中写道：

……至今士大夫极谈幽玄，访奇述异，无不举此以为美谈；至于倡优女子，皆能调说大略。惜乎不比之以音律，故不能播之声乐，形之管弦。好事君子，极饮肆欢之际，愿欲一听其说；或举其末而忘其本，或纪其略而不及终其篇，此吾曹之所共恨者也。今于暇日，详观其文（指《莺莺传》），略其烦亵，分之为十章。每章之下，属之以词。或全摭其文，或止取其意。又别为一曲，载之传前，先序全篇之意。②

这段序首先肯定了《莺莺传》在当时传奇小说中的地位和影响。同时也表明了作者是取《莺莺传》的本意来进行演述。其中还说道："惜乎不比之以音律，故不能播之声乐，形之管弦。"由此可知在当时西厢记故事还没有

---

① 《全宋词》二，中华书局 1965 年版，第 690 页。

② 《全宋词》一，中华书局 1965 年版，第 491 页。

乐人吟唱，作者试图填补这个空白，但并没有改编故事结局的意思。赵令畤乃宋朝皇室后裔，生活在北宋末南宋初，正当大宋面临亡国灭种的危急时刻，很显然《董西厢》还没有诞生。就赵令畤而言，他与儒家的正统思想应当是一致的，因而他也不大可能改变故事的结局。

宋代的说话艺术中，虽没有话本流传，但在宋人笔记《绿窗新话》中著录了一个题为《张公子遇莺莺》的故事，略述其事，但无孙飞虎逼亲、郑氏赖婚之事，虽未详说结局，但提道："数夕，忽红娘敛衾携枕，引崔氏至。斜月晶莹，疑若仙降。自是欢好几一月。"基本与唐传奇《莺莺传》是一脉相承的。

（二）从《莺莺传》到《董西厢》的蜕变

在西厢记故事的演进过程中，《董西厢》是非常关键的一步，无论从形式上还是从内容上看，都是一次蜕变。《董西厢》的关键是在结局中让"有情人终成眷属"，而在故事形式演变过程中对细节的处理更显其高妙与胆识。《董西厢》的改编不仅使这个故事焕发了新的生机，同时为以后的改编提供了基本框架。关于《董西厢》产生的特殊文化语境，本章将另立小节加以分析。

（三）从《董西厢》到《王西厢》的升华

《王西厢》在内容上对《董西厢》继承较多，但在形式变换和细节处理上要更加工巧。《王西厢》首先将诸宫调这种一人表演的讲唱文本改造成多角色扮演和演唱的戏剧，建立了一个立体化的舞台表演体系，而且这个体系还不同于通常意义的元杂剧表演形式。元杂剧通常是四折一楔子，主角演唱，其他角色只有说白，篇幅比较短，内容也很有限。但《王西厢》则是五本二十一折连演，多角色同台演唱，这使《王西厢》在元代就是一部鸿篇巨制和演出特例。这应该得益于《董西厢》对故事情节的丰富，同时也得益于王实甫的个人创作才艺和敢于突破传统的勇气。在西厢记故事演变史上，《王西厢》通过对《董西厢》的改写，把西厢记故事推到了最高峰。

在故事内容上，《王西厢》和《董西厢》的差异主要有以下几个方面：

1.在《董西厢》中，张生已经把求救信送出，但并不告诉老夫人，等老夫人答应"继子为亲"之后，才言明已经发出了求救信。《王西厢》中，老夫人先是悬赏(许亲)退兵，后张生自告奋勇，写信求救。前者是乘人之危，而后者是脱人之难。

2.《董西厢》中的“继子为亲”也并不能完全理解为招他为婿的意思，因而老夫人“许亲”的情节不明显。所以后来张生又“自媒”求配，夫人不允，这时的老夫人也并不能完全算作是“悔亲”。在《王西厢》中老夫人是许亲之后反悔，这才是真正的悔亲。

3.《董西厢》中，莺莺和张生的私情被老夫人发现之后，由于莺莺的孝期还未满，所以不能完婚，于是张生主动提出去科考。之后，因病又误了一年，后来才得中探花。在这期间莺莺因思成病。在《王西厢》中，崔张的“私情”被发现之后，虽无婚礼，但老夫人也默认了这桩婚事。但条件是张生必须考取功名。张生无奈，只得进京赶考。

4.《董西厢》中，郑恒以谎言破坏崔张的婚姻，张生不敢与之抗争，认为与尚书之子争婚，有非礼之嫌。但与莺莺两个人又觉得没有出路，想以死了结。后经长老劝说，向杜确求助。二人连夜逃到杜确处，杜确为其主婚。在《王西厢》中，张生除授回来，揭穿了郑恒的谎言，并与莺莺正式结为夫妻。

此外，《董西厢》中还用大量的笔墨描述与孙飞虎作战的场面，这与主要情节没有多少直接联系，在《王西厢》中，对此进行了删减。

《王西厢》在情节上进行了完善，使故事发展更富有逻辑性。心理刻画更加细腻，人物形象也更加丰满。因此《王西厢》较《董西厢》前进了一大步，西厢记故事由此也基本定型。尽管明清时代又出现诸多改本和续本，但《王西厢》的地位没有哪部作品能够超越。

（四）宋元南戏中的西厢记故事

据文献记载，宋元时期，在南戏中还有《崔莺莺西厢记》① 传演，但剧本现已失传，只留下残曲 28 支，与《北西厢》及各《南西厢》戏文均不相同。因而，可以得知宋元南戏《西厢记》与《北西厢》及其他明传奇改本属不同体系，因此孙崇涛先生说：“元代‘南’、‘北’《西厢》并行。”② 但在南戏《西

---

① 《南词叙录》中称宋元南戏《崔莺莺西厢记》系元人李景云著。

② 孙崇涛：《南戏论丛》，中华书局 2001 年版，第 211 页。

厢记》的残曲内容中，出现了下面一些唱词：

> 乱军中许亲。当时救活你一家命，很宁静。你娘行反目不记
> 恩，他失信，我们心下须准。……宽心待，不久时，定有个好消
> 息。……方叹近来音信稀，长安此去千余里。你道成名，谁知是非
> 嗏，今番好个风流壻（婿）。①

从残曲中可以看出在内容上已出现了老夫人悔亲之事，显然已挣脱唐传
奇的内容，与《董西厢》和《王西厢》很接近。

（五）《王西厢》在明代的改编

元代社会的复杂性主要表现在蒙古游牧文化与中原农耕文化的冲突。在
两种文化的撞击与整合中所诞生、发展的元代文学也表现得极为复杂。许多
元杂剧作品，对中原农耕文化的传统道德观念进行极力宣扬，同时，不同程
度地融入了游牧民族的文化精神。

明代出于戏剧形式发展的需要，《北西厢》由崔时佩、李日华改写为《南
西厢》。之后，一些文人不满其多袭用《王西厢》的词句，于是又出现了陆
采的《南西厢》（以下简称《陆西厢》），《古本戏曲丛刊》第一集收录此本。《陆
西厢》在情节上没有太大改变，虽在语言上确是独辟蹊径，但影响不大。明
代道学者对《西厢记》将崔莺莺嫁给张生的结局不满。如研雪子在《翻西厢》
中，将张生刻画成无赖之徒，最后让崔莺莺嫁给了有情有义的郑恒，而且二
人婚前也没有发生越轨行为。因为一直有《北西厢》是王作关续之说，所以
明代还出现了几种续西厢剧本。现存的有黄粹吾的《续西厢升仙记》和周公
鲁的《锦西厢》。无论怎样，王实甫的《西厢记》是明代刊刻最多的一部戏
剧作品，可证实的就有 68 次，② 可见其影响之大。

明清的评论家对明代的诸多改本颇有微词，公认较好的是李日华《南西

---

① 王季思主编：《宋元戏文辑佚》，《全元戏曲》第十二卷，人民文学出版社 1999 年版，
第 528 页。

② ［日］传田章（1933— ）：《增订明刊元杂剧西厢记目录》，汲古书院 1979 年版，转
引自么书仪：《〈西厢记〉在明朝的"发现"》，《文学评论》2001 年第 5 期，第 122 页。

厢》。《南西厢》的出现，使西厢记故事又得以在舞台上传演，并延续到当代的戏曲演出。《南西厢》在情节和文词上很大程度地继承了《王西厢》。但在一些细节问题的处理上，也留下了明代文化与元代文化差异的蛛丝马迹。对此本书将另立章节加以分析。

从西厢记故事在宋、金、元、明不同时代的演变情况来看，可以发现有以下几个特点。

第一，演变方式是在文艺形式和思想内容两个方面同时发生的。西厢记故事思想内容的演变，都是以文艺形式发展为契机的，而文艺形式的发展又是以文化转型为重要前提的。唐代传奇小说的兴起使《莺莺传》这样的叙事文学得以诞生，宋词的抒情功能又使其再次被吟咏，说话艺术也将这个故事搬上了大众娱乐的舞台。而金代说唱诸宫调的流行使这个故事又一次被改编，元杂剧和南戏的兴盛又使西厢人物活跃在戏剧舞台上，明代戏剧形式的改变使这个作品被改编之后又在舞台上得以重生。两次大规模的演变都发生在少数民族统治时期，如《董西厢》对《莺莺传》的改编和元杂剧的再次改编。在金元时期，北方民族的外来文化介入中原，中原地区原有的思想文化体系发生了偏离，而这种偏离使文学艺术从形式到内容都发生了改变。在文艺形式上，金、元两个朝代变唐宋时代的高雅文学为大众文学。唐传奇和宋词都是供文人玩赏的，而说唱诸宫调和元杂剧都是大众娱乐的文艺形式，没有文字功底的人也能欣赏，这比较适合少数民族观众和普通市民来欣赏。

第二，情节在演变中逐步完善，并基本定型。《莺莺传》是传奇小说，因而是叙事性质的文学作品。宋代的《蝶恋花》鼓子词则是抒情和描述性的，而宋代话本《莺莺传》和说唱诸宫调《董西厢》及后来的戏剧则都是叙事性的。《西厢记》杂剧中的演变，使其结构更加紧凑，叙事情节更加完善，人物形象越来越丰满。其后的改本也基本都接受了大团圆这样一个结局。

第三，每一次演变都被打上了时代的烙印。西厢记故事在从唐到明的这五个朝代的演变过程中，无论在形式上还是内容上，每一个阶段都明显地被打上了时代的烙印。在每一次改编中，都带有其时代文化特征。如金元两代的改编都融入了少数民族思想文化的特征，并使人物的性格及故事结局都得到了一次解放。明代的改编又使儒家传统文化得以回归，因而，《南西厢》

更符合中原的审美传统。

第四，西厢记故事始终活跃在文艺舞台，显示出其强大的艺术生命力。《莺莺传》自诞生起就在中国文坛上占领了一席之地，而后代文学对这一故事的不断演义又为其增添了新的生命力和艺术魅力。尤其是《董西厢》对结局的修改，使作品深入人心。再加上王实甫的再加工，使广大观众接受了一个崭新的《西厢记》。从此这个故事便深深地植根于广大戏曲爱好者的心中，成了一部百看不厌、世代传承的伟大作品。

第二节　从《莺莺传》到《董西厢》的演变

钟嗣成的《录鬼簿》记载："董解元，金章宗时人，以其创始，故列诸首。"① 这是有关《西厢记说唱诸宫调》作者董解元的最早记载，《西厢记说唱诸宫调》被简称为《董西厢》。

从西厢记故事的思想内容和艺术形式的演变过程来看，《董西厢》的贡献和作用超越了任何一个西厢记故事改本。在内容上它把一个"始乱终弃"的爱情小说，改编成情节丰富、让有情人终成眷属的爱情佳话；在形式上又把一个文人案头把玩的传奇小说改编成大众娱乐的讲唱故事，为后代戏剧的再加工打下了声腔、音韵及篇章结构的基础。并且为西厢记故事的普及推广及后来的戏剧改编打下了群众基础。然而《董西厢》的诞生不是偶然的，它的问世要得益于北方少数民族文化对中原文化及文学的影响。

一、《董西厢》对《莺莺传》的改编

《董西厢》中大量引用了"莺莺本传""正传"等《莺莺传》的原文，并以此作为其有据可查的依托，因此可以肯定地说《董西厢》直接取材于《莺莺传》。但作者并未局限于《莺莺传》的情节和主题，而是在原有内容线索

---

① （元）钟嗣成、贾仲明：《录鬼簿》，上海古籍出版社 1978 年版，第 3 页。

的基础上，通过合理想象，对情节进行了丰富和修改，对人物和结局都进行了改造。

第一，人物的变化。在《董西厢》中，主要人物的身份地位较原来都有所提高，人物关系也发生了变化：张生由一个普通书生跃为已故礼部尚书之子；而莺莺由普通的富家之女变成了相国千金，从待字闺中变成表兄郑恒的未婚妻；老夫人也由一个有钱的寡妇变成了相国遗孀，而且治家严谨，原是张生的远房姨母，在这里变成了萍水相逢的陌路人；另外又增加了郑恒、孙飞虎、法本、法聪等几个人物。

第二，情节的变化。在大背景没有改变的前提下，《董西厢》的情节更加复杂化了。张生在普救寺对莺莺一见钟情，于是借故寓居僧舍，寻机接近。遇孙飞虎逼亲，老夫人以"继子为亲"做条件，让张生搬兵救援，退兵后老夫人没有像张生想象的那样把莺莺嫁给他，张生很不满意。张生在后花园对莺莺弹琴和诗，后相思成病，莺莺感动，以身相许。老夫人察觉，红娘劝其息事宁人，老夫人思虑再三，许嫁张生，然孝服未满，不能完婚。试期近，张生赶考，因病延误一年，次年得中进士第三名，捎书信告诉莺莺，待御笔除授之后，告假完婚。郑恒先至，诈言张生已娶卫吏部之女为妻。老夫人恼怒，令郑恒择日与莺莺成婚。张生至，无力争取婚姻，欲与莺莺同死，众人劝，于是连夜携往杜确处求助。真相大白，郑恒无颜，坠阶而死。杜确主婚，张生与莺莺终成眷属。

二、《董西厢》与《莺莺传》的文化差异及背景分析

（一）人物性格和人物关系的转变

在《董西厢》中，不仅增加了一些人物，而且主要人物的性格和人物关系也发生了很大的变化，而这些变化都与作品产生的时代有着直接的联系。

1. 老夫人的变化

《董西厢》中老夫人的地位上升为相国夫人，并与张生和崔莺莺的婚姻自由形成了对立关系。在《莺莺传》中老夫人是个无关紧要的人物，作为张生的远房姨母，她的唯一作用就是强行将莺莺唤出来与张生相见，并导

致了崔张关系的进一步发展，此后再没有参与崔张之间的感情纠葛。但在《董西厢》中，老夫人的性格明朗化了。她很鲜明地站在了莺莺与张生的对立面，以封建家长的权威干预莺莺的婚姻自由，成为莺莺与张生婚姻的巨大障碍。

《董西厢》首先在红娘的口中交代了：

> 夫人治家严肃，朝野知名。夫人幼女莺莺，数日前，夜乘月色潜出，夫人窃知，令妾召归。失子母之情，立莺庭下，责曰："尔为女子，容艳不常。更夜出庭，月色如画，使小僧、游客得见其面，岂不自耻！"莺莺泣谢曰："今当改过自新，不必娘自苦苦。"然夫人怒色，莺不敢正视……①

由此老夫人治家之严便显露出来，这与莺莺对爱情自由的向往形成了矛盾。再加上后面"继子为亲"的骗局，以及许亲又悔亲，导致了莺莺与张生无路可走，甚至产生轻生的念头。至此，老夫人完全站在了莺莺与张生爱情自由、婚姻自主的对立面。从这两点可以看出当时青年男女挣脱家长束缚、争取婚姻自主的意识已经觉醒，但封建家长的权威还依然牢固。从文化背景上看，《董西厢》与《莺莺传》颇有不同。在中原传统习俗中，婚姻通常是由父母做主，但北方游牧民族的习俗却与此有很大差异。女真族原本以游牧狩猎的方式生活在北方的森林草原，传统婚俗中，有"婚家富者以牛马为币。贫者以女年及笄，行歌于途。其歌也，乃自叙家世、妇工、容色，以伸求侣之意。听者有逑娶欲纳之，则携而归，后方具礼偕来女家以告父母"。② 可见在习俗上，女真族的青年男女在选择配偶时是有一定自主权的。金朝女真人尽管很重视学习中原汉文化，但自己的传统文化习俗仍然保留着，他们不可能像宋朝人那样强调儒家的传统礼教。作为统治民族，女真人的文化习俗对北方地区的汉族也会产生一定的影响。

---

① 凌景埏校注：《董解元西厢记》，人民文学出版社 1962 年版，第 18 页。
② （宋）宇文懋昭著，崔文印校证：《大金国志校证》，中华书局 1986 年版，第 554 页。

2. 张生的变化

《董西厢》结局发生变化的根本原因是张生形象的转变。《莺莺传》中张生是一个科场失意、不负责任的花花公子，在这里转变成为一个有情有义、功成名就的读书人。张生的变化是《董西厢》改变故事结局的前提条件，同时他的变化也体现了时代文化精神赋予青年男女追求爱情自由的勇气和可能。

张生对莺莺从"改过"到衷情。在《莺莺传》中，张生见到莺莺"颜色艳异，光辉动人"①，非常动心。于是想买通红娘，以求私通其好。红娘劝其"因德而求娶"②，而张生则答以"若因媒氏而娶，纳采问名，则三数月间，索我于枯鱼之肆矣"③。意即等不得明媒正娶，只想即刻私下来往。这时的张生能娶而不娶，这也为后来的"终弃"结局埋下了伏笔。但在《董西厢》中，张生从"一见钟情"到"花园窥视""搬兵解围""北堂负约"，再到"琴心写恨""越垣遭斥"，再到"相思成疾"，最后才是"西厢偷期"。经历了一系列的曲折艰辛之后，两人才私结连理。很显然，《董西厢》中经历了一个情感发展的过程，这个过程使他们有了良好的感情基础。张生经历了千辛万苦才追求到莺莺，并对她始终如一。《莺莺传》中张生和莺莺虽然互相爱慕，但他们这种才子和佳人之间的情感不是对等的，取舍的绝对主动权都掌握在张生手里，虽然最终是莺莺拒绝张生而没有重温旧梦，但那也仅仅是一种防止再一次受到伤害的自我保护之举。这种不平等的恋爱关系为张生的不负责任埋下了隐患。

在《莺莺传》中，张生抛弃莺莺是为了"改过"，而这种"改过"完全是站在儒家正统文化的立场，把女人当作是"尤物"，认为她"不妖其身，必妖于人"。他为自己的捐弃行为找到了符合封建道德的理由。像张生这

---

① （唐）元稹：《莺莺传》，见王季思校注：《西厢记》，上海古籍出版社 1978 年版，第 199 页。

② （唐）元稹：《莺莺传》，见王季思校注：《西厢记》，上海古籍出版社 1978 年版，第 200 页。

③ （唐）元稹：《莺莺传》，见王季思校注：《西厢记》，上海古籍出版社 1978 年版，第 200 页。

样理智地"改邪归正",是一种封建道德约束下的选择,是不符合人的本性的。

张生在"情"与"志"之间的选择在《莺莺传》中张生与莺莺"朝隐而出,暮隐而入,同安于曩所谓西厢者几一月"①之后,张生便去往长安,数月后又回到蒲州,后又去赶考,科场失意,再未归。在情与志的关系中,他始终是重功名而轻别离。在《董西厢》中,张生则相反。见到莺莺之后,他便觉得"有甚心情取富贵?"②想着要在道场中与莺莺相见,便"闷如丝,愁如织,夜如年。自从人个别,何曾考五经三传!怎消遣?除告得纸和笔砚"③。他对莺莺一见钟情之后,便产生了放弃功名的想法。老和尚责怪他:"以一女子,弃其功名远业乎?"④当老夫人答应嫁莺莺与他,并说:"然莺未服阕,未可成礼。"张生此时才想到功名之事,于是统筹安排"今蒙文调,将赴选围,姑待来年,不为晚矣"。此时的张生是在婚姻有了保障之后,才安心于功名,可见他是把感情放在第一位的。

《董西厢》的改编中,让张生良心发现,最后与莺莺终成眷属,其中也体现着人的本心的回归。

3. 崔莺莺的变化

莺莺对爱情由被动承受到主动追求。在《莺莺传》中,张生托友人护佑崔家,崔老夫人设宴答谢,席间老夫人强迫莺莺出来与张生见面。在《董西厢》中,张生游普救寺,与莺莺偶然相遇,并一见倾心。在《莺莺传》中,莺莺只是个小家碧玉,尚且羞见外人。而在《董西厢》中,她是个相国千金,却私自外出游殿。虽然此时莺莺的身份提高了,但她所受到的传统礼教束缚却宽松了。

《董西厢》还增加了张生与莺莺在西厢院的第二次相见。莺莺对张生甚是留恋,但被红娘强行拉走,莺莺很是不满:"这妮子慌忙则甚那?管是妈

---

① (唐)元稹:《莺莺传》,见王季思校注:《西厢记》,上海古籍出版社1978年版,第201页。

② 凌景埏校注:《董解元西厢记》,人民文学出版社1962年版,第16页。

③ 凌景埏校注:《董解元西厢记》,人民文学出版社1962年版,第19页。

④ 凌景埏校注:《董解元西厢记》,人民文学出版社1962年版,第100页。

妈使来!"①回去之后，遭到老夫人的训斥。从这里也可以看出，莺莺内心对母亲管束的不满，及对与张生自由交往的渴望。

故事发展到这里，莺莺一改先前那副"常服悴容，不加新饰，垂环接黛，双脸断红"②逆来顺受的柔弱之态。她对张生的好奇及对红娘的不满表明了她渴望与张生交往的心情。与此同时，老夫人则成为她追求爱情自由的障碍，实现婚姻自主的绊脚石。莺莺最后冲破礼教和家规获得婚姻自主，使这个形象有了更深刻的意义。在中国文学史上，梁山伯与祝英台、焦仲卿与刘兰芝、董永和七仙女、牛郎与织女，等等，有太多太多的由封建家长酿成的爱情悲剧。他们或者以双双殉情同家长抗争，或者以断绝亲缘关系为代价，或者像牛郎织女一样不得团聚。但在《董西厢》中崔莺莺和张生却通过对爱情的执着追求获得了美满幸福的婚姻。

莺莺与张生之间的关系变化。在《莺莺传》中，张生与莺莺的相遇带有偶然性，他对莺莺一见钟情，但这并不是相互的，莺莺并没有对其表示出好感。后来张生一再挑逗，但莺莺也没有响应。之后，张生应莺莺"明月三五夜"之邀，到花园相会，却遭到莺莺的斥责，之后"张自失者久之，复逾（墙）而出，于是绝望。数夕，张生临轩独寝，忽有人觉之。惊骇而起，则见红娘敛衾携枕而至。抚张曰:'至矣! 至矣! 睡何为哉?'遂设衾枕而去。张生拭目危坐，久之犹梦寐，然修谨以俟。俄而红娘捧崔氏而至……"③《莺莺传》中，在张生没有经历多少感情折磨，莺莺也没必要有过多的自责的情况下，莺莺便投怀入抱，所以张生自疑曰:"岂其梦耶?"④他也没有料到莺莺会这么主动。一个月后张生去长安，"不数月还蒲又累月"。张生因"文调及期，又当西去"，莺莺知道可能要彻底分手了，于是对张生说道:"始乱之，

---

① 凌景埏校注:《董解元西厢记》，人民文学出版社 1962 年版，第 14 页。

② （唐）元稹:《莺莺传》，见王季思校注:《西厢记》，上海古籍出版社 1978 年版，第199 页。

③ （唐）元稹:《莺莺传》，见王季思校注:《西厢记》，上海古籍出版社 1978 年版，第200 页。

④ （唐）元稹:《莺莺传》，见王季思校注:《西厢记》，上海古籍出版社 1978 年版，第201 页。

终弃之，固其宜矣，愚不敢恨。"①莺莺没有理直气壮地争取自己的幸福，并且最终再未与张生会面。在《董西厢》中，在经历许亲、退兵、悔亲之后，张生又应"明月三五夜"之邀，而被斥责，因抑郁相思，而病得"骨消肉尽"、死去活来。莺莺看望张生自责道："莺之罪也！因聊以诗戏兄，不意至此。如顾小行、守小节，误兄之命，未为德也。"这时才让红娘持"药方"见张生，张生见了"药方"，知道莺莺已经决定真心相许，顿时病症全无。在张生赶考期间，莺莺因思念张生病了一春。郑恒诈称张生别娶，莺莺痛苦得倒地气绝。由此可见莺莺对张生的情真意切。当老夫人将莺莺又许嫁郑恒，后张生赶到，真相大白，但张生和莺莺又觉得无力抗争，便欲双双殉情，后法聪出主意让他们二人去找杜确来主婚。至此，有情人才真正为爱情找到了出路。

在《董西厢》中突出了张生与莺莺的情感交流。张生与莺莺在平等的情感基础上，经历了是是非非的考验，最后莺莺不忍看到张生在痛苦中挣扎，才避开母亲的监视，与心上人私结连理。这是莺莺在爱情与家法之间做出的选择。应该说莺莺是经过深思熟虑之后，才冲破母权、家法、礼教等重重障碍，得以和心上人结合。但在《莺莺传》中，张生能娶时不娶，莺莺则不当"乱"而乱。原本是张生引诱莺莺失身，而对于张生的去留、亲疏，莺莺也只有逆来顺受，她从没有正面地提出过自己的要求和主张。最终张生欲与莺莺诀别，莺莺只能自怨自艾地说："愚不敢恨。"而张生却反而说莺莺是"妖"，抛弃莺莺的这种行为竟然被时人称为"改过"。这里突出了张生对莺莺感情的不忠贞，也表明了作者元稹的女性观。唐代虽不像魏晋时代那样实行士族制，但士族制的遗风却依然很顽固。在《唐律疏议·户婚》中记载："人各有耦（偶），色类须同。良贱既殊，何宜配合。"②可见婚姻关系中等级之森严。科举考试是中下层出身的读书人进入上层社会的唯一途径，而与上层社会通婚又是巩固其社会地位的最佳方式。但唐代才子与上层社会女子的婚姻多是由父母做主的，高门深闺中更没有相识、恋爱的可能。因而，唐传

---

① （唐）元稹：《莺莺传》，见王季思校注：《西厢记》，上海古籍出版社 1978 年版，第 201 页。

② （唐）长孙无忌等著，刘俊文点校：《唐律疏议》第十四卷，中华书局 1983 年版，第 269 页。

奇中的爱情故事多是文人与妓女、鬼狐的恋情。以文人优越的社会地位和不可估量的仕途前景，他们和不能登大雅之堂的妓女和鬼狐尽管有浓情蜜意，但双方在社会地位上显然是不平等的。女子在追求爱情的过程中，自然也就失去了主动权。在唐代传奇小说《李娃传》中，荥阳公子玩物而丧志，后来李娃挚情相救，并帮助荥阳公子成就功名。而这时的李娃却想到自己身份的卑贱，欲与公子分手，荥阳公子虽不舍，但也答应与其分手。李娃的思想应该是唐代士妓之恋中具有一定普遍意义的。后来公子的父亲感激李娃让儿子重获新生，并且取得了功名利禄，积极主婚，才成就了二人。此时，李娃也作为烈女节妇的楷模而被歌颂了。

（二）创作的主旨发生变化

《莺莺传》站在元稹这样一个读书士子的立场讲述了一段花花公子的风流韵事，最后以张生"改过自新"抛弃莺莺为结局。其创作主旨在于劝诫读书人专心功名学业，不要沉于女色。但在《董西厢》中则完全摒弃了《莺莺传》的原创意图，将叙事的重点放在了张生与莺莺争取爱情自由与反抗封建包办婚姻的过程和终成眷属的结局上，堪称是一部向封建婚姻制度挑战的爱情宣言书。

《莺莺传》中张生与莺莺难成眷属的主要原因是张生对自身的思想约束。可以说，是儒家的齐家、治世理念让张生放弃莺莺而求取功名，张生与莺莺的婚姻障碍在于思想观念上。然而作者对张生的行为却给予了肯定。也就是说，莺莺的悲剧是因为张生自身"情"与"志"的矛盾造成的，从这种矛盾的深处，我们看到张生和莺莺这两个形象有根本的变化。但《董西厢》中张生和莺莺的婚姻障碍则在老夫人身上。作为封建家长的代言人，封建包办婚姻的执行者，她与青年男女之间构成了追求爱情自由与家长专制的对立关系。

（三）《董西厢》发生转变的时代因素

《董西厢》中人物身份地位的提升，一方面对"有情人终成眷属"的结局增加了难度，另一方面使故事情节的发展变化更加悬念迭生。首先，莺莺身份的变化使她所背负的礼教枷锁更重了，她争取爱情自由的路途也更加艰难。如果莺莺是一个平民的女儿，即使有些出轨的行为，也不会产生太大的影响。但作为相国千金，必然有良好的礼教家规，况且她的母亲也是一个治家严肃的家长，礼法家规对莺莺行为的约束要远远大于一个普通女子。其次，张生从一个无情无义的落第文人变成了尚书之后、新科进士，这种转变使张生在择偶中占有更大的优势。但作品能够大胆地为张生和莺莺的爱情婚姻做主，说明时代的文化精神已经今是而昨非了。按照《莺莺传》里张生的身份地位，将莺莺娶到手不是难事，但张生只是为了个人欲望的一时满足，使凄凄艾艾的莺莺自食苦果。但《董西厢》却能够冲破家长的阻拦，旧婚约的束缚及莺莺的心理防线等重重阻碍，使有情人终成眷属。

结局的改变意味着改编者及接受者的审美思想和价值观念也发生了变化。在唐宋时代，张生与莺莺是没有获得团圆的可能的。孟子曰："不待父母之命，媒妁之言，钻穴隙相窥，逾墙相从，则父母国人皆贱之。"①用儒家经典来衡量，张生与莺莺的行为是不符合封建伦理道德要求的，如果给他们以幸福美满的结局，就等于是对这种行为的鼓励和倡导，元稹之所以没有谴责张生，是因为他站在维护儒家传统礼教的立场，肯定了张生的做法。这是符合那个时代的审美思想和价值观念的。

《董西厢》的产生与时代背景发生变化有直接关系。北宋的灭亡使长江以北地区长期处于女真人的统治之下。女真原本是北方游牧狩猎民族，他们的生产方式和文化习俗与中原有很大差异，这种差异在婚姻关系上表现得更为突出。对待婚姻问题，北方游牧民族并不像中原汉族那样有过多的约束，更没有中原那样严格的礼教思想，所以在婚姻问题上比较自由。在金代历史上，曾多次鼓励女真同汉族及其他少数民族通婚。金章宗时就有两次下令允许通婚。明昌二年（1191）"齐民与屯田户往往不睦，若令递相婚姻，实国家长久安宁之计"。②又泰和六年十一月（1206）"诏屯田军户与所居民为婚姻者听"。③虽说其主要出于政治目的，但从另一侧面体现出女真人对待婚姻的自由思想观念。民族杂居自然会产生通婚现象，再加上朝廷的鼓励，金代

---

① 刘方元:《孟子今译·滕文公下》，江西人民出版社 1985 年版，第 116 页。

② （元）脱脱:《金史·纪九·章宗一》，中华书局 1975 年版，第 218 页。

③ （元）脱脱:《金史·纪十二·章宗四》，中华书局 1975 年版，第 278 页。

的各民族通婚现象非常普遍。通婚是加快民族文化交流最快捷的方式，因此在女真人与汉人通婚的过程中，女真文化也对北方地区的汉族文化产生了影响。女真族的女子不像汉族女子那样有严格的礼教约束，在金朝早期的皇室中也是如此。第四任皇帝海陵王完颜亮在篡位后两个月，即纳昭妃阿里虎，昭妃到此已是三嫁，且带着前夫的子女同嫁。就是这位昭妃还常常酗酒，海陵王劝诫，她也不改，因此导致海陵王对她的疏远。① 与中原汉族相比，金代女真人的贞节观念比较淡泊。中原的传统礼教在后来才被女真人接受，但与中原地区的汉人相比，还要宽松得多。在与北方汉族通婚以及交往中，女真人对待婚姻的思想观念对中原的婚姻观念产生影响是必然的。而这种影响正是崔莺莺个性解放，并敢于追求爱情自由、婚姻自主的生活基础。但在作品中两种文化之间的对立冲突也体现了出来：莺莺自身的矛盾斗争、张生表现出来的懦弱以及最终团圆时对家长及封建权势的依赖等。《董西厢》不可能做到彻底反抗封建的婚姻制度，它能在北方游牧文化的影响下，使青年男女觉醒，去争取婚姻自主的权利，这已经具有非常积极的意义了。

① （元）脱脱：《金史·传一·后妃上》，中华书局 1975 年版，第 1509 页。

第四章　南北西厢记的艺术
流变及文化解析

　　元杂剧《西厢记》脱胎于《董西厢》。而《董西厢》则取材于唐代元稹的传奇小说《莺莺传》。从《莺莺传》到《董西厢》主要是一次思想的蜕变，而从《董西厢》到元杂剧《西厢记》主要是一次艺术的升华。在明代，由于戏剧艺术形式的演进，杂剧渐渐衰微，明传奇主导戏剧舞台，于是，元杂剧《西厢记》（相对于《南西厢》而言，以下称之为《北西厢》）被崔时佩、李日华改写成传奇剧本《南调西厢记》（又称《南西厢记》《南西厢》）。《南西厢》是明代诸多改本中影响较大的一种，篇幅上与《北西厢》相当，在唱词和说白上基本沿用了《北西厢》，只在细微之处做了改动。由于《南西厢》对《北西厢》的"忠实"，所以历来对《南西厢》的独创性关注较少。但是如果从《南西厢》对《北西厢》的细微的改动着眼，就能够发现其中有明显的差异。这种文学上的差异反映了文学产生所依托的社会文化的差异，既元代社会文化与明代社会文化的差异。两种社会文化差异的根源是元代蒙古游牧文化对中原文化产生的影响，进而也影响到了文学。

第一节　《西厢记》在明朝的发展

　　《北西厢》不仅在元代广有影响，在西厢记故事发展史上也占有重要地位，可以说对《北西厢》进行修改带有一定的风险性。但为什么还会有《南西厢》的出现呢？究其原因有如下几点：

一、文艺形式发展的需要

元杂剧在元末逐渐衰微，南戏渐起。到了明代南方文化北移，南戏中的昆山腔异军突起，奠定了明传奇的声腔系统。于是明传奇就成为明代戏剧舞台的主力军，元杂剧的表演渐渐远离了观众。明传奇在声腔系统及结构形式上都与元杂剧有所不同。明代王骥德在《曲律》中谈及了元杂剧与明传奇的交替更迭：

> 金章宗时，渐更为北词，如世所传董解元西厢记，其声犹未纯也。入元而益漫衍其制，栉调比声，北曲遂擅盛一代；顾未免滞于弦索，且多染胡语，其声近嗄以杀，南人不习也。迨季世入我明，又变而为南曲，婉丽妩媚，一唱三叹，于是美善兼至，极声调之致。始犹南北画地相角，迄年以来，燕赵之歌童、舞女，咸弃其捍拨，尽效南声，而北词几废。①

明代何良俊的《曲论》也说到了元杂剧的衰微及明传奇对杂剧的改写：

> 祖宗开国，尊崇儒术。士大夫耻留心辞曲，杂剧与旧戏文本皆不传，世人不得尽见，虽教坊有能搬演者，然古调既不谐于俗耳，南人又不知北音，听者即不喜，则习者亦渐少，而西厢、琵琶记传刻偶多，世皆快睹，故其所知者独此二家。②

在何良俊的眼里，"留心辞曲"与"尊崇儒术"构成了矛盾，并由此导致了杂剧与旧戏文遭受冷落。同时也指出声腔的变化是杂剧不传的原因之一。戏剧声腔的改变使元杂剧在明代逐渐失去了演员和观众，这种演出形式也渐渐远离了戏剧舞台。如此，《北西厢》等观众喜闻乐见的戏剧作品只有

---

① （明）王骥德：《曲律》，《中国古典戏曲论著集成》第四集，中国戏剧出版社 1959 年版，第 55 页。

② （明）何良俊：《曲论》，《中国古典戏曲论著集成》第四集，中国戏剧出版社 1959 年版，第 6 页。

被"移宫换调",改编成新的艺术形式,才能与观众见面。

二、大众娱乐的需求

王实甫的《北西厢》一诞生在杂剧舞台,就受到广大观众的喜爱,也受到行家的好评。元代贾仲明在《录鬼簿续编》中曾说:"新杂剧,旧传奇,《西厢记》天下夺魁。"[1]明代朱权也曾说:"王实甫之词,如花间美人。铺叙委婉,深得骚人之趣。"[2] 王世贞:"北曲故当以《西厢》压卷。"[3] 胡应麟也说:"今王实甫《西厢记》为传奇冠。"[4] 何璧更是说出了当时《北西厢》的广泛影响:"自边会都鄙及荒海穷壤,宁有不传乎?自王侯士农而商贾卒录,宁有不知乎?然一登场即耆蓥妇孺瘄瞀疲聋皆能拍掌,此岂有晓谕之邪情也。"[5] 历代的评论家对《北西厢》都给予了很高的评价,可见《北西厢》的地位和影响。观众的喜好是戏曲作家和演员们把《北西厢》重新搬上了舞台的巨大动力之一。明代《北西厢》的改本有很多,而以崔时佩首改、李日华续改的《南调西厢记》在情节与曲词上与《北西厢》最为接近,并成为明传奇广为传演的剧本。当代昆曲及地方戏多承袭《南西厢》的剧本,《南西厢》在西厢记故事的传承上发挥了重要作用。

三、作家个人审美和时代精神的要求

在《南西厢》中,作者对《北西厢》做了"移宫换调"处理,也就是将

① (元)钟嗣成、贾仲明:《录鬼簿》,上海古籍出版社 1978 年版,第 13 页。
② (明)朱权:《太和正音谱》,《中国古典戏曲论著集成》第三集,中国戏剧出版社 1959 年版,第 17 页。
③ (明)王世贞:《曲藻》,《中国古典戏曲论著集成》第四集,中国戏剧出版社 1959 年版,第 29 页。
④ (明)胡应麟:《少室山房笔丛》,转引自王季思、张人和:《集评校注西厢记》,上海古籍出版社 1987 年版,第 215 页。
⑤ (明)何璧:《北西厢记序》,转引自蔡毅:《中国古典戏曲序跋汇编》第二卷,齐鲁书社 1989 年版,第 641 页。

唱词进行调整，使其适合明传奇的声腔系统，并基本保存了作品的原貌。但在个别处对情节和说白也做了修改，而这种修改并不是完全出于演唱的需要。那么，为什么作家还要对其进行改写呢？这就要从作家和时代的审美追求上来寻找原因了。

元杂剧诞生于北方，而北方从金代到元代经历了一百多年的少数民族统治时期。尤其是元杂剧的欣赏者是多年受游牧文化影响的北方汉人以及少数民族。由于北方游牧民族统治者对意识形态的放松，以及对儒家传统的伦理道德的轻视，因而导致了这个时期北方地区儒家礼教的松弛，从而使人的自由本性得以上升。加之北方游牧民族的文化精神的渗透，使元代社会文化与中原传统的封建伦理道德发生偏离。从《董西厢》对《莺莺传》的改编上就能够看出游牧文化精神对文学的影响。而《北西厢》对《董西厢》内容的延续也说明北方文化精神从金到元的传承。1368 年明朝建立，后迁都于北京，蒙古统治者退居长城以北，南方文化也随之北移，中原文化又回归传统，儒家的思想道德又重新得以伸张。同时明代理学思想的上升又加剧了对异族文化的"排异反应"。元代文学作品中的一些情节放在元代社会背景下合情合理，但在中原传统文化的背景下就未免"不合时宜"。明朝建立之初，明太祖朱元璋就曾指出："礼者，国之防范，人道之纪纲，朝廷所当先务，不可一日无也。自元氏废弃礼教，因循百年，而中国之礼变易几尽。朕即位以来，夙夜不忘，思有以振举之，以洗污染之习。"[①]明朝皇帝对"礼"的认识高度是金朝、元朝的皇帝不可能达到的。在明代统治者的眼中，元代对礼教的放松也就是礼教的废弃，意识形态的自由发展导致了北方游牧文化对中原地区的"污染"。儒家的思想传统在秦代被禁封之后，在汉代得到了空前的发展，如果从汉代算起，发展到宋代已经因袭了一千多年，尤其理学的兴起，使儒家的礼教更加明确、严酷。"礼"是社会等级的标志，所谓"国之防范，人道之纪纲"就是对人的等级约束。具体说来就是三纲五常，"三纲"即君为臣纲，父为子纲，夫为妻纲；"五常"是指仁、义、礼、智、信，这

---

　　① 《明太祖实录》卷 80，台湾"中央研究院"历史语言研究所 1950 年影印版，第 2 页，总 1449 页。

些是几乎等同于法律的基本行为准则，具有强大的约束力。由于北方少数民族的文化基础与中原不同，元代的蒙古族统治者无法深刻认识礼教的重要作用，因而造成"中国之礼变易几尽"。明太祖为恢复儒家的传统礼教，洗除胡俗"污染"是当务之急。"恢复礼教"的活动也渗透到了明代的文化艺术领域。在明代戏曲对元代戏曲的改编过程中，在"移宫换调"的同时，对文艺作品的思想内容进行改造也是顺理成章的事，由此也就形成了《南西厢》与《北西厢》之间的文化差异。

第二节　南北西厢记的发展演变及文化解析

与《北西厢》相比，《南西厢》的情节变化不大，可以说从元杂剧《北西厢》到明传奇《南西厢》的修改是西厢记故事历次变动中最小的一次。但仔细推敲这些细节的增加、删减和改动，就能发现《南西厢》在一定程度上删除了《北西厢》中不符合中原传统审美的内容，同时向儒家传统文化回归，从《南西厢》的回归中，可以证实游牧文化在《北西厢》中的影响。

一、情与理的抗争

王实甫的《北西厢》是一部公认的"言情"作品。何良俊曾说："王实甫才情富丽，真辞家之雄。但西厢首尾五卷，曲二十一套，终不出一'情'字。"[①] 何璧也说："《西厢》者，字字皆凿开情窍，刮出情肠。"[②] 历代的学者对此是肯定的。而且《北西厢》的情节发展就是以崔张的感情发展为线索的。从钟情到传情、伤情、偷情、离情，最后到有情人终成眷属，以"情"字贯穿始终，剧情的发展非常符合情感自然发展的逻辑性。在《南西厢》

---

① （明）何良俊：《曲论》，《中国古典戏曲论著集成》第四集，中国戏剧出版社 1959 年版，第 7 页。

② （明）何璧：《北西厢记序》，转引自王季思、张人和：《集评校注西厢记》，上海古籍出版社 1987 年版，第 228 页。

的改写过程中基本上遵循了这个逻辑。但在细节问题的处理上，却从"情"向"理"一步步地靠近，最后在礼教的框架内让有情人终成眷属。如在"赖简"一节中，《南西厢》为莺莺的诗简加上了诗序："忽睹佳音，荷蒙绻恋。既有再生之恩，宁无特地之约。聊奉新诗，伏惟见教。①待月西厢下，迎风户半开，隔墙花影动，疑是玉人来。"②这个诗序所表达出来的意思非常暧昧，张生这样的"猜诗谜的社家"③自然不可能理解错误。但在张生赴约时莺莺却当面撕信，并说道："相国家声世所夸，妾身端比玉无瑕。"④从这个诗序到后来莺莺态度的变化中，可以看出《南西厢》中张生的赴约和莺莺的赖简都是莺莺一手策划的，而策划的目的就是想规劝他"改邪归正"。这一切都变成了非常理智的行为，从中突出了莺莺这位大家闺秀的礼教修养。

在《南西厢》中还把《北西厢》原有的表现莺莺和张生"情欲"的情节剪裁了许多。如退兵之后，张生赴宴前幻想结亲的情景：

> 红娘去了，小生拽上房门者。我比及到得夫人那里，夫人道："张生你来了也，饮几杯酒，去卧房内和莺莺做亲去！"小生到得卧房内，和姐姐解带脱衣，颠鸾倒凤，同谐鱼水之欢，共效于飞之愿。觑他云鬟低坠，星眼微蒙，被翻翡翠，袜绣鸳鸯。⑤

莺莺也以为是要给他们完婚，于是欣喜地唱道：

> 【乔木查】我相思为他，他相思为我，从今后两下里相思都较可。酬贺间礼当酬贺，俺母亲也好心多。⑥

---

① 本文引文中带着重号的文字均为《南西厢》增加的内容。
② （明）李日华：《南西厢》，《六十种曲》，中华书局 1958 年版，第 63 页。
③ （明）李日华：《南西厢》，《六十种曲》，中华书局 1958 年版，第 63 页。
④ （明）李日华：《南西厢》，《六十种曲》，中华书局 1958 年版，第 68 页。
⑤ （元）王实甫：《西厢记》，上海古籍出版社 1978 年版，第 70 页。
⑥ （元）王实甫：《西厢记》，上海古籍出版社 1978 年版，第 75 页。

在老夫人悔亲之后，张生想用琴声来打动莺莺，并埋怨道：

老夫人且做忘恩，小姐，你也说谎也呵！

莺莺听后道：

（旦云）你差怨了我。【东原乐】道的是俺娘的机变，非干是妾身脱空；若由得我呵，乞求得效鸾凤。俺娘无夜无明并女工，我若得些儿闲空；张生呵，怎教你无人处把妾身作诵。【绵搭絮】疏帘风细，幽室灯清，都只是一层儿红纸，几晃儿疏棂，兀的不是隔着云山几万重，怎得个来信息通？便做道十二巫峰，他也曾赋高唐来梦中。①

莺莺派红娘送了"药方"之后，张生在等待莺莺到来时唱道：

【油葫芦】情思昏昏眼倦开，单枕侧，梦魂飞入楚云台。早知道无明无夜因他害，想当初不如不遇倾城色。人有过，必自责，勿惮改，我却待贤贤易色，将心戒，怎禁他兜的上心来。【鹊踏枝】恁的般恶抢白，并不曾记心怀；拨得个意转心回，夜去明来。空调眼色经今半载，这其间委实难捱。②

以上唱词中的"颠鸾倒凤""鱼水之欢""于飞之愿""效鸾凤"皆指男女欢会交合。此时张生和莺莺的唱词就是其情欲的真实表露，是相爱中的青年男女对婚姻生活的真心向往。这些原本是再自然不过的情感，是符合人物情感发展逻辑的。但这样的张生却不符合儒家传统的文人形象，这样的莺莺也不符合一个相国小姐的内在修养。《南西厢》删掉这些唱词的道理

① （元）王实甫：《西厢记》，上海古籍出版社1978年版，第88页。
② （元）王实甫：《西厢记》，上海古籍出版社1978年版，第136页。

也很简单：这些唱词直白地宣泄了青年男女的情欲，这种直白的表达也正是王国维所说的"思想之卑陋"。明代的作者也并非不支持崔张的婚姻自主，但认为他们表达爱情的方式上缺少节制。如果把这些唱词放在戏曲文学中，会产生"诲淫"的效果。正因如此，《西厢记》在明清两代都遭到被封禁的待遇。《红楼梦》中林黛玉在行酒令时，不自觉地吟诵出"良辰美景奈何天""纱窗也没有红娘报'这样两句诗，薛宝钗听到后诧异地回头看着她，事后又提醒她："最怕见了些杂书，移了性情，就不可救了。"① 林黛玉吟诵的这两句诗的典故分别出自《牡丹亭》和《西厢记》。这两部戏曲都是文学艺术的精品，就因为其中有描写男女情欲的情节，便被传统封建礼教看成是洪水猛兽，在明清两代长期将其列为淫书、禁书，就连其中的优美诗句也无辜地被封禁了。

在传统的儒家文化中，是不提倡男女之间爱情自主的。因而，在社会生活中，男女之间也很难自然地发生爱情。中国古代有"一日夫妻百日恩"的说法，夫妻性生活也要冠以"非为色也，乃为后也"这样冠冕堂皇的理由。因为"无后"为不孝之大，为了"有后"而夫妻相亲则有"孝"作为前提了。夫妻之间尚且如此，未婚男女之间更是"大防"了。所谓"非礼勿视，非礼勿听"是对人从感观到性情的约束。大家闺秀要足不出户，不能见陌生男子，"七岁，男女不同席，不共食"。② 因而女孩子在少年时代就与男性隔离，她们的天性被封锁，青春被禁闭，她们恋爱的可能性太小了。元稹笔下的《莺莺传》中的莺莺尽管是大家闺秀，但因张生有护佑之功，且是莺莺的姨表兄，他们才有接触并发生恋情的可能。在明代汤显祖的《牡丹亭》中杜丽娘是长在深闺中的千金小姐，她被花园中生机勃勃的景致所打动，春心萌动，产生了对爱情的向往。当她因思成梦，与柳梦梅相会时，又被母亲惊醒，于是她异常苦闷，最后抑郁而死。杜丽娘是中国古代深闺少女的典型，她们与外界隔绝，封建礼教的束缚使她们无法与男子自然地交往、恋爱及结合。作家汤

① （清）曹雪芹：《红楼梦》，人民文学出版社 1973 年版，第 514 页。
② （唐）郑氏：《女孝经》，见张福清：《女诫——妇女的枷锁》，中央民族大学出版社 1996 年版，第 11 页。

显祖在刻画这个爱情故事的时候，也无法从生活中找到这样一种可能，所以只有通过做梦这种超现实的方式，变不可能为可能。

桑间蒲上是农耕文化的爱情原生地。在《诗经》和汉魏乐府中，对劳动人民纯真的爱情都做了生动的描述。其后唐宋文人笔下的爱情尽管凄楚动人，但大多表现的是士妓之情、人怪之恋。在正统文学之中，多是颂扬义夫节妇，极少有把男女爱情当作正面理由予以主张。在中国文学史上，《世说新语·韩寿偷香》叙述了贾充的女儿这样一个门第之女与韩寿偷情的故事，但最后也是家长出于"家丑不外扬"而成就了他们的婚姻。乐府诗歌中的刘兰芝与焦仲卿，民间传说中的梁山伯与祝英台等故事都是对封建家长专制的控诉，现实世界中陆游与唐婉这对恩爱夫妻也被陆母活生生拆散，等等。在中国古代封建社会中，这样的爱情悲剧不胜枚举。但是在元杂剧中却出现了很多描写封建礼教下的贵族小姐的爱情故事，虽然多数也是遭到父母的反对，但最终多以团圆为结局。如在关汉卿的《拜月亭》中，王瑞兰和蒋世隆在患难中产生了爱情并私自结合，虽然也遭到封建家长的反对，但最终还是用巧合的方式成全了有情人。元杂剧中还诞生了《墙头马上》《倩女离魂》等诸多描写上层社会女子的爱情，通常也都是以团圆为结局。游牧文化影响下产生的《北西厢》在谈情说爱时相对更自然一些。而崔莺莺与张生的圆满结合不是偶然的，是符合时代精神的，在某种程度上，也是符合生活真实的。受到明代正统儒家文化影响的《南西厢》，虽然延续了这个结局，但崔莺莺与张生之间在表达情感时更加有节制，结合的过程也靠拢了儒家的传统礼教，因而，作品也更符合明代的社会生活和审美追求。

关于《北西厢》表达情感的直白，明代的文人就有过批评。盘薖硕人在《增改定本西厢记》中就曾评论说："实甫创调颇高，但间有未体贴处。如'闹道场'一折，合宅哀惨，而张生独于老夫人前直以私情之词始终唱之，此果人情乎？果礼体乎？又如饯别之时，莺、生共于夫人、僧人之前，直唱出许多缱绻私情，其于礼体安在？"① 非常明确地批判了《北西厢》在抒情时有失

---

① （明）盘薖硕人：《增改定本西厢记》，转引自王季思、张人和：《集评校注西厢记》，上海古籍出版社 1987 年版，第 231 页。

礼体。难道张生与莺莺的情感不是真实的吗？但站在传统封建礼教的立场做出的价值判断结果就是这样的，因为表达情感要"发乎情，止乎礼义"①。果然在《南西厢》中对上述"弊病"都做了修改：做道场时让老夫人睡着了，然后张生唱出了"私情之词"，并又增加了莺莺对红娘说："夫人劳倦打睡，和你佛殿上要一要去。"②在饯别时也是由莺莺与张生先出场，唱完"缱绻私情"之后，才"远远望见老夫人来了"。③如此，则回避了老夫人，从而减少了有失礼体的嫌疑。从对"礼体"的不关注到关注，反映出元杂剧与明传奇作者自身的礼教修养的不同，也反映了元明两个时代的礼教约束程度的不同。

　　在情与理的冲突中，最重要的是如何让莺莺的以身相许行为与礼教家规相安无事。《北西厢》第三本第四折中，这样叙述：

　　　　（红上云）老夫人才说张生病重，昨夜吃我那一场气，越重了，莺莺呵，你送了他人。（下）（旦上云）我写一简，只说道药方；着红娘将去与他，证候便可。（旦唤红娘科）（红云）姐姐唤红娘怎么？（旦云）张生病重，我有一个好药方，与我将去咱！（红云）又来也！娘呵，休送了他人！（旦云）好姐姐，救人一命，将去咱！（红云）不是你，一世也救他不得。如今老夫人使我去哩，我就与你将去走一遭。（下）（旦云）红娘去了，我绣房里等他回话。（下）④

　　在《南西厢》第二十四出"回春东药"中，对莺莺此时的心理刻画得非常细腻：

　　　　【卜算子】恹恹瘦损，那值残春时候。事往情难断，恩深怨亦多，欲坚金石志，毕竟有差讹。老夫人闻知张生病体十分沉重，昨

　　①　（唐）孔颖达：《毛诗正义》，上海古籍出版社1990年版，第19页。
　　②　（明）李日华：《南西厢》，《六十种曲》，中华书局1958年版，第28页。
　　③　（明）李日华：《南西厢》，《六十种曲》，中华书局1958年版，第85页。
　　④　（元）王实甫：《西厢记》，上海古籍出版社1978年版，第125页。

日着红娘去看他，在红娘跟前怨言怨语，句句声声只怨着妾身。我想起来，是我前日将他奚落那场，因此病越重了。本待轻身救疗，只怕遗臭闺门。若有不测，乃吾母子害他性命，天理不容。如今暮春天气，好困人也。【绵搭絮】落红成阵，万点正愁人，早是伤情，无语凭栏怯素春。困腾腾，情思沉吟，我有一腔春病，谁与我温存。张君瑞，想是你分浅缘悭，雨打梨花深闭门。（贴）姐姐，说甚么雨打梨花深闭门。（旦）红娘，你这等年纪，不去做些女工针指，只管随着我做甚么？【前腔】时时刻刻不曾离身。（贴）非干红娘之事，都是老夫人着我早晚跟随小姐。（旦）好笑我的萱亲，着甚么来由防备着人。当日兵围普救之时，是你口许为亲，今日身安事妥呵，背义忘恩。母亲，人人都道你是女中丈夫。到做了言而无信，悔赖人婚姻。我若不守闺门时节呵，总有铁壁铜墙，枉使机关拘禁得紧。（贴）姐姐，你这两日形容憔悴，何不把花钿重整一整。【前腔】（旦）花钿慵整。（贴）我和你佛殿上耍一耍去。我也懒去登临。（贴）姐姐身子不快，我把被儿薰得香香的，去睡了罢。总有兰麝馨香，有甚心情搋着枕？我这几日神思昏倦，坐不安睡不宁。（贴）姐姐，张生有甚么好处，只管想他？（旦）我爱他风流才俊，贯世聪明。（贴）既爱他，何不成就了他。（旦）谁肯向东邻，把做针儿将线引。①（贴）姐姐，我看你心事大不比往常了。【前腔】（旦）没情没绪，闷倚帏屏。（贴）姐姐，去绣房中做些针指罢。（旦）心在他行，交颈鸳鸯绣不成。眼睁睁，天也不从人，张君瑞，想是你前生负我，我负你今生，两下里影只形单，羞睹牵牛织女星。【前腔】思思想想，念念心心。普天下相思，是我和伊都占尽，休怪我萱亲，自古道好事难成，东君有意，花也留情。（贴）老夫人寄书去叫郑生去了。（旦）我岂肯惹浪蝶狂蜂，止许衔花美鹿行。【前腔】思思想想心不定，只为冤家病染成。恨杀萱亲背旧盟。欲向花

---

① 在《六十种曲》中，原文为："既爱他何不成就了他，谁肯向东邻，把我做针儿将约引。"语意不通。这里依张树英点校《南西厢记》（中华书局2000年版）改。

前寻旧约，云迷雾锁不堪行，张生病体沉重，不免写个药方送去与他，这病便好。红娘将纸笔过来。（贴取纸笔介旦写介）你将此药方送去与他。（贴）我的娘，你又惹事，我不送去。（旦）为何不去？（贴）只怕像前番哄他，那张生被你哄得十生九死。（旦）今番不哄他了。救人一命，胜造七级浮屠。须索替我走一遭。（贴）我也不信你，只要罚一个誓。（旦）若是哄他，自有天理。（贴）不是这等闲誓。待我替你罚：若还这番说谎，姐姐那东西上生个脚盆大的疔疮。（旦付贴书贴作难介）我不拿去。（旦）我的亲亲姐姐没奈何。（贴）不是这等叫，待我坐了，深深拜一拜，叫一声亲亲姐姐。（旦依贴叫介，贴）我的要老公的妹妹。①

　　从使用笔墨的分量上就可以看出两部作品对这一情节的重视程度，而从重视程度上也能看出莺莺冲破礼教的艰难程度。《北西厢》中莺莺很轻易地就写了"药方"，没有表现出太复杂的心理斗争。但《南西厢》中则不然，莺莺在"情"与"理"的矛盾中艰难抉择："本待轻身救疗，只怕遗臭闺门。若有不测，乃吾母子害他性命，天理不容，……爱他风流才俊，贯世聪明……救人一命，胜造七级浮屠。"②莺莺在激烈矛盾斗争中终于找到了以身相许的"合理"依据，使这一"义举"既合"天理"又顺人情，同诸多的理由相比，"遗臭闺门"也就不可怕了。当红娘表现出怀疑时，她很果断地说"今番不哄他了，救人一命·胜造七级浮屠"。为因相爱而结合的行为找到更符合礼教的理由，这也符合一个相国小姐的矜持含蓄。

　　为莺莺的"失节"找到合乎封建伦理道德的依据，是《南西厢》改编中的重要环节，此时莺莺形象的转变恰好说明了《南西厢》对《北西厢》的"扬"与"弃"。而在取舍之间，体现了作家个人的审美判断，同时也映射出时代文化精神的差异。在北方游牧民族的文化传统中，青年男女在生产劳动中相识、恋爱和结合都是很平常的事。直到清代，蒙古族依然是"寡妇可以

---

① （明）李日华：《南西厢》，《六十种曲》，中华书局 1958 年版，第 69 页。
② （明）李日华：《南西厢》，《六十种曲》，中华书局 1958 年版，第 71 页。

改嫁，……无论已婚、未婚，一般在两性关系上较随便"。① 而且未婚女子怀孕并生产，并不是什么伤风败俗的大事，并不因此受到歧视。历史上成吉思汗的夫人孛儿帖曾经被篾儿乞人掠去，并被赤勒格儿·孛阔收娶。后成吉思汗攻打篾儿乞时，抢回了孛儿帖，成吉思汗并没有因此而对她产生歧视。孛儿帖作为成吉思汗的大妃，始终得到成吉思汗的宠爱，并在诸妃子中享有最崇高的地位。女真族和蒙古族在游牧生活中形成了与中原不相同的恋爱婚姻习俗与观念。在这种习俗和观念的影响下，与宋明时代相比，金、元时代的青年男女没有受到严格的礼教束缚。由此在北方地区生活的汉族作家、演员和观众也就很自然地受到熏陶和影响。诞生在这一时期的张生和莺莺身上也会因此带有一些痕迹。所以在元杂剧中张生和莺莺能够较充分地表露内心的情感，莺莺在危急时刻做出以身相许的决定也就没那么艰难。而《南西厢》中莺莺复杂的思想斗争也是一个封建礼教下的相国小姐的真实写照，是符合明传奇时代的社会生活和作家的审美追求的。

在情和理的问题上，两个时代的思想观念发挥了巨大作用。元代杂剧诞生在文化统治意识淡薄的环境下，正如王国维所言：

　　元剧之佳处何在？一言以蔽之，曰：自然而已矣。古今之大文学，无不以自然胜，而莫著于元曲。盖元剧之作者，其人均非有名位学问也；其作剧也，非有藏之名山，传之其人之意也。彼以意兴之所至为之，以自娱娱人。关目之拙劣，所不问也；思想之卑陋，所不讳也；人物之矛盾，所不顾也。彼但摹写其胸中之感想，与时代之情状，而真挚之理，与秀杰之气，时流露于其间。故谓元曲为中国最自然之文学无不可也。若其文字之自然，则又为其必然之结果，抑其次也。②

王国维所说的"思想之卑陋"其实也就是指元杂剧中不符合封建伦理的

① 卢明辉：《清代蒙古史》，天津古籍出版社1990年版，第420页。
② 王国维：《宋元戏曲史》，上海古籍出版社1998年版，第98页。

情节和思想，这是站在儒家文化的立场对元杂剧的评价。但王国维肯定了元杂剧的"自然"精神。元杂剧能够"但摹写其胸中之感想，与时代之情状"，让"真挚之理，与秀杰之气，时流露于其间"。这得益于作者"自娱娱人"的无功名之累的平淡之心，同时也得益于蒙古游牧民族统治下元代自由的文化氛围。在这种文化精神的影响下诞生的《北西厢》自然而然地削弱了封建礼教的约束力。到了明代，传统的儒家礼教又受到重视，这必然要对意识形态中的游牧文化影响进行"拨乱反正"。在《南西厢》中甚至把《北西厢》结尾处"愿天下有情的都成了眷属"这样至关重要、点明主题的话都删掉不用，显然作品还缺少大胆主张的文化背景。《南西厢》最后强调的是"五花官诰""凤冠霞帔""金榜题名""夫荣妻贵"，这些同封建功名利禄捆绑销售的人生"荣耀"，都是传统儒家文化的价值标准，也是封建文人所追求的人生理想。

唐代元稹的《莺莺传》是以"始乱终弃"为结局的。董解元在《西厢记诸宫调》中将其改为"有情人终成眷属"，为故事注入了新的生机。元代王实甫创作元杂剧《西厢记》时，很自然地接受了这个结局。明代，儒家传统礼教的回归，使《北西厢》合情合理的结局失去了其存在的文化语境，尤其是在道学者眼里《西厢记》有"诲淫"的作用。明代汪棣香曾说："《水浒传》诲盗，《西厢记》诲淫，皆邪书之最可恨者。而《西厢记》以极灵巧之文笔，诱极聪俊之文人，又为淫书之尤者，不可不毁。"[①]"诲盗"则生不忠不义，"诲淫"则生不贞不节，"忠孝节义"是中国传统封建伦理道德的基本人格要求，这些礼教的约束在南北西厢作者心中必然存在差异，《南西厢》在道德伦理上的强化充分说明了这一点。在翻改过程中，对崔张从恋爱到结合，都做了一系列符合生活真实的处理。

二、挖掘崔张爱情婚姻发展的合理因素

在崔张爱情婚姻发展过程中，之所以能够终成眷属，莺莺冲破封建礼教

---

① （清）梁恭辰：《劝戒录》，转引自王季思、张人和：《集评校注西厢记》，上海古籍出版社 1987 年版，第 250 页。

是关键所在。老夫人在无奈的情况下把莺莺嫁给了张生，否则同莺莺结婚的就会是郑恒。《南西厢》中让莺莺下决心的原因还有两个：一是郑恒要来，郑恒与莺莺有婚约在先，他们又是姑表兄妹，她自然很清楚郑恒的品行。莺莺孝期已满，郑恒的到来势必要谈论婚嫁大事。而莺莺的心早已在张生的身上，如不早决断，那么只能是委身郑恒。二是红娘的话让莺莺下定了决心。红娘道："姐姐，张生有什么好处，只管想他？"莺莺唱道："我爱他风流才俊，贯世聪明。"红娘道："既爱他，何不成就了他。"① 她对张生是真心喜爱的，为了不嫁给郑恒才不得不"铤而走险"。这样决策在传统封建文化中也是可以理解的。

《南西厢》为了给喜剧结局做铺垫，从多角度丑化了郑恒，并用法律否定了莺莺与郑恒的婚约。首先，对郑恒这一形象进一步丑化，以此证明郑恒与莺莺的不配。对郑恒这个人物的改造，《南西厢》的作者也动了很大心思，一方面把郑恒塑造成品行不端、为人诡诈的反面人物。郑恒自唱道："心性嚣，惯使风流钞。柳陌花街常时乐，偎红倚翠追欢笑。只愁易老。"② 此处的郑恒是个寻花问柳的浪荡公子。《北西厢》中郑恒则强调自己"自小京师同住，惯会寻章摘句，姑夫许我成亲"③，他应该也是个读书之人。《北西厢》中郑恒来迟，是因为"家中无人"④，而《南西厢》则是因为"一向在京院子里嫖耍，整整住了一年以上"⑤。接下来又在老夫人面前谎称张生已招赘于卫尚书家，以此来骗娶莺莺，种种丑行与张生形成巨大反差。另一方面，在郑恒的结局处理上也动了手脚。《北西厢》中杜确指责郑恒："诳骗良人的妻子，行不仁之事，我跟前有甚么话说？我奏闻朝廷，诛此贼子。"要捉拿郑恒，郑恒："不必拿，小人自退亲事与张生罢。"崔老夫人："相公息怒，赶出去便罢。"郑恒云："罢罢！要这性命怎么，不如触树身死。（诵诗）妻子空争不到头，风流自古惜风流。三寸气在千般用，一日无常万事

---

① （明）李日华：《南西厢》，《六十种曲》，中华书局 1958 年版，第 70 页。
② （明）李日华：《南西厢》，《六十种曲》，中华书局 1958 年版，第 99 页。
③ （元）王实甫：《西厢记》，上海古籍出版社 1978 年版，第 183 页。
④ （元）王实甫：《西厢记》，上海古籍出版社 1978 年版，第 178 页。
⑤ （明）李日华：《南西厢》，《六十种曲》，中华书局 1958 年版，第 99 页。

休。"①触树而死。于是崔老夫人为他收尸。无论用哪一朝代法律来量刑，郑恒都罪不及死。但这里郑恒的死是出于欺诈行为败露而无颜苟活，说明此人"羞恶之心"尚存。在《南西厢》中杜确斥责郑恒："你不仁不义，诓骗人妻，奏过官里，明证其罪。……既是姑舅之亲，律有明条，岂做得夫妻，左右与我押送官司，明日问他。"郑恒："大人不必发怒，小人情愿退亲便了，只是怎生回去见人？（诵诗）妻子空争不到头，风流自古惜风流。假饶掬尽湘江水，难洗今朝一面羞。"②然后下场。从最后郑恒苟活这一点，更加显现出人格上的缺陷。其次，否定郑恒与莺莺婚姻的合法性。作者拿出律令中"姑舅不能通婚"这一条款，用法律的手段保护了崔张的婚姻。可见《南西厢》的作者也是同情莺莺和张生的，他为二人的婚姻自主找到了一条符合封建礼法的途径，从而使之既获得了美满的结局，又走上了传统礼教的轨道。最后作为封建家长代表的老夫人甚至也开始寄希望于张生："求得一官半职，是我老身之幸也。"③

三、儒家道德伦理观念下的人格重塑

戏剧艺术是通过舞台形象展现主题思想的，而舞台形象往往是从生活中提炼出来的。尽管有些是历史人物或已经定型的艺术形象，但依然能从人物身上折射出作者的人生理想和时代的精神追求。在明传奇对元杂剧的形象改造中，也体现了文学艺术发展的这一规律。《北西厢》所反映的是元代的社会生活和精神风貌，人物形象也带有其时代文化的特征。在明代的社会条件下，审美追求和价值判断发生了变化，所以《南西厢》在对《北西厢》的人物形象进行改写时，不同程度地按照明代的生活和审美进行了重塑。

1. 老夫人形象的转变

在《北西厢》中，老夫人是典型的封建家长，始终站在婚姻自主的对立

---

① （元）王实甫：《西厢记》，上海古籍出版社 1978 年版，第 192 页。
② （明）李日华：《南西厢》，《六十种曲》，中华书局 1958 年版，第 107 页。
③ （明）李日华：《南西厢》，《六十种曲》，中华书局 1958 年版，第 83 页。

面，是崔张爱情自由的主要障碍。但在《南西厢》中，突出了她治家有方、重义守节的一面，并使之成为封建社会官妇的典型形象。

作为中国封建社会"典型"的家长，老夫人的所作所为都是"无懈可击"的。在对老夫人的塑造上，《南西厢》对其治家和为人给予了肯定。在第三出通过崔家院子之口交代了"老夫人治家严肃，不用杂人"。① 待老夫人出场后就告诉女儿："汝父存日，将你许与侄儿郑恒，以此附书回去，着他来搬丧就亲。"② 看得出老夫人对家事安排得体，进退有致。《北西厢》中老夫人告诉红娘："你看佛殿上没人烧香呵，和小姐闲散心耍一回去来。"③ 在《南西厢》中删掉了这句话。这是非常关键的一个环节，因为后面的所有故事都是从"游殿"引发出来的，所以这句话的删除开脱了老夫人治家不严的责任。金圣叹的评价非常切中要肯："盖双文不到前庭即何故为游客误见。然双文到前庭而非奉慈母暂解，即何以解于女子不出闺门之明训乎。故此处闲闲一白，乃是生出一部书来之根，既伏解元所以得见惊艳之由，又明双文真是相府千金秉礼小姐。盖作者之用意苦到如此。近世忏奴，乃云双文直至佛殿，我睹之而恨恨焉。"④ 金圣叹把莺莺和张生一见钟情的责任归于老夫人的"暂解"。"近世忏奴"当是批判那些修改《北西厢》中这一情节的人，《南西厢》也许就在其中。《南西厢》中又一个重大的情节改动是：在做道场时老夫人睡着了。"做道场"是崔张二人近距离接触的开始，此处张生表达了爱慕莺莺的心声。老夫人的昏睡表明她的不知情，因而也就造成崔张关系进一步发展的可能。封建礼教下的母亲在女孩子的成长过程中，是格外注意防范的。在《牡丹亭》中，杜丽娘的母亲看到女儿衣裙上绣着一对花鸟，感到非常吃惊。⑤ 作为封建家长，眼看着张生在女儿面前百般挑逗，而不加干预，这是

---

① （明）李日华：《南西厢》，《六十种曲》，中华书局 1958 年版，第 5 页。

② （明）李日华：《南西厢》，《六十种曲》，中华书局 1958 年版，第 6 页。

③ （元）王实甫：《西厢记》，上海古籍出版社 1978 年版，第 2 页。

④ （清）金圣叹著，傅晓航校点：《贯华堂第六才子书西厢记》，甘肃人民出版社 1985 年版，第 59 页。

⑤ （明）汤显祖：《牡丹亭》第十出："怪他裙衩上，花鸟绣双双。"《六十种曲》，中华书局 1958 年版，第 29 页。

不符合明代的生活逻辑的。所以安排老夫人睡着，既符合生活真实，又按照新的时代精神，为崔张的恋爱找到了合理的方式。

　　老夫人之"治家严肃"也在《南西厢》中有了更多的体现。当老夫人发现女儿"红杏出墙"之后，先是找来红娘，并对其进行三次拷打，每一次拷打都折射出家法之严酷。在"饿死事小，失节事大"的时代，莺莺的行为不仅关系到她自身的幸福，同时也关系到家族的声誉。出了这等"家丑"，老夫人认为一定是红娘"失职"。澄清事实并认可了红娘"息事宁人"的建议之后，老夫人首先找来张生责问："我怎么相敬你来，如何做出这等勾当？"①这是发自心底的怒火，这是出于对家族声誉的维护。显然她认为莺莺"失节"的责任在于张生的引诱和红娘的"失职"。而在《北西厢》中老夫人对红娘的拷打只提到了一次，并且也没有责问张生，而是责问莺莺："我怎么抬举你来，今日做这等勾当，只是我的孽障，待怨谁的是，……谁似俺养女的不长进。"②说明老夫人已经确认是莺莺没有守住节操。从老夫人谴责对象的变化可以看出她对事件责任者的判断。《南西厢》把这句话删掉了，因为老夫人认为以莺莺的礼教修养，她不可能主动做出这样的事情，其责任必定在张生和红娘。为了掩饰这桩"家门大丑"，保全女儿的名节，老夫人在当天就安排莺莺和张生完婚，整饬宴席，叫来宾相赞礼，让二人拜了天地，然后拜了老夫人。《北西厢》中虽然是得到了家长的认可，但没有明显的完婚情节。《南西厢》这样做既掩盖了老夫人的"治家不严"，又为崔张的婚姻找到了一条符合封建礼法的途径，同时也减轻了作品"诲淫"的不良影响。

　　无论怎样改写，老夫人也会背上背信弃义的坏名声，但《南西厢》中尽量将她的失信行为解释为一种无奈，甚至是无私。退兵之后，张生欢天喜地过来赴宴。老夫人首先就说明"宁可负妾今日之言，莫违先夫存日之约"，表明她是在舍弃做人的诚信，以此来成就已故丈夫的诺言，这尤其凸显了她对"三从四德"的遵循。《北西厢》中张生问起为什么悔亲，她才说明缘由，似乎自己并不在乎失信和张生的不满。如此一改，把《北西厢》中专横跋扈

① （明）李日华：《南西厢》，《六十种曲》，中华书局1958年版，第82页。
② （元）王实甫：《西厢记》，上海古籍出版社1978年版，第145页。

的封建家长，改造成了封建礼教下的"女中丈夫"。①

放在儒家传统文化的背景下来观察，老夫人的所作所为都符合封建家长的行为准则，因而《南西厢》并没有否定这个人物。在孙飞虎逼亲时，为了保全相国的家声、女儿的名节及庙宇的安全，在不得已的情境之下，违背丈夫的诺言，将女儿又许给了张生。但兵退之后又使她觉得对不起死去的丈夫，最终只得出尔反尔，使自己背上了背信弃义的恶名。她对女儿的严格管制也是出于对家庭声誉的保护，同时也是对女儿的负责，因为一个女孩子的名节是关系到她终身幸福的头等大事。在她的主张之下，张生进京赶考，并中得探花，使女儿封五花官诰，戴凤冠霞帔，一生有托。她所做的都是关系家门及儿女终身的大事。在丈夫离世、子幼女弱的情况下，老夫人维护这样一个门第之家是何等之艰难，这样一个女人当之无愧地成为封建家长的楷模，这在儒家传统文化中是值得肯定的。对老夫人的改写并非单纯是为了美化这个人物，而是因为现实生活中的相国夫人就应该是这个样子，这也是作品遵从生活真实的一个表现。

恰恰相反，在《北西厢》中，老夫人却没有这样的殊荣，尽管上上下下都慑于老夫人的家威。在追求爱情自由、婚姻自主的立场上，莺莺、张生和红娘是一致的，因而在人物关系上，都是与老夫人对立的。莺莺、张生和红娘是作者肯定和赞赏的人物，相反老夫人则是被否定和指责的人物。她如同是一块"绊脚石"，是不受欢迎的。从老夫人形象的转变可以看出作者的立场定位。《北西厢》对老夫人的否定体现了对封建家长权威的怀疑；而《南西厢》对老夫人的肯定则从另一个侧面肯定了封建家长的权威。

2. 莺莺的礼教包装

崔莺莺是西厢记故事的关键人物。在金圣叹眼中，整部《北西厢》"止（只）为写得一个人——一个人者，双文（莺莺）是也，《西厢记》写红娘，止为写双文，写张生，亦止为写双文"。② 的确，《北西厢》的每一个情节都

---

① （明）李日华：《南西厢》，《六十种曲》，中华书局1958年版，第70页。

② （清）金圣叹著，傅晓航校点：《读第六才子书西厢记法》，《贯华堂第六才子书西厢记》，甘肃人民出版社1985年版，第22页。

是围绕着莺莺来展开的。几百年来，对《北西厢》的评价也基本是用一定的标准衡量莺莺的所作所为得出的。认为《北西厢》"宣淫"的，自然是根据莺莺与张生的自由恋爱和结合，认为其是"妙文"的，自然又是从其文情与深情而言。总之，人们总是在用自己和时代价值观来观察和欣赏这个人物，并以此对《北西厢》做出评判。

在《南西厢》第一出"家门正传"中，作为引子，对明朝皇帝进行了一番歌功颂德之后，唱道："遇高人论心事，搜古今，移宫换调，万象一回新。惟愿贤才进用，礼乐诗文。一腔风月事传与世间闻。"① 这段话道出了改编《北西厢》的原因：首先是"惟愿贤才进用，礼乐诗文"，标明这是出于"教化"的需要；其次是"一腔风月事传与世间闻"，说出了《西厢记》的娱乐功能。这也算得上文学艺术的"寓教于乐"了。要想实现《南西厢》的教化功能，最关键是解决如何避免"诲淫"的问题，而避免"诲淫"的关键又在莺莺身上。所以《南西厢》在接受这个人物时，对其内心和言行都做了重新"包装"，使莺莺更具有儒家礼教下的淑女气质，更符合传统观念下大家闺秀的行为范式，因而努力避免其"诲淫"的负面影响。

中原传统道德规范与审美标准对妇女的要求涉及很多方面，但最基本的可以用"三从四德"来概括。"三从"即"在家从父、出嫁从夫、夫死从子"；四德即"妇德、妇言、妇容、妇功"。再具体解释则涉及妇女生活的各个方面。莺莺是相国的千金，除了皇家的公主、郡主之外，当属国中"第一小姐"了。她所受到的应该是最正统的儒家伦理道德教育，她的言行修养应该能代表这个时代女子教育的"最高水平"。

《南西厢》中莺莺身上的"美德"得到放大，而"缺陷"则被缩小。

首先，《南西厢》突出了莺莺的"孝"。

在《北西厢》的第二本第三折中，退兵之后，请张生赴宴，红娘和莺莺都以为老夫人要给他们完婚，红娘奇怪为什么不大宴亲朋，莺莺说：

你不知夫人意。【搅筝琶】他怕我是赔钱货，两当一便成合，

① （明）李日华：《南西厢》，《六十种曲》，中华书局1958年版，第1页。

据着他举将除贼，也消得家缘过活。费了甚一股那，便待要结丝萝；休波，省人情的奶奶太虑过，恐怕张罗。

后来才得知这并不是结婚喜宴，老夫人悔亲了。这时她又说道：

俺娘好口不应心也呵！【乔牌儿】老夫人转关儿没定夺，哑谜儿怎猜破；黑阁落甜话儿将人和，请将来着人不快活。【江儿水】佳人自来多命薄，秀才们从来懦。闷杀没头鹅，撇下陪钱货；下场头那答儿发付我！【殿前欢】恰才个笑呵呵，都做了江州司马泪痕多。若不是一封书将贼兵破，俺一家儿怎得存活。他不想结姻缘想甚么？到如今难着莫。老夫人谎到天来大；……①

这些唱词很自然地发泄了莺莺对母亲悔亲的强烈不满，并且在一定程度上也表明了对婚姻自主的主张，尤其是最后一句明显是在指责老夫人不信守诺言。《南西厢》中只有最后一句保留下来，但改由张生说出："天杀的老夫人，说谎话比天来大。""诚信"是做人的基本要求，老夫人失信是她的缺陷，尽管如此，作为女儿指责母亲的缺点就是"不孝"的行为。按照莺莺的礼教修养，她应该懂得为长者隐过的道理，不应该指责母亲的过错的，所以在《南西厢》中，让张生说出这句话。

悔亲后，红娘叫莺莺到后花园烧香。《北西厢》中莺莺道："事已无成，烧香何济！"② 似乎烧香只是为了祈求自己的婚姻幸福。在《南西厢》中则改为烧香祷告："愿先考逍遥，母亲康泰，及早还乡，存亡均感。"③ 红娘接道："要知小姐幽怀事，尽在深深两拜中。"这里则突出了莺莺对亡去的父亲和在世的母亲的由衷祝福，但她的内心世界红娘是最清楚的。

在《北西厢》中，崔莺莺所向往和追求的爱情与母亲的专制是相冲突

① （元）王实甫：《西厢记》，上海古籍出版社1978年版，第77页。
② （元）王实甫：《西厢记》，上海古籍出版社1978年版，第86页。
③ （明）李日华：《南西厢》，《六十种曲》，中华书局1958年版，第51页。

的。在家长的强权之下，她只能依顺了母亲，这就要放弃自己对爱情的追求，这是她所不情愿的，但内心对母亲的不满是存在的。《北西厢》中莺莺也仅仅是表达了这种不满，因为让她做到对母亲的彻底叛逆是不可能的。她终究是汉族作家笔下的莺莺，不可能做到彻底地反抗。然而，按照封建礼教的传统，作为相府千金，莺莺应该受到良好的家教，对父母应以"顺"为孝，所以她表现出来的不满在《南西厢》中被改动了。改编之后，莺莺就变成了一个对亡父恭敬，体谅母亲苦衷，以家庭的利益为重，能够独自忍受人生痛苦的孝顺女儿。这样的莺莺向中原的传统"美德"更靠近了一步。

其次，莺莺的形象更加典雅化。

《南西厢》对莺莺的心理刻画也进行了适宜的修改。如前面《北西厢》第二本第三折中，退兵后红娘去邀请张生赴宴，莺莺表达喜悦心情的大段唱词都被删掉了。因为莺莺对自己的情感不加掩饰被视为不守礼法，缺乏"女德"的行为；同时张生对新婚生活的幻想也在《南西厢》中闭口不提了。显然张生关于"颠鸾倒凤""鱼水之欢""于飞之愿"的想象既有失于谦谦君子之德，又对莺莺缺乏尊重。在《北西厢》第二本第一折中，莺莺在前一天晚上跟张生和诗，第二天便嫌红娘跟得太紧，红娘说："不干红娘事，老夫人着我跟着姐姐来。"莺莺云："俺娘也好没意思。这些时直恁般提防着人；小梅香伏侍得勤，老夫人拘系得紧，只怕俺女孩儿折了气分。"[1]莺莺的这段话是在埋怨母亲看得紧，同时也表达了她对爱情自由的渴望。这是一个青春少女很自然的情感。但在儒家礼教之下，有教养的莺莺是不应该有这样的想法的，所以《南西厢》中删掉了这一情节。

再次，莺莺对张生的要求寄托着更多的儒家思想传统

在《北西厢》第三本第二折，莺莺看到张生的书信之后，很生气，说："我写将去回他，着他下次休是这般。"[2]仅此而已。但在《南西厢》中却说道："只教他缚住心猿，意马且牢拴，把病体扶持，经史相亲，做个好人家

① （元）王实甫：《西厢记》，上海古籍出版社 1978 年版，第 47 页。
② （元）王实甫：《西厢记》，上海古籍出版社 1978 年版，第 105 页。

风范。"① 所谓"好人家风范"也就是"经史相亲",实际也就是农耕文化所
倡导的"万般皆下品,唯有读书高"。读书知礼是儒家思想传统中理想的人
格。同样,在对张生求取功名这件事上,莺莺的表现也有所不同。在《北西
厢》第四本第三折"长亭送别"中,莺莺唱道:"年少呵轻远别,情薄呵易
弃掷。全不想腿儿相挨,脸儿相偎,手儿相携。你与俺崔相国做女婿,妻荣
夫贵,但得一个并头莲,煞强如状元及第。"② 表达了对夫妻相守的渴望,同
时对张生远别求取功名表示担心和不满。《南西厢》却把这些话都删改了。
显然,莺莺一是无力抗争,二是也盼望张生能科场得意,夫贵妻荣,自己一
生有托。此时的"南莺莺"和"北莺莺"就如同《红楼梦》中的薛宝钗和林
黛玉对贾宝玉一样,对张生有着不同的人生寄托和要求,这也是两种文化所
赋予女孩子对人生的看法及对婚姻的诉求。

最后,《南西厢》中还通过对侧面描写的修改,使莺莺这一形象更接近
其身份和修养。

在《北西厢》第四本"楔子"中,写红娘催促莺莺去赴约,莺莺先是推
脱,红娘一边劝其不要再害人,一边与莺莺往张生那里走。红娘说道:"俺
姐姐语言虽是强,脚步儿早先行也。"③ 也许红娘最能理解莺莺的内心,因而
说出了莺莺想见到张生的急迫心情。此外,在"生米已煮成熟饭"的情况下,
老夫人不得不将女儿嫁给张生。《北西厢》中并没有提到婚礼仪式,但《南
西厢》中特别强调当晚结婚。有了婚礼仪式就等于是明媒正娶,也就保全了
莺莺的名节。虽始乱,但终不弃,在崔张爱情的结局上也算是有始有终。在
郑恒谎说张生招赘在卫尚书府时,曾说莺莺是"先奸后娶"的,这句话《南
西厢》中也没有再提。通过上述这些修改,使莺莺和张生既获得了美满的婚
姻,又遵循了封建礼法。

此外,在《南西厢》的改编中,还强化了莺莺身上大家闺秀气质,同
时,还表现出她的节义精神。当莺莺感于张生的恩与情,决心以身相许时。

---

① (明)李日华:《南西厢》,《六十种曲》,中华书局 1958 年版,第 61 页。
② (元)王实甫:《西厢记》,上海古籍出版社 1978 年版,第 152 页。
③ (元)王实甫:《西厢记》,上海古籍出版社 1978 年版,第 134 页。

在《南西厢》中，为莺莺找到"舍己救人"这样一个堂而皇之的理由，并把她的以身相许归于佛家"救生"理念。此外，在孙飞虎逼亲之时，《北西厢》中，莺莺在情急之下想出了三条计策：第一是"将我与贼汉为妻，庶可免一家儿性命"，接下来陈述了这一行为的五大好处，但被老夫人用"辱没了俺家门"否定了。第二是"白练套头儿寻个自尽"。第三是"不计何人，建立功勋，杀退贼军，扫荡妖氛 倒陪家门，情愿与英雄结婚姻，成秦晋"。① 而在《南西厢》中只剩下最后两条计策。显然，在儒家传统观念下，嫁给贼汉是比悬梁自尽更不可行的办法。莺莺是相国之女，应该与相国一样有忠于皇上的理念，嫁给"贼汉"就等于是背叛朝廷，这种行为不仅无君，而且无父，会背上不忠不孝的罪名。莺莺是相国之女，理应明白这个道理，所以不应该有嫁给孙飞虎的想法。

《南西厢》以其时代的文化风尚和生活真实为参照，对崔莺莺这一形象进行重新塑造。在塑造过程中，遵循了"艺术源于生活"的原则，把游牧文化影响下塑造的带有一丝坦率和直白的莺莺，改造成一个从言行举止到道德修养都符合中原文化传统的相国小姐。既维护了莺莺与张生的婚姻自主，又体现了时代的审美追求。

相比较而言，《北西厢》中的莺莺性格泼辣、言辞率真，敢想、敢爱、敢怨，内心世界表现得更加真实。当然莺莺的性格跟真正的游牧民族的女子还相差很远，但同农耕文化中的传统淑女也有了一定的距离。她是一个受北方游牧文化影响的中原女子形象。故此，她的身上带有两种文化因素和个性特征，因而"北莺莺"是农耕文化与游牧文化融合的产儿。从她在南北西厢中的性格变化，可以看到北方游牧文化对中原文学影响的痕迹。与"北莺莺"相比，"南莺莺"则更接近儒家礼教下的传统女子的修养，她更符合明代的社会生活和审美理想。

3. 张生形象的"完美化"

在《莺莺传》中，张生把自己的捐弃行为解释成"补过"，并得到时人的认可。《董西厢》和《王西厢》让张生良心发现，中了状元之后又回来娶

_____

① （元）王实甫：《西厢记》，上海古籍出版社 1978 年版，第 48 页。

亲，彻底改变了张生的形象，似乎这个人物已经够完美了。金圣叹这样评价："《西厢记》写张生便真是相府子弟，便真是孔门子弟。异样高才，又异样苦学；异样豪迈，又异样淳厚。相其通体，自内至外并无半点轻狂，一毫奸诈。"① 金圣叹的评价背后很显然是有一个参照。"异样苦学"当指张生高中探花而言，"异样豪迈，又异样淳厚"当指张生对莺莺的大胆追求，"无半点轻狂，一毫奸诈"当指张生的执着与忠贞。此时张生的这些优点都是在《莺莺传》中的张生所缺少的，所以金圣叹是以《莺莺传》为参照，肯定了张生的转变。从《南西厢》对《北西厢》的修改中，则能够发现张生形象的进一步"完美化"。

《南西厢》在张生身上又突出了儒生的品德修养。在第四出"上国发轫"中，张生来到河中府，店主人向他介绍游玩去处时说道："官人是读书君子，料不到花街柳陌中去。"② 这是世人对读书人的普遍认识，因而张生也应当不例外。因此这里通过店主人的口肯定了张生这样的儒生的人格修养。相反，在刻画郑恒的时候，则说他"一直在京院里嫖要"③，与张生的品格形成鲜明的对比。对《北西厢》中有损儒生形象的部分也都作了相应删改。如红娘来询问做道场的准备情况时，法本带红娘去佛殿中验收。张生打趣法本："过得主廊，引入洞房，好事从天降。我与你看着门儿，你进去。"法本怒斥张生："先生，此非先王之法言，岂不得罪于圣人之门乎？"④ 张生拿一个本分的出家人开这样的玩笑，显示出张生身上与正统读书人身份不符的一丝"玩劣"，法本斥责的也入情入理。退兵之后，张生要赴宴之前对与莺莺结亲的想象，是张生本性欲望的流露，也删而不用。这些删掉的情节也正是正统儒家文人所不提倡的心理活动。从元杂剧中的张生身上能够看到元代文人的整体风貌。由于元代科举的废弛，文人也不再受到关注，因此，导致元代社会对读书人的行为约束比前代降低，儒生失去了入仕的机会，其社会地位也降

---

① （清）金圣叹著，傅晓航校点：《读第六才子书西厢记法》，《贯华堂第六才子书西厢记》，甘肃人民出版社 1985 年版，第 23 页。
② （明）李日华：《南西厢》，《六十种曲》，中华书局 1958 年版，第 9 页。
③ （明）李日华：《南西厢》，《六十种曲》，中华书局 1958 年版，第 99 页。
④ （元）王实甫：《西厢记》，上海古籍出版社 1978 年版，第 19 页。

低了，由此也导致了元代文人的行为失范。南宋遗民郑思肖在《心史》中曾描述："鞑法：一官、二吏、三僧、四道、五医、六工、七猎、八民、九儒、十丐，各有所统辖。"① 这句话，通常被当作元代儒士社会地位低下的一个证据，虽然从元代的正史中没有看到相关规定，但元代儒生的地位较以往要低得多。元代虽然科举不兴，但儒学教育却非常普及，中央及地方官学、私学及民间的社学都以讲习儒家经典为教学内容，元代的儒生队伍是非常庞大的，但入仕机会的减少使儒生的谋生手段极为复杂，儒生及市民大众对读书人的期望值降低了，同时儒生的角色自识也淡泊了。因而元代儒生不是完全按照儒家的正统礼法标准打造出来的，在元杂剧中就经常表现出这类人物的反传统性格特征。

在《北西厢》中张生不流露了厌弃功名的思想。在老夫人的逼迫之下，张生不得不舍下莺莺，进京赶考。草桥店惊梦之后，张生感叹道："都只为一官半职，阻隔得千山万水。"② 为追逐功名而舍下莺莺，张生对这一行为的得失产生了疑问。在儒家文化中，功名利禄是人生追求的终极目标，十年寒窗也就是为了金榜题名，金榜题名之后，也就是功名利禄，这是实现人生价值的思维定式。一个正统的读书人应该醉心于科举，放弃儿女情长，像《莺莺传》中的张生那样"补过"，这才是儒家正统思想下合格的读书人。但《北西厢》中张生厌弃功名思想的表露反映出科举考试在元代社会文化中的分量，因为在元代科举考试长期被废弛，文人对这条出路已经不寄托过高的人生理想。《南西厢》并没有采用这句话，说明作者是不同意这样说的，因为明代的社会状况发生了变化，科举复兴，儒生的传统地位又恢复了。所以，最后张生以暂时的牺牲换回了金榜题名及莺莺的五花官诰，这是儒生在科举社会实现人生价值最理想的方式。

张生在《北西厢》中所表现出来的一些不符合传统礼教的行为，也在《南西厢》中得到了纠正。如在第一本第二折中，张生对莺莺一见钟情之后，又从红娘那里了解到老夫人的家教甚严。于是产生了与莺莺私下来往的

---

① （宋）郑思肖：《郑思肖集》，上海古籍出版社1991年版，第186页。

② （元）王实甫：《西厢记》，上海古籍出版社1978年版，第161页。

想法:"小姐年纪小,性气刚。张郎倘得相亲傍,乍相逢厌见何郎粉,看邂逅偷将韩寿香。才到得风流况,成就了会温存的娇娘,怕甚么能拘束的亲娘。"①"韩寿偷香"是出自《世说新语》里的典故,叙述的是韩寿与贾充之女两情相悦并私通,后被贾充发觉,最后为了维护家庭的声誉,无奈将女儿嫁给韩寿的故事。可见张生对莺莺一见钟情之后,便设法与莺莺发展感情,并且在一步步地去实践这个计划。所以在他参与做道场时只是假做祈祷,并非追念父母,而是在默默祷告:"只愿得红娘休劣,夫人休焦,犬儿休恶! 佛啰,早成就了幽期密约!"②第四本第一折中,将要与莺莺"偷期"时唱道:"人有过,必自责,勿惮改,我却待'贤贤易色'将心戒,怎禁他兜上心来。"③张生明知自己的所作所为与圣人之言相悖逆,但却做不到以好贤之心改易好色之心。这是对儒家礼教的明知故犯,是"人欲"对"天理"的公然挑衅。张生的这些言行,从儒家传统的视角来观察,都具有"诲淫"的嫌疑。《南西厢》改掉了这些细节,从而回避《莺莺传》中崔张悲剧的阴影。把张生这些言行改掉,才能树立起一个儒生的良好形象。

通过对比,可以看出张生在《北西厢》中带有生动鲜活的特点,他大胆追求喜欢的女子,直率地表达自己的思想感情,敢爱敢恨、敢喜敢怒。元杂剧中的"风流浪子"是男子的一种美,《北西厢》中也多次提到张生"忒风流,忒浪子"④"风流隋何,浪子陆贾"⑤"浪子官人,风流学士"⑥。"风流浪子"的含义非常丰富,它既有多才多艺的一面,又有风流多情的一面,更有倜傥洒脱的一面。这样的审美标准与传统的儒家思想所追求的人格有很大差异,传统儒家文化所欣赏的是温良恭俭的谦谦君子,《南西厢》则向儒家的诗书礼义一步步地靠近,努力把张生改造一个规规矩矩的读书人。

① (元)王实甫:《西厢记》,上海古籍出版社 1978 年版,第 21 页。
② (元)王实甫:《西厢记》,上海古籍出版社 1978 年版,第 39 页。
③ (元)王实甫:《西厢记》,上海古籍出版社 1978 年版,第 136 页。
④ (元)王实甫:《西厢记》,上海古籍出版社 1978 年版,第 98 页。
⑤ (元)王实甫:《西厢记》,上海古籍出版社 1978 年版,第 108 页。
⑥ (元)王实甫:《西厢记》,上海古籍出版社 1978 年版,第 175 页。

在《莺莺传》中，崔莺莺与张生只是一般家庭背景下的才子佳人，所以发生了那样一段凄美的爱情故事。董解元赋予了他们几乎是最高地位的阶级出身，一个是尚书的公子，一个是相国的千金，在这种社会地位和社会背景下，要想自由恋爱几乎是不可能的。但在金元时期，由于北方民族的文化习俗的渗透，男女之大防松弛，崔张身上沾染了诸多"北习"，但在金元时期却浑然不觉。明代在儒家正统文化背景之下重新审视这两个人物时，他们身上的"北习"便异常明显，于是出现了《南西厢》中对这两个人物的重塑。重新塑造之后，他们更符合时代的生活真实，也更符合儒家传统文化的审美追求。

4. 红娘形象及其在人物结构关系中的作用

在崔张爱情从发生、发展到结合的过程中，红娘都是功不可没的人物。从《莺莺传》到《董西厢》再到《王西厢》，这个人物渐渐明朗起来，在情节发展中的作用也越来越重要。在《董西厢》和《王西厢》中，作者都充分肯定了她的作用和地位。是她安排听琴、传书递简、暗中鼓励，最终张生与莺莺才能私结连理，又是她在关键时刻在老夫人面前据理力争，老夫人才答应让张生和莺莺结为连理。她是莺莺的贴身丫鬟，因而也最了解莺莺的内心世界。她是崔家的下人，因而不受太多礼教的约束。当她看到莺莺和张生因情所困时，帮助他们成就了婚姻。红娘是西厢记故事中一个至关重要的人物，在这个故事的传承过程中，她的作用和地位呈逐渐上升趋势。在《南西厢》中，红娘的性格更加鲜明；在人物结构关系中，她的作用和地位也更加突出。红娘的这些变化恰好配合了其他角色的转变。

首先，重新塑造的过程中，突出了红娘的性格和身份。

在《南西厢》第七出增加了"对谑琴红"这一情节：张生的琴童与红娘斗牌，这是两个"下人"斗智的游戏。虽然红娘的语言有些粗俗，但她口齿伶俐，反应敏捷，始终都占据上风。这与后面的"堂前巧辩"相得益彰。红娘是一个丫鬟，属于下层人民，因而她不可能有莺莺那样的礼教修养。所以这个人物的性格十分鲜活，并具有机智勇敢、热情泼辣的特征。

南北西厢都有"拷红"这一情节。在《北西厢》中，红娘听欢郎说："奶奶知道你和姐姐去花园里去，如今要打你哩！"红娘马上说："小姐，你带累我也!"① 说明事情是莺莺做的,红娘受到了牵连。在《南西厢》中,强调老夫人三次打红娘,红娘并未责怪莺莺连累了她。通过这三次拷打,更突出红娘在莺莺"失节"这一事件中的作用。

《北西厢》中,用大量的笔墨正面描写了莺莺与张生私自结合的场景。在《南西厢》中,这一场景则是通过红娘想象来完成的。红娘想象完他们结合的情景之后,不无失落地唱道:"不管红娘在门外待,教我无端春兴请谁排,只得咬定罗衫耐。"② 没有正面描写张生和莺莺的床笫之欢,是因为这些情景与他们的身份和教养不相适宜,同时也可以使作品减少"宣淫"的作用。通过红娘的想象来展现这些情节,表明了红娘在礼教上的无拘无束,而这样的红娘恰好配合了其他角色的在礼教上的加强。

其次,红娘形象在人物结构关系中的作用发生了变化。

《南西厢》突出了红娘的身份,她是崔家的丫鬟,她没有受到过莺莺那样的女德教育。她与莺莺在道德观念和行为准则上是不同的。因而,当莺莺处在思想矛盾中时,红娘总是在关键时刻推波助澜,帮助她冲破礼教的束缚,一步一步走近张生。张生"生命垂危"的时候,也是莺莺思想斗争最激烈的时候。当莺莺徘徊在"亲身救疗"和"遗臭闺门"这种两难境地时,红娘的话起到了决定性的作用。红娘先劝莺莺"爱他何不成就了他"③,接着又告诉莺莺:"老夫人寄书去叫郑生去了。"于是莺莺才下定决心与张生私下结合。前一句使莺莺让礼教屈从了感情,后面一句话使莺莺认识到不及时决断的后果。因为莺莺的孝期已满,郑恒的到来势必要谈婚论嫁,到那时她与张生就没有机会了。红娘在莺莺冲破礼教、大胆地去追求婚姻自主的过程中发挥了关键性的作用。

"红娘"在中国文化中已经演变成"媒人""媒介"的代名词,主要原因是由于她在崔张故事中发挥的"桥梁"作用。莺莺是一个大家闺秀,受过良好的女德教育,因而她尽管喜欢张生,但让她大胆与张生交往,并私自结合

---

① (元)王实甫:《西厢记》,上海古籍出版社1978年版,第142页。
② (明)李日华:《南西厢》,《六十种曲》,中华书局1958年版,第78页。
③ (明)李日华:《南西厢》,《六十种曲》,中华书局1958年版,第70页。

还是有相当难度的。一方面受到客观条件的限制，另一方面她自身的心理防线成为更大的障碍。而这两个障碍靠莺莺自己是很难冲破的。这个过程中，红娘的媒介作用就显得格外重要了。

最后，红娘的作用还体现在其他角色的变化上。相比较而言，在《南西厢》中，老夫人治家也更严谨，莺莺的礼教约束更大，张生的行为也更加儒家礼义化。这几个人物的变化都给主张莺莺与张生的婚姻自主带来了难度。老夫人管制得紧使莺莺与张生接触的可能变小，莺莺的转变也使她冲破礼教的过程更加艰难，张生的礼教束缚也使他追求爱情的勇气下降。这些人物的变化都为作品的圆满结局增加了更大的障碍。在这种情况下，要想实现有情人终成眷属，必得有一个外部的力量来促成。在《南西厢》中，这个外部力量就是红娘，只有红娘这样一个不受礼教约束的"下人"才能把前面三个人物的礼教束缚打破。只有红娘才能帮助莺莺冲破礼教，与老夫人据理力争，为张生牵线搭桥。这个"世俗"的红娘在《南西厢》的人物结构关系中，发挥了重要的作用。同时《南西厢》也使红娘这个人物更加富有光彩。在后代的戏曲中，红娘的形象进一步引起关注，很多现代戏种里都有《红娘》传演，这其中《南西厢》红娘形象的突出是功不可没的。

戏曲艺术是以舞台形象为载体的。无论是唱、念、做、打，都是表现戏剧主题思想的方式，因而舞台形象是作者创作思想的集中体现。文艺作品的创作思想通常是时代精神和个人经历的结合体，因此文学作品既是反映时代生活的镜子，也是作家个人生活的体验。从以上诸多人物的重新塑造中，可以看到：由于《南西厢》与《北西厢》产生的时代文化的差异，导致了西厢记故事从内容到形式的改编。而在改编过程中，两部作品分别打上了不同时代的文化印迹，从中可以发现元代游牧文化对中原文学创作产生的影响。在宽松的文化环境中，元杂剧创作受到的制约较少，其功能主要体现在大众娱乐。与宋明时代相比，作家和观众的传统礼教思想都比较淡泊，这在《北西厢》的人物形象塑造上得到了一定的体现。在明传奇的改编中，由于儒家传统礼教的上升，《南西厢》也承载了较多的教化功能。时代文化的差异使作家及观众的人生观与价值观也发生了变化，而这些变化通过舞台形象的改造表现了出来。在对《北西厢》人物形象进行一番改造之后，人物身份、地位及性格特征更符合儒家传统标准，也更符合明传奇产生时代的社会生活。

四、抑扬之间　儒释之别

元代和明代对待文人和僧人的态度是截然相反的。元代信奉藏传佛教，喇嘛教被尊为国教，僧人享有很高的地位和特权。相形之下，由于蒙古民族一向是崇尚武力，所以对儒家传统的统治思想不够重视。元朝尽管重用了几个文人，但科举废弛使大多数文人的入仕理想化为泡影。元代的选吏渠道很多，"既有世袭，又有存荐，既有荫叙，也有科举。授官有出身于宿卫、勋臣之家者，有出身于学校者；有因捕盗而以功叙，有因入粟而进货，还有政府通过访求隐逸而得者"。① 因此，同唐宋两代相比，元代科举入仕的机会比较少。尽管元代的儒学教育规模扩大了，但蒙古族统治者对于"学而优则仕"的传统并没有完全认同，选吏途径的多元化就可以证明这一点。明代则相反，恢复了科举制度，儒家的传统文化又上升到唐宋时期的高度，甚至高于原来的高度。读书人的社会地位又回归到元代以前的状况。因而，在《南西厢》中，张生身上比《北西厢》中更多了几分读书人的自信。但在明代佛教的权威却下降了。在《西厢记》的改编中，也体现出"儒""佛"在不同时代的社会地位变化。

"儒"的变化主要体现在张生身上。《北西厢》中的张生很寒酸，也很怯懦，从中可以反映出元代儒生地位的下降。元杂剧的一些作家原本就不是科举之材，科举废弛恰好给他们提供了放弃功名、施展才艺的机会，如关汉卿等。在唐宋时代，儒生靠读书可以修身、齐家、治国、平天下，但元代的文人除修身以外，连齐家都难以做到了。在《北西厢》中张生还多次遭到红娘的抢白和斥责，这一方面显示了元代社会的"上下无等"，同时也说明张生这些读书人的地位在下降。但在《南西厢》中，张生的地位却有所不同。红娘抢白了张生，莺莺就说了这样一句话："他是读书人，你不要抢白他也罢。"② 显

---

① 孔令纪等：《中国历代官制》，齐鲁书社 1993 年版，第 278 页。
② （明）李日华：《南西厢》，《六十种曲》，中华书局 1958 年版，第 23 页。

然在这里读书人是应受到尊重的；红娘把张生的书简传与莺莺，莺莺生气地说："教他……经史相亲，俩个好人家风范。"①"经史相亲"也就是亲近圣人经典，读这些书才能做得"好人家风范"。同时店小二在介绍普救寺时也说："官人是读书君子，料不到花街柳陌中去。"张生说："然也。"②《南西厢》增加的这些对白，在客观上体现了读书人的社会地位、品行修养的回升，也体现出社会对读书人的认同。

在南北西厢中，僧人的表现及剧中人物对僧人的态度都有所不同。在《南西厢》中，法聪一出场便唱道："假持斋做长老，经卷那曾晓，每日吃荤腥常醉倒，真个快活无烦恼。"③张生去普救寺拜访，法聪说师父不在，"方才办了八个盒子，望丈母去了"。后来才改成"徒弟家里去了"。又说师父曾有一首诗："独坐禅房静，忽然觉动情。"又引用法本的话："出家人皆如此，休要假惺惺，开了聪明孔，好念法华经。"④这与佛家弟子出家修行的身份很不相符。在元代和明代，佛教信徒的地位是不同的。元代喇嘛教被尊为国教，不仅在精神上得到民众的崇敬，而且在政治及经济上也享有一定的特权。明太祖朱元璋对元代的佛教地位颇为不满，他认为："务释氏而能保其国者，未之见矣。"⑤于是他开始用行政力量整顿佛教，洪武十五年五月下诏："佛寺之设，历代分为三等，曰禅、曰讲、曰教。其禅不立文字，必见性者方是本宗；讲者务明诸经旨义；教者演佛利济之法，消一切现造之业，涤死者宿作之愆，以训世人。"⑥"关于教寺、教僧的划分，是明初佛教政策有关禅、讲、教界划方面最为特别的一点。划出来的这种教僧，就是专门用来应付世俗佛事需要的'应赴僧'。像这样由朝廷来制定明确规范圈定应赴僧的做法以前没有，自此这种应赴僧被正式地归类为僧人的一种专门类型。……使这一类

---

① （明）李日华：《南西厢》，《六十种曲》，中华书局 1958 年版，第 60 页。

② （明）李日华：《南西厢》，《六十种曲》，中华书局 1958 年版，第 9 页。

③ （明）李日华：《南西厢》，《六十种曲》，中华书局 1958 年版，第 9 页。

④ （明）李日华：《南西厢》，《六十种曲》，中华书局 1958 年版，第 10 页。

⑤ 《明太祖实录》卷 46，台湾"中央研究院"历史语言研究所 1950 年影印版，第 1 页，总第 908 页。

⑥ 《金陵梵刹志》卷二，转引自唐齐：《试论明太祖的佛教政策》，《世界宗教研究》1998 年第 3 期，第 60 页。

寺僧比较多地接触世俗而为世俗方面视之为佛教的代表，可是教寺教僧泛职业化严重，佛寺和僧人崇高清净形象受损，尤其是丑陋弊端丛生，原为清理败坏现象的手段却再成为导致败坏佛教口实的重要方面。"① 明太祖原本是为了整顿佛教，结果却导致了对明代佛教及僧人形象的破坏。

在《北西厢》中，则只有张生打趣法本，送信的法聪和尚也当作英雄来对待。但在《南西厢》对送信的惠明表现出蔑视"言不出众，貌不惊人"。② 孙飞虎称惠明为"秃子"，杜确也称他"这秃厮"。这些都反映了两个时代僧人的地位及人们对僧人的态度。蒙古族原本对宗教信仰不加干预，对所征服地区的居民也"依俗而治"，所以各类宗教门派得以自由发展，但藏传佛教以其在文字、医学等领域的重大贡献而受到格外的尊崇。但到了明朝，开始重新重视礼制，且中原汉族固有的重视道教等原因，对佛教进行了行政上的干预，降低了佛教尤其是喇嘛教的特殊地位，因而造成了两个时代僧人的形象和地位差异。

《南西厢》不仅使《西厢记》能够继续在舞台上传演，而且在有限的创作空间内，实现了对故事情节和人物形象的改造，从而使作品更符合时代精神，更迎合作家以及观众的审美需求。虽然《南西厢》自产生之日起就背负了诸多非议之词，但依然不失为一部好戏，尽管囿于明代封建礼教的束缚对情节和人物做了修改，但仍然具有反封建反礼教的作用和价值。在艺术形式上也得到明代戏曲评论家张琦的肯定："南袭北辞，殊为可笑。今丽曲之最胜者以王实甫西厢压卷，曰华翻之为南，时论弗取，不知其翻变之巧，顿能洗尽北习，调协自然，笔墨中之炉冶，非人官所易及也。"③"北习"实际就是指游牧文化在戏曲中的影响，当然张琦所说的"北习"多指声律而言，但对《北西厢》内容上的"北习"也很巧妙地进行了"翻改"，并因此造成了南北西厢的文化差异，而《北西厢》中的"北习"也恰恰表明了蒙古游牧文化对

① 周齐：《明代佛教禅、讲、教之界划》，引自国学网，http://www.guoxue.com/www/xsxx/txt.asp?id=822。
② （明）李日华：《南西厢》，《六十种曲》，中华书局1958年版，第35页。
③ （明）张琦：《衡曲麈谭》，《中国古典戏曲论著集成》第四集，中国戏剧出版社1959年版，第269页。

元代文学产生了实实在在的影响。

西厢记故事经历了唐、金、元、明几个朝代的加工，故事情节发生了很大的改变，而每一次改变都打上了时代的烙印。刘勰所言"文变染乎世情"①在西厢记故事的演变中得到了很好的验证。在唐代，多情的崔莺莺遭受了始乱终弃的命运结局，而在金、元时代，使其与有情人终成眷属。也正是北方游牧民族的文化自由精神，使《西厢记》走出《莺莺传》的涅槃，蜕变为世代流传的爱情佳话。金元时期的北方游牧民族的文化精神的参与，使崔莺莺改变了不幸的命运。明代的剧作家立足于中原的传统文化，一方面努力靠近大众已经接受的基本结局，另一方面又将传统伦理道德予以伸张，在儒家传统文化中，为崔莺莺和张生的婚姻自主找到一条出路。

外来游牧文化的自由精神影响，激活了元代作家、演员与观众的自由本心，从而折光反射在《北西厢》中。在明代，同样具有轰动效应的《牡丹亭》尽管也表达了爱情，而且似乎更解放一些，但仔细推敲，它体现男女爱情自由的方式与《北西厢》有很大差异。众所周知，《牡丹亭》的作者汤显祖深受晚明王学左派的影响，不否认《牡丹亭》具有反抗"理学"的伟大意义。《牡丹亭》与《西厢记》同样是以爱情为题材，并且在主题上也同样是主张爱情自由，但二者表现主题的方式却有本质的不同。杜丽娘虽不是相国小姐，做太守千金也算上层社会的女子。作品格外强调了她所受到的儒家传统教育，但杜丽娘对爱情的渴望并没有因此而泯灭。她感于春天的景致，产生了对爱情的渴望。但是在儒家的礼教传统中，"父母之命""媒妁之言"是组合婚姻家庭的一般方式，这使好多青年男女在结婚时才能见到自己的配偶，因此现实生活中找不到让杜丽娘恋爱的可能。于是作者把杜丽娘和柳梦梅的恋爱过程描绘在梦境中。几次在梦中相会，人鬼结合，最后杜丽娘起死回生，柳梦梅考中状元，并在皇帝的圣旨下，封建家长才承认了这桩亲事。这种超脱现实的笔法，可以归于"浪漫主义"，但实际上却是对现实的无奈抗争。《牡丹亭》积极地主张青年男女的婚姻自主，但在现实中却找不到可行的依据。相反在金元时期，崔莺莺与张生由恋爱到结合，再到终成眷属，都是在现实世

———————————

① （南朝梁）刘勰著，周振甫注：《文心雕龙注释》，人民文学出版社1981年版，第479页。

界中完成的。这是在北方游牧文化的影响下，对人的自由本性的主张。虽然两部作品的主题都是主张男女爱情自主，但由于社会文化的差异，使两部作品在实现恋爱的方式上有很大的差异。

《南西厢》对《北西厢》的改编较一般的文学创作有所不同：一方面，《南西厢》作者的创作活动受到自身的生活体验和时代精神的制约；另一方面，还要受到《北西厢》的制约。对《北西厢》的再加工既受到原作者的创作意图的影响，同时也包括改编者对《北西厢》的解读和评价，而这个解读和评价的标准则来自改编者自身的生活体验和时代的精神追求。无论是《南西厢》还是《北西厢》，都是与其时代精神相统一的，也就是说，它们都是时代的产物，无论是人物性格还是情节发展，都有遵循生活真实的一面。"南莺莺"和"北莺莺"都是时代女性生活的写照，她们的性格都是符合当时的审美标准的。"北莺莺"是按照元代的女子生活状况进行刻画的，因而她在《北西厢》中是符合元代的生活真实的，也是符合作家和观众的审美的。但是到了明代，由于儒家传统礼教的回归，社会生活和意识形态都与元代有所不同。在元代作家和观众的眼中，"北莺莺"是美的；但在明代的作家和观众的眼中，她的身上就有了很多与时代生活和审美判断不相适宜之处，于是按照明代生活中大家闺秀的样子对其进行了改造。在刻画人物的过程中，南北西厢都遵循了生活真实的原则，是社会生活的变化导致了人们审美追求的变化，从而也导致艺术形象的改变。

由此可见，《南西厢》对《北西厢》的改编，是一个用明代的文学价值标准衡量《北西厢》的过程，也就是儒家传统文化对受游牧文化影响的文学作品进行矫正的过程。从这个过程中，我们看到了北方游牧文化在元杂剧《西厢记》中产生的影响。

第五章　元杂剧《窦娥冤》在明代的
演变及文化解析

关汉卿①的《窦娥冤》是元杂剧中最具有震撼力的作品之一。它不仅在元代产生巨大的轰动，而且对后代的戏剧文学也有着深远的影响。由于杂剧在元末就开始衰落，明代的演员和作家大都从事传奇的创作和演出，元杂剧渐渐地离开了舞台。出于娱乐的需求，一些元杂剧作品又被改编为传奇剧本，有的被搬演到戏剧舞台。《窦娥冤》就曾被叶宪祖首次进行了传奇剧本改写，后又经袁于令再次改写为《金锁记》，叶宪祖的改本现已失传，现存《金锁记》为袁于令的改本。②经过叶宪祖和袁于令的改编，使这个故事又得以在舞台上演出。《金锁记》是明传奇对元杂剧改本中较有影响的篇目，也是被认为较成功的作品。但作为舞台剧而言，《金锁记》一方面改编了元杂剧《窦娥冤》的唱腔体系及结构方式，一方面也进行了从形象到情节、结局乃至主题的修改。《金锁记》与《窦娥冤》产生的时代文化有较大差异，通过比较可以发现《窦娥冤》和《金锁记》带有不同时代的文化特征，从中可以找到游牧文化在《窦娥冤》中的影响。

---

①　关汉卿，元大都人。约生于 13 世纪初，卒于元成宗大德元年（1297）之后，太医院户（一说尹）。关汉卿系元代前期杂剧界领袖人物，不仅从事创作，而且有时粉墨登场，与杂剧女艺人珠帘秀等均有交往。著有杂剧 60 多种，现存 18 种，今存套曲 10 多套，小令约 40 首。

②　关于《金锁记》的作者，有人认为是叶宪祖，有人认为是袁于令，有不同说法。李复波曾在《袁于令生平及其作品》（《文史》第二十七辑）考证出确系袁的早年作品，但可能是在叶本的基础上改写。本文依此说。

第一节 《窦娥冤》的故事流变

很多元杂剧作品都是取材于中国文学及历史的旧有题材，关汉卿的《窦娥冤》也不例外。在《窦娥冤》第四折中窦天章说道："昔日汉朝有一孝妇守寡，其姑自缢身死，其姑女告孝妇杀姑，东海太守将孝妇斩了。只为一妇含冤，致令三年不雨。后于公治狱，仿佛见孝妇抱卷哭于厅前，于公将文卷改正，亲祭孝妇之墓，天乃大雨。"① 说明作者是知道东海孝妇之事的，而与东海孝妇相似的古代女子还大有人在。

东海孝妇的故事最早源于西汉刘向的《说苑·贵德》，② 东汉班固的《汉书·于定国传》中的记录大至与此相同。此外在南朝范晔的《后汉书·循吏列传·孟尝传》中，记录了孟尝同于公相似的经历。东晋干宝在《搜神记·东海孝妇》中的记录是关于东海孝妇最完整的故事：

> 汉时，东海孝妇，养姑甚谨。姑曰："妇养我勤苦。我已老，何惜余年，久累年少！"遂自缢死。其女告官云："妇杀我母。"官收系之，拷掠毒治。孝妇不堪苦楚，自诬服之。时于公为狱吏，曰："此妇养姑十余年，以孝闻彻，必不杀也。"太守不听。于公争不得理，抱其狱词，哭于府而去。自后郡中枯旱，三年不雨。后太守至，于公曰："孝

---

① （元）关汉卿：《窦娥冤》，《全元戏曲》第一卷，人民文学出版社 1990 年版，第 207 页。

② 《说苑·贵德》中记载："丞相西平侯于定国者，东海下邳人也，其父曰于公，为县狱吏决曹掾；决狱平法，未尝有所冤，郡中离文法者，于公所决，皆不敢隐情，东海郡中为于公生立祠，命曰于公祠。东海有孝妇，无子，少寡，养其姑甚谨，其姑欲嫁之，终不肯。其姑告邻之人曰：'孝妇养我甚谨，我哀其无子，守寡日久，我老，累于壮奈何！'其后，母自经死，母女告吏曰：'孝妇杀我母。'吏捕孝妇，孝妇辞不杀姑，吏欲毒治，孝妇自诬服，具狱以上府。于公以为，养姑十年之孝闻，此不杀姑也。太守不听，数争不通得，于是于公辞疾去吏，太守竟杀孝妇。郡中枯旱三年，后太守至，卜求其故，于公曰：'孝妇不当死，前太守强杀之，咎当在此。'于是杀牛祭孝妇冢，太守以下自至焉，天立大雨，岁丰熟，郡中以此益敬重于公。于公筑治庐舍，谓匠人曰：'为我高门，我治狱未尝有所冤，我后世必有封者，令容高盖驷马车。'及子封为西平侯。"（西汉）刘向：《说苑》，天津古籍出版社 1988 年版，第 149 页。

妇不当死，前太守枉杀之，咎当在此。"太守即时身祭孝妇冢，因表其墓，天立雨，岁大熟。长老传云："孝妇名周青。青将死，车载十丈竹竿，以悬五幡，立誓于众曰：'青若有罪，愿杀，血当顺下；青若枉死，血当逆流。'既行刑已，其血青黄，缘幡竹而上标，又缘幡而下云。"①

此外在南朝王韶之的《孝子传》中也记录了周青行孝蒙冤的故事：

　　本月刑青于市，青谓监杀者曰："乞树长竿系白幡，青若杀翁姑，血入泉；不杀，血上天。"既斩，血乃缘幡竿上天。②

可以看出，《窦娥冤》与《搜神记》中的"东海孝妇"有比较密切的联系。

由于文献的缺乏，《窦娥冤》的作者关汉卿的生卒年月至今也没有定论。有说是出生于金末，先人仕于金，通常认为他出生于1230年前后。从他的作品内容来看，关汉卿的主要戏曲创作活动是在元代前期进行的。因为关汉卿的散曲作品中有《大德歌》十首，元成宗大德是在1297—1307年之间。《窦娥冤》的题目和正名是"秉鉴肃政廉访史，感天动地窦娥冤"，元世祖二十八年（1291）提刑按察司改为肃政廉访司，因此《窦娥冤》应当作于1291年之后，属关汉卿晚年的作品。

袁于令（1592—1674），是明末清初戏曲作家，原名晋，后改名于令，字令昭、韫玉，号凫公、箨庵、白宾、幔亭仙史、幔亭歌峰者、吉衣道人等，江苏吴县人。明末应岁贡，入国子监读书。清兵入关后降清，任工虞衡司主事、营缮司员外郎等职，曾为苏州士绅代写降表进呈，因此升任荆州知府。清顺治十年（1653）因得罪上司遭罢官，仕清不足十年。晚年侨居会稽（今浙江绍兴）。有资料证明《金锁记》是袁于令青年时代的作品。③袁于令

---

①　（东晋）干宝：《搜神记》，中华书局1979年版，第139页。
②　《太平御览》卷415，人事部56，中华书局1960年影印版，第1914页。
③　袁园客增订《南音三籁》是经由他的伯父袁于令审阅，其中收有《金锁记》"私奠"整出套曲，注明"择庵家伯少年之作"。引自（明）袁于令著，李复波点校：《金锁记》，中华书局2000年版，前言。

一生交游甚广，曾从叶宪祖学曲，与冯梦龙、祁彪佳、沈自晋、卓人月、吴伟业、洪升、李玉等戏曲家交往甚密。《剑啸阁传奇》著录其传奇有九种，今存《西楼记》与《鹔鹴裘》两种，《金锁记》未著录其中，其杂剧《双莺传》今亦存。《金锁记》及《西楼记》在昆曲中有折子戏流传。

关汉卿通过改造和加工历史素材，将东海孝妇的故事搬上舞台，从此元杂剧《窦娥冤》诞生，使窦娥这样一个普通劳动妇女成为不朽的舞台形象。通过叶宪祖和袁于令的改编，使含冤九泉千余年的东海孝妇有了幸福的人生结局，这对于善良的观众来说是莫大的慰藉。而且由于二人的改编，使窦娥这一形象又重新活跃在戏剧舞台上。

第二节　《窦娥冤》到《金锁记》的故事流变

《窦娥冤》四折一楔子，是标准的杂剧结构模式。在短小的篇幅中，作者独具匠心地展开矛盾冲突比较集中的几个场景。开篇是楔子，介绍书生窦天章因为借贷，将七岁的女儿窦娥抵给蔡家做童养媳，并因此得到蔡婆的资助，进京赴考。第一折，十三年后，窦娥已经守寡，蔡婆依然以放贷为生计，蔡婆去赛卢医处讨债，赛卢医欲勒死蔡婆以了账，幸被张驴儿父子冲走，蔡婆才得以全命。但张驴儿又以双双招赘他们父子为条件，否则照样勒死蔡婆。无奈蔡婆只得将他们带到家里，但遭到了窦娥的坚决反对。蔡婆于是让张驴儿父子留在蔡家等待时机。第二折，蔡婆因受到惊吓病倒，想喝羊肚汤，在递汤时，张驴儿将毒药放进碗里，蔡婆恶心不想喝，张驴儿的父亲喝了汤，结果被毒死。张驴儿想以此要挟窦娥与之成亲，劝其私了。窦娥自知无罪，决意不从。张驴儿因此告到官府，楚州太守桃杌没有详察案情，对窦娥酷刑逼供，见窦娥不认罪，又要对蔡婆用刑。窦娥怕年老的婆婆受苦，便招认了毒死公公的罪名，结果被处以斩刑。第三折，行刑时，窦娥呼天抢地鸣冤叫屈，但太守并没有理会，最后窦娥发下三桩誓愿：六月飞雪、血洒白练、三年大旱。前两桩誓愿当场应验，但窦娥还是被斩了。第四折，楚州果然大旱三年，这时窦天章因为官清正，被任命为两淮提刑肃正廉访使，随处审囚刷卷，体察滥官污吏。来到了楚州，翻阅卷宗时遇到了窦娥的案子，本想回避，但窦娥的灵魂出来向窦天章伸冤，窦天章重审此案，窦娥的冤魂也对簿公堂。真相大白之后，张驴儿被凌迟处死，赛卢医被充军，前任太守桃杌与该房吏典，各杖一百，永不叙用。最后又在窦娥灵魂的恳求下，窦天章收养了蔡婆。

《金锁记》共三十三出，在情节上与《窦娥冤》有很大差异：第一，窦天章欠蔡家的债是早年蔡本端借给他的，而非高利贷，蔡婆也不曾催逼索要。第二，窦天章将女儿嫁给蔡家是因为蔡婆是守节之人，蔡昌宗（蔡婆之子，窦娥的丈夫）是读书之人。第三，窦娥嫁到蔡家的当天，还未与蔡昌宗见面，蔡就溺水"身亡"。第四，蔡婆借给赛卢医的钱是帮其解决官司的，而不是高利贷。因生活困窘蔡婆去讨旧债时，赛卢医却欲将其害死，碰巧张驴儿母子路过，冲走了赛卢医，蔡婆出于感激，将他们母子请到家里。第五，在蔡婆没有许亲的情况下，张驴儿欲对窦娥非礼，遭到拒绝后，又用窦娥失落的金锁换来毒药，本想毒死蔡婆，结果却毒死了自己的母亲。第六，张驴儿见窦娥还不顺从，便将其告到官府。窦娥忍受不了酷刑，想要招认，但蔡婆告诉她："宁可杖下亡，陛似刀头死。"但为了不让婆婆受酷刑，窦娥招认了罪名，被判了斩刑。第七，窦娥的节孝行为感动了上帝，行刑时，派神仙降雪，为其鸣冤。行刑官见六月飞雪，认为必有冤情，取消了斩刑，将窦娥关押候审。第八，三年之后，窦天章官居肃政廉访史，巡案至此，窦娥母亲的灵魂向他讲述了窦娥的冤屈，并提示他寻找破案线索——金锁。窦天章重审此案，真相大白，父女团聚。第九，蔡昌宗当年溺水后，与龙宫三公主冯小娥完结了三年的情缘，直赴科场，并状元及第，荣归途中，龙宫公主安排他的船与窦天章的船相撞发生口角，因此夫妻相认、母子相逢，一家团圆。

《金锁记》的情节更为复杂，角色也增加了许多。原本在《窦娥冤》中无关紧要的蔡昌宗成为故事结局由悲剧转为喜剧的关键环节，与此相关的又增加了龙女、诸神以及窦娥母亲的灵魂等。经过《金锁记》的改写，使窦娥的故事从人物到主题都发生了变化，而透过这些变化，可以看出《窦娥冤》与《金锁记》的文化差异，在这些差异中则体现了元明两代的社会文化差异，也反映了元代北方游牧文化对《窦娥冤》的影响。

第三节 《窦娥冤》故事演变的文化解析

《金锁记》直接取材于《窦娥冤》。《金锁记》最大的改动是结局的改变，即由悲剧到喜剧的变化。如此巨大的改动，直接影响到作品的主题。

一、《窦娥冤》与《金锁记》的主题差异

《窦娥冤》中窦娥的冤案最后虽然得到了昭雪，恶人张驴儿、赛卢医也得到了惩罚，但窦娥这个善良女子无辜被斩，其悲剧色彩依然是作品的主流。《金锁记》中尽管窦娥也经过了种种不幸，但她不仅没有被斩，反而最终获得了幸福的结局，应该说《金锁记》是一部悲喜剧。结局的改变使两部戏剧的主题也发生了变化。

《窦娥冤》中造成窦娥悲剧命运的原因主要有四点：

其一，封建家长专制和买卖婚姻制度。窦娥年仅七岁就被卖到蔡家做童养媳，蔡家的儿子又是个先天不足，他十七岁与窦娥成婚，二年后便害弱症死了，因而窦娥还不到二十岁就守了寡。蔡婆的儿子从小就应该身体不好，家长专制使窦娥没有机会成年之后选择理想的丈夫，窦娥嫁到蔡家也完全是出于抵债的原因。窦天章自己也说："这个那里是做媳妇，分明是卖与他一般。"[①] 指出了买卖婚姻的性质。而正是这种家长包办的买卖婚姻制度，使窦娥遭遇了年轻守寡的不幸。

其二，高利贷盘剥之祸。窦娥人生的两大不幸都是由高利贷引起的，首先是高利贷逼她进蔡家做童养媳，导致她年轻守寡。在窦娥七岁的时候，父亲窦天章上年借蔡婆二十两银子，今年到期该还本息四十两，他无钱还债，无奈只得将女儿抵债，并额外得到蔡婆的十两银子资助，上朝取应。其次是

---

① （元）关汉卿：《窦娥冤》，《全元戏曲》第一卷，人民文学出版社 1990 年版，第 182 页。

高利贷引来了窦娥的杀身之祸。窦娥到蔡家十三年后，已经守寡，蔡婆还在做高利贷生意，在她去赛卢医家讨债时，险遭暗算，被张驴儿父子救下，但以此为导火索，让窦娥背上了"毒死公公"的罪名，并被屈斩。虽然不是高利贷夺走了她的生命，但是这两笔高利贷生意让她失去了享有幸福人生的机会。

其三，无赖横行。蔡婆讨债虽然被张驴儿父子救下，但这对父子以勒死相要挟，强行让蔡婆招赘他们父子。蔡婆无奈只好将他们带回家。遭到窦娥的强烈反对后，张驴儿并不死心，反而想出更歹毒的计谋，欲毒死蔡婆使窦娥就范。结果毒死了自己的父亲，张驴儿非但没有就此罢手，反而更加无赖地提出"私休"的要求。窦娥不从，因此被告到官府。

其四，官吏昏庸导致窦娥无辜被斩。主事的官吏是一个"给告状人下跪、把告状人当做衣食父母"的昏官，在没有详推事实的情况下，滥用酷刑，见窦娥不屈服，便要对蔡婆用刑，窦娥不忍婆婆受苦，屈招了罪名。在临刑前，窦娥呼天唤地，诉说自己遭遇的不公，并最后发下了三桩誓愿。在六月暑天出现了"飞雪鸣冤"时，主事官也无动于衷，最后将窦娥屈斩。

窦娥原本是一个心地善良的普通女子，本应该享有幸福的人生，但她却遭遇了少年被卖、年轻守寡、最终蒙冤被斩等一系列的人生不幸。她一再地受到压迫和剥削，她对不幸的命运表现出强烈的反抗，但最终还是被黑暗的封建社会所吞没。买卖婚姻、家长专制、高利贷盘剥、无赖横行、昏官主事等，都是站在窦娥对立面并造成她不幸的重要因素。她的不幸一方面能唤起观众对她的同情，另一方面也会唤起观众对黑暗社会的关注和思考，作品具有非常深刻的批判现实意义。因此《窦娥冤》主题可以概括为：通过窦娥的不幸遭遇，对黑暗的社会制度予以了深刻的揭露和鞭挞。

《金锁记》是由悲转喜的结局　给窦娥带来喜剧结局的原因主要有三个：

其一，窦娥的节孝行为。窦娥在出嫁的当天，还未见过面的丈夫就"溺水而死"。窦娥守寡后，一心守节，不肯改嫁，并尽心伺候婆婆。她断然拒绝张驴儿的纠缠，当张驴儿投毒陷害时，为了不让年老的婆婆受刑，她屈招了罪名，因此被判了斩刑。但在行刑的关键时刻，"上帝嘉其节孝，悯其无辜"，① 降雪鸣冤，阻止了监斩官行刑。窦娥的节孝行为，挽救了自己的生命。

其二，官吏们良知尚存。行刑时，监斩官见六月飞雪，认为必有奇冤，于是将窦娥带回收监。官吏的良知使窦娥免于一死。对官吏的这一改写使作品的关注点发生了转移，从而使主题也发生了变化。

其三，门当户对的婚姻使她获得幸福的结局。当年窦天章为窦娥选中的这门亲事是窦娥获得幸福的关键所在。而这门亲事最大的好处是蔡昌宗是个读书之子，蔡婆是守节之人。虽然前面经历了种种不幸，但最后蔡昌宗状元得中，窦娥也当上了状元妻，夫贵妻荣，应该说这是封建社会最美满的婚姻了。前两者保住了她的生命，后者使她享有了幸福的人生。

历经"丧夫"、蒙冤、酷刑等种种不幸之后，最终父女重聚、夫妻团圆。这样就使《金锁记》的主题转换为：通过窦娥历尽艰辛，守节守孝，最终获得幸福团圆，表彰了至贞至孝的美德。从对封建统治的黑暗揭露转移到对节孝行为的表彰，使《金锁记》和《窦娥冤》的价值取向和社会功能产生了差异。

二、《金锁记》与《窦娥冤》价值取向和社会功能比较

"东海孝妇"侍奉婆婆不肯改嫁，但婆婆不忍拖累儿媳，自经而死，但却使孝妇被冤斩。天感奇冤，大旱三年。《东海孝妇》原本是宣扬孝妇"以孝感天"的故事，对孝妇以孝侍奉婆婆以及婆婆对孝妇的体谅都给予了褒扬。总体上看，《窦娥冤》已经挣脱了《东海孝妇》的窠臼，成为一部揭露和控诉封建黑暗统治的宣言书。在《金锁记》中，则又回归到节孝的主题，以窦娥的节孝感动上苍，最后免于一死，并最终得到了幸福美满的婚姻。窦娥的人生由悲剧变为喜剧不是由故事的原型所能左右的，东海孝妇的故事在汉代被记载下来之后，在中国的文学史上沉睡了千余年。当元杂剧兴起，关汉卿的一部《窦娥冤》让这个故事成为极有震撼力和轰动效果的舞台剧，并且树立了窦娥这样一个不朽的舞台形象。

---

① （明）袁于令著，李复波点校：《金锁记》，中华书局 2000 年版，第 47 页。

从根本上讲，《东海孝妇》这个故事的主题本身并不很复杂，元杂剧《窦娥冤》中重点突出了窦娥所受的压迫以及她不屈的反抗。《金锁记》的主要差别在于发掘人物身上的传统美德，对原作《窦娥冤》中偏离传统礼教的言行进行了适当的改造，使人物形象更符合儒家文化的人格追求和审美理想。

首先，在窦娥的形象处理上，突出了她的"节"与"孝"。

《金锁记》中，窦娥嫁到蔡家做童养媳时只有十三岁，她与丈夫蔡昌宗还未曾谋面，丈夫就溺水"身亡"。她小小年纪居然能说出"我生是蔡家人，死是蔡家鬼"这样的豪言壮语，并表明守节之志："愿居孀，终身守节，青史姓名香。"① 这种青史留名的思想不应该是一个十三岁孩子的思想，这里表现的是作者的价值观念。大概从汉代刘向的《烈女传》开始，对妇女的节烈行为就记入史册了。在《烈女传·贞顺传》中记录了一个与《金锁记》中窦娥的身世极为相似的卫宣夫人的故事：

夫人者，齐侯之女也。嫁于卫，至城门而卫君死。保母曰："可以还矣。"女不听，遂入，持三年之丧，毕，弟立，请曰："卫小国也，不容二庖，愿请同庖。"夫人曰："唯夫妇同庖。"终不听。卫君使人诉于齐兄弟，齐兄弟皆欲与后君，使人告女，女终不听……

颂曰：齐女嫁卫，厥至城门，公薨不返，遂入三年，后君欲同，女终不渝，作诗讥刺，卒守死君。②

此后历代见于史传的"烈女""节妇"不胜枚举。正因为有儒家礼教的积极提倡，所以才会有窦娥"青史留名"的想法。

在《金锁记》"私奠"一出中，还安排窦娥在无人时偷偷地祭奠未曾见面的丈夫：

① （明）袁于令著，李复波点校：《金锁记》，中华书局2000年版，第20页。
② 张涛：《烈女传译注》，山东大学出版社1990年版，第135页。

　　孤星早照，矢志存节孝。可奈婆婆已老，悲无限敢声高。奴家
丈夫，适遭水厄，心中岂不痛伤？只为未曾婚配，从无半面，不好
放声啼哭，恐外人讥诮。今日幸喜婆婆睡熟后房，奴家到厨下，整
治一碗凉浆水饭，到厢房中祭奠一番，以尽夫妇之情。①

　　蔡婆听到后，一方面觉得凄凉，另一方面又感到高兴："喜得你事姑如
母，守夫不二，甘此寂寥。"②一个十三岁的少女，应该还是个孩子。从窦天
章告知要把她嫁到蔡家开始，到守寡也不过几天的时间，丈夫对她来讲还
是个陌生人。很显然作者在这里夸大了窦娥的悲伤，以突出她从一而终的
守节思想。窦娥的节操还体现在对张驴儿的反抗上。她骂张驴儿："心歪意
歹真禽兽！"表白自己："张驴儿，你不要认差了人。我把坚贞守，我把坚贞
守，休差头，还不疾走。……宁可断我头，决难丧吾守。"③张驴儿投毒栽赃，
要挟窦娥，窦娥道："奸谋暗藏，怎奈奴身，洁似冰霜。"④反复强调自己的
贞节。
　　《窦娥冤》中窦娥对守寡的态度却颇不相同，她很真诚地表白了守寡生
活的凄苦：

　　满腹闲愁，数年禁受，天知否？天若是知我情由，怕不待和
天瘦。则问那黄昏白昼，两般儿忘餐废寝几时休，大都来昨宵梦
里，和着这今日心头。催人泪的是锦烂熳花枝横绣阁，断人肠的是
别团团月色挂妆楼。长则是急煎煎按不住意中焦，闷沉沉展不彻眉
尖皱，越觉的情怀冗冗，心绪悠悠。似这等忧愁，不知几时是了
也呵！

　　这段唱词倾诉了年轻守寡的凄凉与不幸，没有甘当节妇的那种荣耀。她

---

①　（明）袁于令著，李复波点校：《金锁记》，中华书局 2000 年版，第 21 页。
②　（明）袁于令著，李复波点校：《金锁记》，中华书局 2000 年版，第 22 页。
③　（明）袁于令著，李复波点校：《金锁记》，中华书局 2000 年版，第 31 页。
④　（明）袁于令著，李复波点校：《金锁记》，中华书局 2000 年版，第 38 页。

虽然也反抗张驴儿的纠缠，但并不能完全说明这就是出于"守节"的观念，因为张驴儿是一个品德极坏的无赖，无法与窦娥善良的品德相提并论。因而在贞节观念上，《金锁记》表现得非常突出，将窦娥这个形象塑造成一个坚贞守节的典型。

《东海孝妇》原本就是一个表彰妇女孝行的笔记小说，在《窦娥冤》中继承了这一主题，而《金锁记》中则更加突出了这一主题。

《窦娥冤》中窦娥的孝行主要表现在婆婆身上。她在严刑拷打面前没有屈服，但一听说要拷打年迈的婆婆，她马上招认了罪名。她知道一旦认罪，不仅要被处死，而且还要永久地背上杀人的罪名。尽管此前窦娥对婆婆的许婚行为不满，但她甘愿牺牲自己的生命和名誉，以使年老的婆婆不受皮肉之苦。后来她的灵魂恳求父亲收养孤苦无依的婆婆，此处窦娥的孝行远远超过了东海孝妇的孝道。窦娥的孝也可以归于她的善良本心，正如母进炎先生所言："窦娥屈招药死公公，在很大程度上出于孝的原因，但也包含着怜悯老人之情以及笃信为善得好报的宗教性动机。关汉卿还对孝的境界进行了美的升华，如剧的最后写窦娥要求父亲收养蔡婆，代她尽养生送死之礼，这和愚孝有本质的区别，已经升华到社会美德的境界。因为对于窦天章来说，没有赡养蔡婆的义务。"①

窦娥孝敬婆婆的行为与传统意义上的"事姑如母""顺者为孝"是有区别的。因为在《窦娥冤》中还有二处表现出窦娥对婆婆的反抗和指责。当她听说蔡婆答应招赘张老头，马上就说"这个怕不中么？……"当得知婆婆把自己也许给了张驴儿时，她断然拒绝："婆婆，你要招你自招，我并不要女婿。"②窦娥表现出来的不是顺从，而是反抗。不仅如此，窦娥还对蔡婆的一些行为进行了批评。当蔡婆欲招张老头为"接脚"时，窦娥道：

俺家里又不是没有饭吃，没有衣穿，又不是少欠钱债，被人催

① 母进炎：《接受·扬弃·创造——〈窦娥冤〉与〈金锁记〉戏曲艺术经验传承比较研究》，《贵州师范大学学报》2002年第6期，第72页。

② （元）关汉卿：《窦娥冤》，《全元戏曲》第一卷，人民文学出版社1990年版，第187页。

逼不过，况你年纪高大，六十外的人，怎生又招丈夫那？梳着个雪霜般白鬏髻，怎将这云霞般锦帕兜？怪不的女大不中留，你如今六旬左右，可不道到中年万事休，旧恩爱一笔勾，新夫妻两意投，枉教人笑破口。①

……

婆婆也，你岂不知羞！俺公公撞府冲州，挣揣的铜斗儿家缘百事有，想着俺公公置就，怎忍教张驴儿情受？②

当听到张老头与蔡婆谦让喝羊肚汤时，窦娥生气地唱道：

一个道你请吃，一个道婆先吃，这言语听也难听，我可是气也不气！想他家与咱家，有甚的亲和戚？怎不记旧日夫妻情意，也曾有百纵千随？婆婆也，你莫不为"黄金浮世宝，白发故人稀"，因此上把旧恩情，全不比新知契？则待要百年同墓穴，那里肯千里送寒衣。③

以上这些指责和顶撞都是有失尊敬的。在封建礼教中，儿媳要顺从，不能与婆婆争论是非曲直。④窦娥的这些顶撞之词是不符合封建"孝道"的。么书仪先生在《元人杂剧与元代社会》中指出："她（窦娥）始终没有对婆婆的昏庸行为表示过'服从''顺从'和原谅。实际上，窦娥的形象，不是以她的'孝顺'打动读者或观众，却是以她的善良、隐忍、责任心和牺牲精神昭示于人。"⑤在《金锁记》中对窦娥对婆婆的顶撞和指责都进行了删改，突出了窦娥身上封建孝道。

---

① （元）关汉卿：《窦娥冤》，《全元戏曲》第一卷，人民文学出版社 1990 年版，第 187 页。
② （元）关汉卿：《窦娥冤》，《全元戏曲》第一卷，人民文学出版社 1990 年版，第 188 页。
③ （元）关汉卿：《窦娥冤》，《全元戏曲》第一卷，人民文学出版社 1990 年版，第 193 页。
④ "姑云不尔而是，因宜从令；姑士尔而非，犹且顺命。勿得违戾是非，争分曲直。"出自张福清编注：《中国传统训诲劝诫辑要·女诫——妇女的枷锁》，中央民族大学出版社 1996 年版，第 3 页。
⑤ 么书仪：《元人杂剧与元代社会》，北京大学出版社 1997 年版，第 117 页。

　　由于《金锁记》中把张驴儿的父亲改成了母亲，因而蔡婆许亲的情节也就没有了，这样窦娥对婆婆的严厉批评自然也就不存在了，窦娥的言词也因此温和了许多。窦娥事姑不敬的嫌疑也被解除了，同时又增加了窦娥对蔡婆体贴关怀的情节。在"私奠"中，窦娥祭奠未见过面的丈夫时，被蔡婆听到后引起一阵悲伤，窦娥于是想道："婆婆是年老之人，他若悲伤，当以劝慰。我不合反将悲怨挑，那些个爱彼年高。婆婆，你须住哭停号。若还因我倍添焦，这的是奴家罪了。"①当蔡婆因惊吓生病，窦娥不又殷勤服侍，而且到祠堂前祷告："但愿减克奴年，添作婆寿。望先灵保佑，保佑他旦夕病瘳，康宁胜如旧。"②窦娥被定了罪名，蔡婆去探监，窦娥道："我罹此极刑，定因往业，阿呀，婆婆嗄，只苦伱老去无依，见兹惨烈。"③在行刑前，又对蔡婆说："渺渺冥途我占先，不能个伴你衰年。霎时间身首不全，伊休见，恐见了倍熬煎。你是个老年人加餐强笑方为善，休得想后思前。"④此处的窦娥处处都在为婆婆的生活着想。对待婆婆像对待亲生母亲一样，充分显露出窦娥的"事姑如母"。

　　窦娥的孝还表现在对父亲窦天章的态度上。在《窦娥冤》中，由于窦娥离开父亲时年纪尚幼，窦天章将她送到蔡家时，她哭诉道："爹爹，你直下的撇了我孩儿去也！"⑤饱含着对父亲无情抛弃的批评。十六年后窦天章回来时，窦娥已经被斩三年了。面对父亲的不理不睬，她的冤魂直呼道："你个窦天章直恁的威风大，且受你孩儿窦娥这一拜。"⑥在中原的传统文化习俗中，是忌讳晚辈对尊长直呼其名的。这是对长辈的不敬，是无礼的表现。《窦娥冤》没有交代端云改称窦娥的原因，而在《金锁记》中，则是蔡婆让她避讳公公的名字（本端）而改的。最后窦娥的冤魂还要求父亲收留蔡婆："爹爹，俺婆婆年纪高大，无人侍养，你可收恤家中，替你孩儿尽养生送死之

---

①　（明）袁于令著，李复波点校：《金锁记》，中华书局 2000 年版，第 22 页。

②　（明）袁于令著，李复波点校：《金锁记》，中华书局 2000 年版，第 30 页。

③　（明）袁于令著，李复波点校：《金锁记》，中华书局 2000 年版，第 46 页。

④　（明）袁于令著，李复波点校：《金锁记》，中华书局 2000 年版，第 51 页。

⑤　（元）关汉卿：《窦娥冤》，《全元戏曲》第一卷，人民文学出版社 1990 年版，第 183 页。

⑥　（元）关汉卿：《窦娥冤》，《全元戏曲》第一卷，人民文学出版社 1990 年版，第 204 页。

礼，我便九泉之下，可也瞑目。"窦天章肯定她说："好孝顺的儿也。"① 在《金锁记》中，窦娥离开父亲时已经十三岁，已经很懂事了。她得知爹爹要将自己送到蔡家做童养媳时，说道："爹爹，你衰年又无人相依。"② 窦天章即将登程，窦娥又叮嘱："……独自向长途，早夜风霜可慎诸。未知何日到京畿？家书，早寄回来，免我忧虞。"③ 表达了对父亲的关心和惦念。在行刑前，还叮嘱婆婆："爹爹嗄，他（窦天章）定要寻儿见，恐闻言惊颤，且莫便与他言。"④ 自己的生命都快结束了，还在担心父亲会因失去女儿而悲伤。在案情真相大白之后，要去见父亲时，窦娥还担心："我破衣衫愁面目，恐他一见添悲楚。"⑤ 同样是不尽职的父亲，在《金锁记》中却得到了窦娥格外的敬孝。对婆婆和父亲的孝道，显示了窦娥孝顺的品格，也突出了作品的主题。

其次，为了配合窦娥的变化，蔡婆的形象也向慈母节妇转变。

按照儒家传统的道德标准来观察，《窦娥冤》中的蔡婆有很多缺陷：放高利贷、索债逼亲、许婚张驴儿父子等。这些行为缺乏儒家传统的敦厚仁义之美，这与窦娥的自我牺牲构成了不和谐关系。在《金锁记》中对蔡婆这一人物也进行了改造。首先，蔡婆的两笔债务的性质发生了变化，这两笔债是蔡婆丈夫生前出于好心助人而借出的，没有了高利贷性质，蔡婆也没有向窦家索要。而是窦天章要去应举，家中无人。把窦娥嫁到蔡家是因为"蔡婆是守节之人"，"锁儿（蔡昌宗）是读书之子"。同样，蔡婆去赛卢医处讨债也不是债务到期该还，而是"家中无钱使用，……到赛卢医家讨些旧债"。⑥ 赛卢医欲勒死蔡婆，也不是因为她数次逼债，而是因为她讲出了赛卢医当年医死人命这件事。如此一改，蔡婆的行为非但不是放贷谋利，反而成了救人贫难、助人为乐的高尚行为。其次，将张驴儿的父亲换成了母亲，蔡婆的许婚情节也就自然不存在了，并且也没有劝窦娥嫁给张驴儿。请张驴儿母子到

---

① （元）关汉卿：《窦娥冤》，《全元戏曲》第一卷，人民文学出版社 1990 年版，第 210 页。

② （明）袁于令著，李复波点校：《金锁记》，中华书局 2000 年版，第 7 页。

③ （明）袁于令著，李复波点校：《金锁记》，中华书局 2000 年版，第 13 页。

④ （明）袁于令著，李复波点校：《金锁记》，中华书局 2000 年版，第 51 页。

⑤ （明）袁于令著，李复波点校：《金锁记》，中华书局 2000 年版，第 61 页。

⑥ （明）袁于令著，李复波点校：《金锁记》，中华书局 2000 年版，第 23 页。

家，是出于蔡婆的知恩图报。最后，蔡婆身上又增加了慈母节妇的特征：她含辛茹苦将儿子养大，并教导他读书做人。当蔡昌宗溺水之后，蔡婆关心窦娥将来的生活："你年纪幼小，如花蕊未开，况与我儿，未曾一面，何忍误你终身。待你父亲回来，别寻配偶。我向庵院修行，或作街坊乞丐，大家顾不得了。"① 窦娥表示"我生是蔡家人，死是蔡家鬼，决无他志的嘘。愿居孀，终身守节，青史姓名香。"② 蔡婆听后说道："好，难得你这般贞烈，我此后更加爱敬你了。"③ 蔡婆偷听到窦娥对蔡昌宗的祭奠之后，进一步确认了窦娥的守节之心，悲喜交加地唱道："喜得你事姑如母，守夫不二，甘此寂寥。"④ 先是同情窦娥少年守寡劝她改嫁，窦娥表白了自己的守节之志后，又成就了她的贞节操守。蔡婆在《窦娥冤》中曾将窦娥许给张驴儿，并两次劝她屈从，在《金锁记》中则对窦娥的守节行为大加赞赏，从蔡婆的这些变化可以看出明传奇在传统礼教上向儒家传统的回归。

改写之后的蔡婆具有了儒家思想中所提倡的妇女的传统美德。她心地善良，恪守妇道，勤俭持家，教子有方，知恩图报。她的艰辛体现了传统妇女坚贞、顽强的美德。她的行为树立了贤良母亲的典范，同时也为窦娥的自我牺牲行为找到了依据。让她最终享有幸福是对这种行为的褒奖和鼓励，是对妇女传统美德的倡导。可以说蔡婆的形象改变为大团圆的结局做了铺垫工作。

在《金锁记》中，窦娥和蔡婆的节孝行为相得益彰，并且与主题保持了一致。窦娥原有的反抗精神被减弱，强化了她的"节"与"孝"，并且在最终取得幸福的过程中，发挥了决定性的作用，即上帝嘉其节孝而改变了她的屈死命运。无论窦娥的结局是悲剧还是喜剧，都会引起观众的思考。窦娥的悲剧会引起人们对社会黑暗的关注；窦娥的喜剧结局会让人们敬重她的节孝品格。"节"和"孝"的观念在《金锁记》中得到了不同程度的强化，从而使作品在价值取向上，向儒家传统的"贞节""孝道"更加靠近。这是作家

---

① （明）袁于令著，李复波点校：《金锁记》，中华书局2000年版，第20页。
② （明）袁于令著，李复波点校：《金锁记》，中华书局2000年版，第20页。
③ （明）袁于令著，李复波点校：《金锁记》，中华书局2000年版，第20页。
④ （明）袁于令著，李复波点校：《金锁记》，中华书局2000年版，第22页。

个人价值观的体现，同时也是对时代精神的弘扬。

在《窦娥冤》这个悲剧中，作者谴责了黑暗的封建社会制度；而在《金锁记》这个喜剧中，作者重点表彰了节孝行为。同是一个题材，作者对作品所寄托的思想发生了明显的变化，这些变化也可以反映出元杂剧和明传奇的社会功能的差异。

从戏剧的社会功能来看，《窦娥冤》的舞台效果比较强烈，剧中激烈的矛盾冲突给观众以震撼，使观众在对窦娥的不幸寄予同情的同时，内心也会产生强烈的爱憎和不平，尤其是第三折对窦娥行刑的场面，很容易引起群情激奋。《金锁记》先是用凄婉的笔调刻画了窦娥的贞节和善良，当她经历了一次次的不幸之后，最终获得了幸福的人生，这会引导观众从中能领悟到妇女节孝的重要性，从而在娱乐的同时接受了美德教育。

元明两代戏剧的社会功能总体上是有差别的。元代的戏剧主要是以大众娱乐的方式兴盛起来的，作家和观众也以平民居多，因而它的民间性比较突出。官方对杂剧创作和演出的限制也很少，元杂剧的社会功能主要体现在大众娱乐方面，因而元杂剧作品通常较注重戏剧的舞台效果。王利器先生的《元明清三代禁毁小说戏曲史料》是中国古代戏曲焚毁材料的集大成者，其中所载关于元代戏曲的禁令极为稀少，仅有的几条也只是对戏曲的演出地点、演出成员构成的限制，其根本原因应当是防范借戏曲演出之机聚众闹事，而对戏曲的内容却很少加以限制。只是到了元代后期，在伯颜做丞相时，提出了禁演戏曲的建议，下令禁止演出杂剧等。据《家田余话》载："后至元丙子（1336），丞相伯颜禁戏文杂剧评话等项。"[1] 明代开国之初，朝廷对戏剧的管理就开始加强，加上中原传统的对教育教化的重视，戏剧的教化功能提升。明代在洪武六年二月朱元璋曾下诏："礼部申禁教坊司及天下乐人，毋得以古先圣帝明王、忠臣义士为优戏，违者罪之。先是，胡元之俗，往往以先圣贤衣冠为伶人笑侮之饰，以侑燕乐，甚为渎慢，故命禁之。"[2] 后

---

① 王利器：《元明清三代禁毁小说戏曲史料》，上海古籍出版社 1981 年版，第 10 页。

② 《明太祖实录》卷 79，台湾"中央研究院"历史语言研究所 1950 年影印版，第 2 页，总 1440 页。

来这一圣旨被写进了《大明律》，而且又将内容增补为："凡乐人搬做杂剧戏文，不许妆扮历代帝王、后妃、忠臣、烈士、先圣、先贤、神像，违者，杖一百。官民之家，容令妆扮者，与同罪；其神仙、道扮及义夫、节妇、孝子、顺孙、劝人为善者，不在禁限。"[①]"忠臣、义士、孝子、顺孙、义夫、节妇"都是当时积极倡导的舞台形象，这也正是儒家传统观念的人格追求。所谓的"胡元之俗，往往以先圣贤衣冠为伶人笑侮之饰，以侑燕乐，甚为渎慢，故命禁之"。恰恰说明元杂剧不拘礼法的娱乐功能，因而在明代对这样的表演予以禁止。在明代的戏由中，也多次提到戏曲的"讽动"作用，比如在邱濬《伍伦全备记》就写道：

> 书会谁将杂剧编，南腔北曲两皆全。若于伦理无关紧，纵是新奇不足传。……近世以来，做成南北戏文，用人搬演，虽非古礼，然人人观看，皆能通晓，尤易感动人心，使人手舞足蹈，亦不自觉。但他作的多是淫词艳曲，专说风情闺怨，非惟不足以感化人心，倒反被他败坏了风俗。……近日小子新编出这场戏文，叫做《伍伦全备》，发乎性情，生乎义理，盖因人所易晓者，以感动之。搬演出来，使世上为子的看了便孝，为臣的看了便忠，为弟的看了敬其兄，为兄的看了友其弟，为夫妇的看了相和顺，为朋友的看了相敬信，为继母的看了不管前子，为徒弟的看了必念其师，妻妾看了不相嫉妒，奴婢看了不相忌害，善者可以感发人之善心，恶者可以惩创人之逸志，劝化世人，使他有则改之，无则加勉。自古以来，转音都没这个样子，虽是一场假托之言，实万世纲常之理，其于出出教人，不无小补云。[②]

当然，《伍伦全备记》的创作意图很明显是为了迎合封建人伦教化。在明代有很多评论家对其都提出了批评，但这段开场词充分阐述了戏曲的教化

---

① 怀效锋点校：《大明律》卷26，刑律九，辽沈书社1990年版，第202页。

② 《古本戏曲丛刊》初集，上海商务印书馆1954年影印版。

功能。在中国的传统文化中历来对"讽""谏"之法十分重视。在先秦时期，曾经有过"邹忌讽齐王纳谏"的故事，在西汉时期《毛诗序》在解释《诗经·国风》的时候说："风者，风（讽）也，风（讽）以动之，教以化之。"①虽然不是对国风的正确理解，但却体现了儒家经学者在文学中的诉求。在戏曲形成之前的俳优表演中，也多有这种讽喻性的故事，劝化当权者或世人。元杂剧中也存有劝世的功能，比如元杂剧的伦理道德剧，就是在元代礼教松弛的情况下，志士仁人出于社会责任呼唤传统道德的回归，但元杂剧更重视娱乐作用。元杂剧作家多数是书会才人，正如王国维所言："元剧之作者，其人均非有名位学问也；其作剧也，非有藏之名山，传之其人之意也。彼以意兴之所至为之，以自娱娱人。思想之卑陋，所不讳也。"剧作家的身份和地位使他们在创作时，不被功名所累，也不被礼教所拘，创作的主要目的是为了舞台表演。明代朝廷对戏曲演出内容的限制，封禁了不符合封建礼法的戏剧内容，但也鼓励了符合封建传统道德标准并对皇权统治有益的内容。明传奇作家多数是文人士大夫，甚至皇族的成员也加入戏剧创作的行列，如朱权、朱有敦等。他们的身份地位不仅比元杂剧的作家地位高，而且比中国古代小说家的地位也要高得多。他们大多数处于统治阶级的中上层，他们的利益和审美与封建统治阶级是一致的。戏曲创作是他们展示才华和宣扬思想的重要工具，而不完全是谋生的手段。明传奇除了用于舞台演出之外，案头阅读也是一个重要的欣赏方式，因此明传奇渐渐又成为文人手头把玩的文学。一些作品的大众娱乐性很不突出，有的语言过分奥深甚至无法在舞台上传演。因此，明传奇在宣扬封建伦理道德和表现儒家传统审美上，表现得比元杂剧更加突出。《金锁记》对《窦娥冤》的改编，证实了明代儒家传统礼教的回归，从对人物的处理及主题的转移都可以证明明传奇教化功能的加强。

三、对《窦娥冤》主题的再认识

首先，《窦娥冤》不仅仅是对元代统治的揭露和批判，它所指向的是黑暗

---

① （唐）孔颖达：《毛诗正义》，上海古籍出版社 1990 年版，第 15 页。

的封建社会。关于《窦娥冤》悲剧的认识通常被理解为对元代社会黑暗统治的批判，这是大家都认可的。但仅仅把它当作是对元代社会的批判是不够的。《窦娥冤》所反抗和批判的应该是整个封建社会，窦娥悲剧的发生是对整个封建制度的揭露，而不仅仅是汉代或元代的黑暗统治。故事的源头本来是在汉代，这种社会黑暗并不是元代的专利。封建社会是一个君权至上的社会，在皇权的周围是各级官吏，他们共同构建了以皇帝为核心的统治阶级，而劳动人民则成为社会的底层，他们是社会财富的创造者，但他们却要被无偿拿走他们劳动成果的人所统治。同时官吏的监察不力与执法不公使残酷的封建法律成为草菅人命的屠刀。在中国古代史上，有一个特殊的司法习惯，即每遇到灾年、异常天象，如水灾、旱灾、地震、日食、彗星出现等，皇帝往往要大赦天下，即把已经判了罪的人赦免。这个习惯就是来自天道思想，"古人认为灾异不是自生的自然现象，而是神灵对于人类行为不悦的反应。政事不修是致灾的原因，而政事中刑狱杀人最为不祥，其中不免有冤枉不平之狱，其怨毒之气可以上达云霄激起神的忿怒"。① 自然灾害被看作是神灵在警示人间可能有冤情，封建皇帝为巩固统治、安抚人心，于是大赦天下。李白的那首著名的《朝发白帝城》就记录了他被流放夜郎的途中，遇到大赦而得以赦免的喜悦。封建社会的阶级压迫性质是一样的，没有哪一个朝代没有压迫。《窦娥冤》的三桩誓愿也恰好是借用这种观念，在人间寻求不到公正的时候，质问天地不主持公道，使作品的主题具有了更广阔深刻的批判意义。

相比较而言，《金锁记》的喜剧结局虽然给观众以慰藉，但窦娥获得幸福的途径缺乏现实基础。作者对现实弊病采取了回避的态度，用神仙道化的手法，调和并掩盖了社会矛盾，因而窦娥的幸福如同是精神安慰剂，麻痹人们对现实的警惕性。学者对此也曾做出过评价，金乃俊先生曾说："作者把一出具有深刻社会意义的悲剧改成一出不合实际的大喜剧，片面强化了鬼神的形象，以神的意志来决定剧中人物的命运，这反映了改编者不敢面对现实的创作态度。"② 王卫民先生也曾说道："《金锁记》却把它改成落套的悲喜

---

① 瞿同祖：《中国法律与中国社会》，上海书店 1989 年版，第 201 页。
② 金乃俊：《论〈窦娥冤〉改编中的几个问题》，《戏曲研究》第 21 辑，第 86 页。

剧，让窦娥得到夫妻荣贵和父女团圆。这种弄巧成拙的改编，既削弱了对封建专制的血泪控诉，又降低了艺术感染力。应该说这是戏曲创作上的一种倒退。"①这些评论都对《金锁记》回避社会矛盾的做法予以批评。但必须指出，《金锁记》同《窦娥冤》的这些差异不是由作家的写作技巧造成的，而是由时代文化差异造成的。

其次，《窦娥冤》之所以在元杂剧中能得以展现，并不是因为元代社会比其他时代更加黑暗，而是因为元代社会给杂剧作家们提供了自由的创作空间，这样才敢于创作揭露社会阴暗面的作品。

窦娥的冤案本来发生在汉代，在汉代的强权统治下，却是真正的"百姓有口难言"。因为汉代的法律是异常严酷的，汉代曾经有一条罪状叫"腹诽罪"，也就是内心的"不法"思想活动也要被定罪。司农大臣严异因为与别人谈论政令时，只是动了一下嘴唇，便被人以"见令不便，不入言而腹诽"参奏汉武帝，而这个开明的汉武帝便让严异身首异处了。与元代邻近的宋代也常常以作诗"讽谤朝廷""吟咏抗战"等为借口，对朝臣们也进行革职查办，一代文豪苏轼就曾因"乌台诗案"被贬黄州，从而人生走向低谷；明朝时期封禁过《水浒传》《西厢记》。清代也出现过戴名世的"南山"事件等。和其他朝代相比，元代的禁书行为和文字狱案件是比较少的，其原因应归于元代统治的宽松。明太祖朱元璋曾评价说："元氏以戎狄入主中国，大抵多用夷法，典章疏阔，上下无等。"②朱元璋站在国家统治的角度，批评了元代政治的"疏阔"。元代的"疏阔"是游牧民族的生产方式造成的。疏散的社会组织结构使游牧民族不可能产生完整的统治思想，入主中原之后的确会造成很多管理上的空白，这种空白意外地给文人创作提供了自由的空间。元代孔齐《至正直记》中记载宋遗民梁栋曾作诗云："大君上天宝剑化，小龙入海明珠沉。……安得长松撑日月，华阳世界收层阴。"结果被仇家诬告，说他"讪谤朝廷，有思宋之心"，最后礼部裁决说："诗人吟咏情性，

① 王卫民：《〈窦娥冤〉与历代改本之比较》，《华中理工大学学报》（哲学社会科学版）1994年第3期，第95页。

② 《明太祖实录》卷176，台湾"中央研究院"历史语言研究所1950年影印版，第1页，总2665页。

不可诬以谤讪，倘使是谤讪，亦非堂堂天朝所不能容者。"①孔齐是儒家传统文化的维护者，他还收集了梁栋的其他几句诗，并且肯定了梁栋的"悲宋"之心。在该书中，明确表示了对色目人及上层统治者的不满，因而这条记录的真实性应该是可信的。梁栋的诗所表达的意思的确很朦胧，制造一桩文字狱是完全有可能的。但由于元代统治者对意识形态的统治观念很淡泊，因而不觉得几句诗会对朝廷构成什么威胁。在游牧文化传统中，没有强烈的意识形态统治观念，这给文人创作提供了宽松的环境。《窦娥冤》能够把"东海孝妇"加工成抨击社会黑暗的现实主义作品，与元代文化环境的宽松有很大的关系。

《窦娥冤》和《金锁记》都是时代生活的反映，它们都带有时代文化的特征。从《窦娥冤》发展到《金锁记》，价值取向和主题思想都发生了改变，这些改变折射出了元明两个时代文化的变迁。

首先，《金锁记》作者以儒家传统文化的视角审视《窦娥冤》，在改写过程中，按照封建道德标准对人物进行了改造，使人物更符合当时的社会生活和价值取向。这种改造突出了窦娥的节孝行为，并因此感动上苍而挽救了生命；蔡婆也变成了慈母节妇，并且乐于助人。最终让符合时代审美理想的窦娥和蔡婆都获得了幸福的结局，使作品具有一定宣扬封建礼教的作用。

其次，在主题的更改上，体现了时代的精神追求。《窦娥冤》中窦娥敢于直面社会矛盾，大胆批判黑暗的社会现实，这是元代宽松的文化环境为作家提供了抨击时弊的自由和勇气。相反在明传奇《金锁记》中，作家对黑暗现实的揭露和批判力度下降，作品用调和、转嫁社会矛盾的办法，为窦娥找到了生存和获得幸福的出路，但这条出路在现实中又是不可行的，所以作者用"浪漫主义"的手法，满足了人们追求美好生活的愿望，但这个结局却带有一定的欺骗性。

但必须看到，从元杂剧到明传奇是戏剧史上的进步，从《窦娥冤》到《金锁记》也是一个艺术形式走向完善的过程。无论在人物关系的合理性上、情

---

①　（元）孔齐：《至正直记》，上海古籍出版社 1987 年版，第 64 页。

节发展的逻辑上，还是在主题思想的丰富性上，《金锁记》都大大地前进了一步。在中国的传统接受心理上，人们往往喜欢看到美满的结局，而这种美满的结局使人们对生活充满希望和勇气。《金锁记》在这一点上，更能抚慰大众的善良心理。对故事结局的改写，也正体现了元明两个时代观众在接受心理上的不同。

第六章　其他元杂剧作品在明传奇中的流变

第一节　《青衫泪》的流变及文化解析

《青衫泪》全称《江州司马青衫泪》，是元杂剧作家马致远[①]的代表作品之一。《青衫泪》取材于唐代诗人白居易的长篇叙事诗《琵琶行》。以原作为引线，又敷衍出很多情节，使之成为一部悲欢离合的爱情喜剧。《青衫记》是明代传奇作家顾大典[②]根据《青衫泪》改写的传奇剧本。

《青衫泪》共四折，主要情节如下。

第一折：白居易与贾浪仙、孟浩然在公廨中闷倦，便来到官妓裴兴奴家玩赏，白居易有心留下，席间贾孟二人称醉，执意要同走，于是只得说改日再来。楔子：唐宪宗因文臣中多尚浮华，以诗酒相胜，不肯尽心守职，因白

---

① 马致远（约1250—1321至1324间），元代戏曲作家，号东篱，一说字千里，大都（今北京）人。曾任江浙行省务官（一作江浙省务提举）。又曾加入过"书会"，并与书会才人合编过杂剧。生平未详，著有杂剧15种，今存有：《破幽梦孤雁汉宫秋》《江州司马青衫泪》《西华山陈抟高卧》《吕洞宾三醉岳阳楼》《马丹阳三度任风子》《半夜雷轰荐福碑》6种，以及和李时中、红字李二、花李郎合写的《邯郸道省悟黄粱梦》一种（马著第一折），明代吕天成、清代张大复还说马致远作过南戏《苏武持节北海牧羊记》等。马致远还作有散曲，现存120多首。

② 顾大典（1541—1596），明代戏曲作家，字道行，又字衡宇。江苏吴江人。明穆宗隆庆二年（1568）进士，历官南京刑部、兵部主事，山东、福建按察副使、提督学政。顾氏为吴江派重要作家，家有谐赏园、清音阁，蓄家乐，自教之戏曲为乐。著有《清音阁集》《园居集》等。戏曲有《清音阁传奇》四种《青衫记》《葛衣记》《义乳记》《风教编》。前两种今存。其所撰戏曲，由家乐演出，间亦携至苏州为友人演出。

居易、刘禹锡、柳宗元等尤以作诗作文，误却政事，将白居易贬为江州司马。白居易与裴兴奴已来往半年，感情甚笃，得知要外任，白居易来与裴兴奴道别，临别二人盟誓守志不移。第二折：裴兴奴在白居易走后拒不接客，茶商刘一郎听说裴兴奴才色出众，怀重金来访，裴母贪钱与茶客定计，称白居易已死，让兴奴放弃等白居易的念头。兴奴闻知白居易的"死讯"，异常悲痛，但被裴母逼迫不过，祭奠白居易之后，随茶客上船。第三折：白居易来到江州一年之后，听说好友元稹来至江州，在船上设酒宴招待元稹。裴兴奴嫁给茶客已有半年光景，这一日也随船来到江州，茶客去朋友处吃请，兴奴知道这里就是江州，心情郁闷，于是拿出琵琶弹奏，白居易听出是裴兴奴的指拨，邀出相见，兴奴与白居易相见，说明原委，二人百感交集，白居易作《琵琶行》。茶客醉酒归来，兴奴待其睡熟，随白居易逃走。茶客找新妇告到州衙。第四折：元稹归京，奏请白居易无罪远谪，当召回。宪宗召回，白居易谢恩，并奏请兴奴之事，请皇上发落茶客刘一郎。皇上让裴兴奴出面述说始末，判白居易与裴兴奴重归旧好，并让裴母和茶客得到惩处。

《青衫记》共三十出，用青衫作为线索串起故事。白居易进京赶考，带上青衫，告别了家中的侍妾小蛮和樊素，白居易与元稹双双考中"同进士出身"，游街后与刘禹锡一同访裴兴奴，席间白居易不慎将酒打翻，兴奴欲当掉金钗换酒，白居易阻止，并脱下青衫让人当了换酒，兴奴酒醉，白居易也称醉留宿裴家，二人互相表达了爱慕之情。朱克融叛乱，朝廷出兵不利，白居易谏议，触怒皇上，被贬江州司马。裴兴奴赎回青衫，以期白居易归来，永结同好。兴奴遇乱携青衫避难，碰巧来到了白家，被小蛮和樊素好心收留，当兴奴得知这便是白居易家，将青衫交还，并说明事情原委，二人非但不妒，反而认作一家人。白居易与裴兴奴辞行不遇，很是伤感。茶客刘一郎听说裴兴奴很出众，便来访，兴奴拒不陪侍。白居易上任后派人迎蛮素，蛮素邀请兴奴同去，兴奴欲往，被鸨母阻挡。兴奴被鸨母卖给了茶客，只得随行，但不让茶客近前，并立下誓死守节之志。蛮素来到江州，将青衫交与白居易，白居易派人请兴奴，知已嫁茶客。元稹来江州看望刘禹锡、白居易，江中赏月宴饮。兴奴随茶客的船也来到江州，茶客与朋友饮酒去了，兴奴知道是江州，想起白居易，便取出琵琶诉怀。白居易听出是兴奴的指拨，请出来相见。茶客酒醉溺水身亡。二人终于团聚，蛮素知趣避让。皇帝醒悟，白居易被召回京城，官复原职。

从内容上看，二者的文化差异主要体现在以下几个方面。

一、从戏剧中白居易被贬的原因看元代文人心态

白居易是历史上实有的人物。马致远抓住《琵琶行》中的关键情节，将白居易被贬与裴兴奴之间的悲欢离合紧密结合起来。正史记载白居易被贬江州司马经过是这样的：

> （元和）十年七月，盗杀宰相武元衡，居易首上疏论其冤，急请捕贼以雪国耻。宰相以宫官非谏职，不当先谏官言事。会有素恶居易者，掎摭居易，言浮华无行，其母因看花堕井而死，而居易作《赏花》及《新井》诗，甚伤名教，不宜置彼周行。执政方恶其言事，奏贬为江表刺史。诏出，中书舍人王涯上疏论之，言居易所犯状迹，不宜治郡，追诏授江州司马。①

宰相武元衡力主削藩，结果得罪割据势力，被平卢节度使李师道派人暗杀了。白居易主张讨贼，因而以"越职奏事"被参。另外，指责白居易"言浮华无行"，是针对他说大话而没有付诸行动；"做诗不孝"只是处分白居易的借口，真正的原因是割据势力对白居易的陷害。

在《青衫泪》中，没有完全依照史实。皇上不满"文臣中多尚浮华，各以诗酒相胜，不肯尽心守职。其中白居易、刘禹锡、柳宗元等，尤以做诗做文，误却政事，若不加以谴责，则士风日漓矣"。②于是白居易便被贬为江州司马。白居易回去对裴兴奴说道："目今主上图治心切，不尚浮藻，将某左迁江州司马。"裴兴奴也表示出不满："人说白侍郎吟诗吃酒误了政事，前

① （后晋）刘昫：《旧唐书·白居易传》，中华书局1975年版，第4344页。
② （元）马致远：《青衫泪》，《全元戏曲》第二卷，人民文学出版社1999年版，第134页。

人也有这等的。只那长安市李谪仙，他向酒里卧酒里眠，尚古自得贵妃捧砚，常走马在五凤楼前，偏教他江州迭配三千里。可不道'吏部文章二百年'，甚些的纳士招贤。"① 指出历来文才都是受到皇上重视的，白居易也不算过分，这样处置他，朝廷怎么样吸引人才？

事实上贬谪白居易不像是唐朝皇上的做法，更像是元朝皇上的所为。把"做诗做文"说成是浮华，这完全是元代统治者的视角，因为元代的皇帝不谙熟汉文诗词，他不太会欣赏，因而也不去提倡。在《通制条格》中记载：

> 皇庆二年（1313）十月，中书省奏：为科举的上头前的日奏呵，开读诏书行者，么道圣旨有来，俺与翰林院官人每一同商量立定检目来听读过。又奏为立科举的俺文卷里照呵，世祖皇帝、裕宗皇帝几遍教行的圣旨有来，成宗皇帝、武宗皇帝时分贡举的法度也交行来，上位根底合明白题说。如今不说呵，后头言语的人有去也。学秀才的经学词赋是两等，经学的是说修身齐家治国平天下的勾当，词赋的是吟诗课赋作文字的勾当。自隋唐以来，取人专尚词赋，人都习学的浮华了。罢去词赋的言语，前贤也多曾说来。为这上头。翰林院、集贤院、礼部先拟德行明经为本，不用词赋来。俺如今将律赋省，题诗、小义等都不用，止存留诏诰章表，专立德行明经科。明经内四书五经，以程子、朱晦庵注解为主，是格物致知修己治人之学。这般取人呵，国家后头得人材去也。②

这是用蒙语语法、汉语词汇撰写的元代行政文书，记录的是元代恢复科举的过程。其中"隋唐以来，取人专尚诗赋"的确是一个事实，元朝皇

---

① （元）马致远：《青衫泪》，《全元戏曲》第二卷，人民文学出版社 1999 年版，第 137 页。"吏部文章二百年"是出自欧阳修诗《寄荆公》："翰林风月三千首，吏部文章二百年。"吏部是指南朝时的谢朓，他曾在宋明帝时任吏部尚书郎，擅长五言诗，是欧阳修用谢朓来比喻王安石的诗才。在杂剧中，则是用来说明自古以来，做官的都需要有几分诗才，白居易作诗也并不过分，不应该被贬职。

② 黄时鉴点校：《通制条格》，浙江古籍出版社 1986 年版，第 69 页。

帝所说的"浮华"即指"吟诗课赋"，在科举考试中取消了这方面的能力测试。这自然有蒙古皇帝对汉语诗赋无法欣赏的原因，在蒙古皇帝的眼中，经学是能够修、齐、治、平的，而诗赋是"文字"的勾当，会让人变得浮华。

马致远的生平事迹不详，且通常认为他应该是 1324 年以前在世。他亲历了元代恢复科举的过程，但把文人一向所自恃清高的诗才说成是浮华，显然会带来怀才不遇的失落。《青衫泪》的这个情节，应当与这段历史有关。科举取士自隋代产生以来，在唐宋都得到了进一步完善。汉化程度较高的女真族效仿中原，也推行科举取士制度。可以说科举不仅是一种得到公认的选拔人才方式，而且在某种程度上，也是中原地区完美人格和治世能力的体现。科举在几百年间已经成为读书人的仕宦桥梁，也是中原文人改变自己命运并参与国家管理的重要途径。但到了元代却发生了变化，蒙古族信服武力而轻视文治，其对儒家的治国理念、方法和作用的不理解，导致对文臣和科举的漠视。唐代的科举考试要考查士子在诗赋、史传和议论几个方面的才能，因而通常唐代的文人要在这几个方面都有一定的造诣。[①] 在后代的科考中，诗赋都是一项重要的考试内容。但元代的蒙古族统治者由于语言上的障碍，不能完全欣赏汉文诗词作品，文人以往引以为自豪的诗才，如今却得不到统治者的赏识。在《青衫泪》中把白居易被贬的原因归于皇帝不喜欢浮华的诗词，这也充分展现了元代文人的心里积怨。在这一点上，作品虽然不符合历史真实，但却与生活真实相吻合，这也正体现了文学作品创作中的艺术真实。

在《青衫记》中，白居易被贬的原因发生了变化，朱克融反叛朝廷，朝廷因无人可用，派宦官吐突承璀领兵出征，大败而归。叛军进军长安，百姓纷纷逃难。白居易在上朝的时候建议皇上要赏罚分明，并要合理调兵，结果触怒皇上，因而被贬。《青衫记》是在《青衫泪》的基础上进行创作的，从对戏剧中白居易被贬原因的修改上，可以看出《青衫泪》元代文化的特征。

---

① 陈寅恪：《陈寅恪史学论文选集》，上海古籍出版社 1992 年版。书中《元白诗笺证稿·长恨歌》一文，论及了唐代科举与"史才""诗笔"和"议论"的关系。

二、借蛮素之贤宣扬封建妇德

在杂剧《青衫泪》中，没有表现蛮素的情节，只是在最后裴兴奴要见皇上时，猜测皇帝的意图，"他教我与樊素齐肩，受小蛮节制，圣机难察"。[①]仅此一处提到了蛮樊，而且主要是牵挂皇上如何处置她与蛮素的关系。在《青衫记》中，作者用大量的笔墨，展现小蛮和樊素的性格及生活，不仅二人之间异常和睦，而且在裴兴奴的问题上，二人丝毫没有嫉妒之心。得知兴奴与白居易的情意，蛮素都表现出亲如一家的热情："原来是与我相公曾有情，便是一家了。一向有失关照，却是多罪了。……正好与我并头花做连理枝，你真情我已知，想夫君也念伊。"[②]并且打算相公来接时与兴奴同去。得知鸨母要将她以千金高价卖给茶客，二人又要卖钗钿为兴奴赎身，只是数额太大力不从心才作罢。蛮素南下江州时，兴奴想与她们同去，二人欣然同意，但由于鸨母的阻拦没有成行。最后在裴兴奴与白居易团圆之后，她们还好心回避，使他们二人单独相处。裴兴奴也曾担心蛮素得知她与白居易交好后会产生嫉妒之心，但她也猜想"他未必生嫉妒"。[③]猜到蛮素应当有"不妒"的美德修养。果然"不妒"的美德在蛮素身上得到了充分的体现。"不妒"是一夫多妻制对妻妾关系的要求。在古代一夫多妻的环境中，妻妾关系难以协调是在所难免的。这种关系的复杂性不仅关系到妇女在家庭中的地位，同时也涉及子嗣继位和家产继承问题，因此妻妾之争往往是很多地位显赫的男人都疲于应负的。为了维护家庭的安宁，在儒家传统礼教中，很早就将"不妒"纳入女德修养的范畴，如"七出"之一就是"嫉妒"。在历史上，也有很多因妇女相互嫉妒而引发的家庭矛盾、宫廷斗争，有的甚至关系到国家的局势、皇位的传承。历史上的郑袖、骊姬、吕稚、武则天等都是身居要位并与朝廷命运息息相关的妒妇，她们由于嫉妒而引发的宫廷斗争是后代帝王所尽力避免的，也是被社会极力批判的。在封建妇德修养中，要求妻妾之

---

①　（元）马致远：《青衫泪》，《全元戏曲》第二卷，人民文学出版社 1999 年版，第 152 页。

②　（明）顾大典：《青衫记》，《六十种曲》第七卷，中华书局 1958 年版，第 36 页。

③　（明）顾大典：《青衫记》，《六十种曲》第七卷，中华书局 1958 年版，第 35 页。

间"不妒"是非常有利于维护多妻家庭和睦的。明清时代，传统文化得到提升，而这种"不妒"的要求更加严酷。在一些文学作品中，甚至出现了大量的正妻主动为丈夫纳妾的情节。如《红楼梦》中的邢夫人，虽然作品对邢夫人持否定态度，但她的行为应该说是具有一定代表性的。

三、从裴兴奴的地位变化看明代作家对女艺人的看法

裴兴奴虽为风尘女子，但在元杂剧和明传奇中，表现出来的自主权和社会地位却有很大差异。从自主权上讲，元杂剧中她能够和白居易平等地盟誓。得知白居易"死讯"后，虽有鸨母的催逼，但最终还是她自己决定随茶客去了。而在明传奇中，她想见蛮素把青衫的事情说清楚，连个自由的时机都很难找。白居易派家人接蛮素去江州时，她一心想同往，但鸨母的阻挠她又无法冲破，最后又在鸨母的逼迫下跟茶客走了，她能做到的只有以死捍卫自己的节操。可见鸨母对她有绝对的支配权。从地位上讲，元杂剧中的裴兴奴受到了皇上的接见，并且敢于在皇上的面前讲清来龙去脉，并在满朝文武之中穿行，找出白居易、贾浪仙和孟浩然。还批评白居易："这白侍郎正是我生死的冤家，从头认，都不差，可怎生装聋作哑。"[1]一个乐妓通常只有当众表演的机会，在朝廷这种严肃的环境中，是不太可能的。所以在明传奇《青衫记》中，没有皇上召见裴兴奴的情节，白居易与茶客的纷争因茶客溺水而化解。在中国古代，女艺人被称为倡优、娼妓或戏子，地位通常很低下。相比较而言，元代女艺人的社会地位是比较高的。元代夏庭芝的《青楼集》就是专门为女艺人立传的著作，书中不仅保留了元代女艺人的珍贵资料，而且对当时的女演员给予了很高的评价。元代与明代相比，女艺人的地位有很大差异，这个问题在扎拉嘎先生的《游牧文化影响下的中国文学在元代发生的历史变迁》[2]一文中，有很充分的论证。无论从元代女艺人教坊的品级，

---

① （元）马致远：《青衫泪》，《全元戏曲》第二卷，人民文学出版社 1999 年版，第 155 页。

② 扎拉嘎：《比较文学——文学平行本质的比较研究》，内蒙古教育出版社 2002 年版，第 316—321 页。

还是人身自由来考察，元代女艺人的社会地位都高于明代。这也是元代戏剧繁荣的原因之一，而这一现象的背后则体现出游牧文化与农耕文化对妇女及女艺人的态度。在农耕文化体系中，男尊女卑思想根深蒂固，女艺人是以自身的技艺取悦男人、谋求生计的一个群体，她们往往集倡优和娼妓于一身，故而她们的身份是下贱的同义词，这在农耕文化中早已形成了共识。但在游牧民族的生活中，男男女女都是歌手，他们都同样热情奔放，能歌善舞，加之游牧民族本身男尊女卑的观念不重，因而对女艺人也很少歧视。元杂剧的兴盛使人们在文化娱乐上对这一伎艺产生依赖，女艺人是快乐的使者，而不仅仅是取乐的玩偶。鉴于元代女艺人的特殊地位，裴兴奴受到皇上的召见也不足为奇。但明代在传统文化提升的情况下，女艺人社会地位的下降，使作家认为其受到皇上的召见不真实，于是在《青衫记》中我们看不到这一情节。

四、茶客刘一郎的结局变化与理学思想

在白居易与裴兴奴喜得重逢的过程中，茶客刘一郎是一个集败事与成事于一身的人物。是他造成了二人的分离，但又是他使二人得以在江州重逢。但他的再一次出现使问题复杂化了。刘一郎花重金将裴兴奴从鸨母处买来，他便合法地拥有了对裴兴奴的所有权，所以，白居易与裴兴奴的重逢又蒙上了一层阴影。在解决这两个问题时，元杂剧《青衫泪》与明传奇的处理方式完全不同。《青衫泪》中，白居易与裴兴奴重逢之后，刘一郎酒醉归来，裴兴奴将其安顿睡着后，与白居易逃走。白居易官复原职之后，奏请皇上裁决。依照法律，裴兴奴仍归本夫白居易，刘一郎诓骗人妾，被判"流窜遐方"，最终人财两空。《青衫记》中，刘一郎酒醉归来，不慎溺水身亡，与白居易争妾的矛盾自然也就不存在了。

元杂剧《青衫泪》是用现实主义的手法解决了矛盾纷争。而明传奇《青衫记》中则用巧合的办法，使矛盾化有为无。而这个过程中，有"天理"思想的痕迹。"天理"是宋明理学在儒学的基础上提出来的，天理带有自然之德或自然规律的含义。但宋明理学的"天理"所支持的善恶标准其实就是儒家传统的伦理道德。茶客刘一郎的溺水也正是"恶有恶报"的结果，这是天

理主持的公道。这一点类似于《金锁记》中张驴儿遭雷劈的结局处理，天报比人报更能体现人们对惩恶扬善的主张。

元杂剧《青衫泪》是在元代社会现实的基础上构想出来的，它与元代的历史有诸多的吻合之处，也映射出了元代的思想文化特征。《青衫记》同样是虚构的历史故事，但由于社会生活和思想文化的不同，使作品更多地体现了中原的传统文化和思想。两部作品虽然没有真实地再现历史，但作者的虚构过程，实际上是再现了作者所处时代的社会生活。尽管作品与史实大相径庭，不足为信。但在其艺术的创作过程中，体现了文艺源于生活，高于生活的基本规律。

第二节　明传奇《二胥记》对元杂剧的整合发展

元杂剧《说鳟诸伍员吹箫》①（简称《伍员吹箫》）和《楚昭王疏者下船》②是两部集中展现伍子胥复仇事仵的戏剧作品。《二胥记》③是加工上述作品并吸收历史素材而创作的明传奇作品。伍子胥是历史上实有的人物，史传资料也比较丰富，但三部作品与史传均有出入。在元杂剧和明传奇中，对伍子胥复仇灭楚及申包胥尽忠复楚这一历史事件，从不同的角度和立场进行了叙述。

---

① 《说鳟诸伍员吹箫》，作者郑廷三，元代戏曲作家，彰德（今河南安阳市）人。生卒年及生平事迹均不详。作有杂剧23种，今仅存5种：《看钱奴买冤家债主》《包待制智勘后庭花》《楚昭王疏者下船》《布袋和尚忍字记》《宋上皇御断金凤钗》。另有一种《崔府君断冤家债主》，但一说为无名氏作。

② 《楚昭王疏者下船》，作者李寿卿，太原人，曾任将仕郎，后除县丞。作有杂剧十种，今存《伍员吹箫》《度柳翠》两种。贾仲明为其所作的《凌波仙》吊词谓其"播阆浮，四百州，姓名香，赢得青楼"。说明他的剧作在当时广为流传，得到了青楼艺人们的尊敬。

③ 《二胥记》，作者孟称舜（约1600—1655前后），明末清初戏曲作家，字子塞，又作子若，号卧云子。浙江绍兴人。仕途坎坷，屡试不第。崇祯二年（1629），与其兄称尧同入复社。入清，顺治六年（1649）举为贡生，任松阳训导。作有杂剧、传奇各5种，今存杂剧《桃花人面》《英雄成败》《眼儿媚》，传奇《娇红记》《二胥记》《贞文记》。

《伍员吹箫》，李寿卿撰，全剧四折一楔子。主要讲述楚平王听信费无忌的谗言，将伍奢的全家三百口屠害，楚太子芈建报信，伍子胥走脱。费无忌又派养由基追杀，养由基用无头箭三射子胥，子胥知其有意放生。逃至郑国，郑国又不安全，又逃往吴国。路遇浣纱女饷饭，乞食并嘱其勿外泄，浣纱女抱石沉江，以释其疑。又遇原楚大夫间丘亮，隐渔间，以身世相告，渡之，子胥又嘱勿外泄，丘亮自刎以明其心。子胥逃至吴国，淹留十八年，多次向吴王借兵，吴王借故推脱。子胥流落街头，在牛王庙赛社时吹箫乞食，遭打，被壮士鱄诸解围，来至其家，鱄诸是孝子，母逝后，每惹是非，其妻代母教之。子胥壮其为人，结为兄弟，欲使鱄诸跟从并助其复仇。鱄诸妻田氏不允。子胥以绝交相要挟，鱄诸允诺，田氏见贤孝不能两全，自刎身亡。吴王借兵十万，伐楚，擒杀费无忌。平王已卒，掘墓鞭尸三百。子胥复仇，终养浣纱女之母，并应间丘亮子村厮儿之求，招降郑国。

《楚昭王疏者下船》，郑廷玉撰，共四折一楔子。写吴王阖卢有三口宝剑，其中一口飞到了楚国，楚昭公不肯归还，吴王问对策，伍子胥为报父仇，力主伐楚。楚大夫申包胥与子胥系故交，当年子胥出逃，二人相遇，子胥誓必覆楚，包胥言其必复楚。包胥知吴兵锐不可当，往秦国求救，诫昭王坚守不出。昭王听费无忌之言，与子胥交战，费无忌被擒，郢陷楚亡。昭王携妻儿与弟旋出逃，乘舟行至江心，风大浪高，舟小人多，艄公让疏者下船，旋欲下船，昭王不允，昭王夫人说："这兄弟同胞共乳，一体而分，妾身乃是别姓不亲，理当下水。"于是夫人先下船。风浪越大，艄公再让一人下水，公子下水，霎时风平浪静，兄弟渡江，分头逃命。申包胥至秦，秦王不肯借兵，包胥倚墙而哭七昼夜，将邮亭哭倒，感动秦王，发兵救楚，伍子胥不忘旧交，成就包胥复楚之诺，班师回吴。包胥复楚，楚昭王归郢，后芈旋也归来（昭王夫人及公子得龙神搭救，也闻讯归来，一家团圆①）。

《二胥记》共三十出，明代孟称舜撰。主要情节如下：楚平王无道，重

---

① 在《元刊杂剧三十种》中，没有王后和王子被龙神搭救的情节，只写到昭王又娶妻生子，并"近山村建所坟围，盖座贤妻碣，立个孝子碑，交后代人知"。为溺水而死的妻儿建庙立碑，使之名传千古。见宁希元校点：《元刊杂剧三十种新校》，兰州大学出版社 1988 年版。

用奸佞小人费无忌，费进谗，平王将伍奢、伍尚父子及全家三百口杀害，伍子胥出逃，楚下大夫申包胥与子胥为至交，上书谏阻，被贬归乡里，与子胥相遇，子胥誓必亡楚，包胥誓必复楚。子胥逃到吴国，乞食市中，枕戈席上，感动吴王，授以行人之职，又任孙武为军师，以子胥为帅，伯嚭为先锋，兴兵伐楚。擒费无忌，昭王出逃云梦，子胥掘平王之墓，鞭尸历数其罪，将费无忌剜心祭父兄。楚昭王与王后、王子及胞弟同舟逃难到洞庭湖，船到湖心，风浪大作，船家让疏者下船。王子主动下水，但风浪更大，再让疏者下船，昭王云："妻子乃衣服，坏时可补；兄弟乃手足，论手足断时难再。这就里亲疏有辨。"让三后下船，楚昭王与弟脱险。申包胥被解往郢都，被吴兵所阻，包胥返乡，妻钟离氏已被乱兵掳去，又闻楚国已亡。包胥请张阿公劝子胥收兵，张阿公责怪子胥复仇过甚，子胥仍不肯退兵。包胥到秦国求救，秦王不肯出兵，包胥痛哭秦庭七昼夜，感动秦王，命大将子满帅兵救楚，吴国撤兵，包胥复楚，迎王返国，又到秦国相谢。楚王到湘皇庙上香，追荐妻儿，恰遇被龙神搭救的王后及寓居于此的钟离氏，回宫团聚。

元杂剧《伍员吹箫》和《疏者下船》虽非出自一人之手，但内容上有互补性，是一部生动记述楚国兴亡、伍子胥复仇的历史剧。《二胥记》则用传奇的形式将二剧内容合而为一，在一部戏中完整地叙述了覆楚和复楚的过程。《二胥记》在再加工的过程中，将内容进行了增删和改写，在改写过程中，也融注了作者的审美追求和时代的精神风貌。

一、从覆楚与复楚看忠与孝的关系

忠与孝是传统儒家思想所积极倡导的两种美德，在很多民族中也都有对这两种品德的追求。自古就有"事君犹事父"的说法，但是当忠与孝发生冲突时，常常遭遇"忠孝不能两全"的尴尬。从统治者的角度，往往强调君为天之子，事君如事天，当以忠为先；当站在骨肉亲情的角度，则孝为先。而儒家传统上所倡导的"以义为先"，舍小义，顾大义，也是鼓励以忠为首。

《伍员吹箫》是以伍子胥历尽艰辛，为父兄报仇的经历为主要内容，其核心主旨是宣扬子胥的"孝"。在叙述过程中，强调了伍奢与费无忌的忠奸对立。由于楚平王昏庸，听信谗言，害死了伍奢一家。忠奸对立，自古有之，但昏君无道，使忠良无辜遭戮，常常使人恨之切肤。因而伍子胥将全家的死没有仅仅归罪于奸佞小人费无忌，而是将楚平王也作为复仇的对象，于是他在复仇的时候不仅要清算费无忌，而且还要对楚平王掘墓，并鞭尸三百。显然在忠与孝之间，伍子胥是以孝为先。

《二胥记》中对伍子胥过激的复仇行为和只孝不忠给予了批评，同时也肯定了申包胥的忠心。在第十六出"悼亡"中申包胥说道："伍胥覆楚非胥之能，天实怒楚故也，今报怨过甚，人之怒楚者，转而怜之。伍胥虽能其能，违天乎！"① 指出伍子胥报仇过甚，有违天意。

作品通过张阿公之口，阐明了事君与事父的关系：

> 君虽无道，做臣子的怎可言怨，今元帅挞其父，逐其子，于理已悖，于事已毕，今可转兵归国，全其宗社，在元帅不失故君之义，在包胥得全复楚之志，君臣朋友，于道岂不两全？……伍胥你意果欲灭楚才罢，独不念伍家世世受谁人之爵，食谁人之禄，你的父亲为何人而死，你今日做出恁般事来，非惟无君，抑且无父，个好忍心人也。……你道是有仇不报非男子，却不道恩怨分明大丈夫，只记得冤仇，把恩义负，真个是狠如蝎、凶似虎。……当时伍奢奉命召汝，汝私奔不往，临行不听亲爷召，真乃是不孝不忠伍子胥。②

这段话可以分三个层次，第一，君无道臣，臣不可怨君，臣对君忠是无条件的；第二，父子同朝为臣，子事君不忠，就等于对父不孝；第三，顺者为孝，父有命，子必听，否则即是不孝。在第三条中，实际上是用孝的理念来攻击子胥对父亲的不顺，进而否定子胥的孝。子胥原本就是为尽孝而复仇灭楚，尽孝而不尽忠，同样失去了孝的支撑，他也就不能立身为人。在《孝

---

① （明）孟称舜：《二胥记》（下），《古本戏曲丛刊》三集，文学古籍刊行社 1957 年影印版，第 7 页。

② （明）孟称舜：《二胥记》（下），《古本戏曲丛刊》三集，文学古籍刊行社 1957 年影印版，第 23 页。

经·开宗明义章》中写道："夫孝，始于事亲，中于事君，终于立身。"① 否定了子胥的孝，就等于否定了他立身为人的根本。

原本在《疏者下船》中包胥借兵归来，子胥引兵而退，昭王道："这两个谁是谁非，真乃是忠孝完备。"② 尽管伍子胥的孝对他来讲就是不忠，但此时的昭王对双方的忠和孝都给予了肯定。

值得注意的是，为了配合对伍子胥的批评，《二胥记》中，对他的形象也作了改造。原本是践诺而退的伍子胥，这里变得蛮横无理。如在第二十六出"复楚"中，包胥责怪子胥报仇过甚，子胥道：

> 你道俺甚了，以俺视之，尚还欠哩。……兄弟，你道俺报一人之仇，累千人之命，也事白无奈，料他们也怨不得我，如今楚王一家倒还完全如故，教俺怎生放得过他。③

因此，申包胥说他是"倒行逆施"，天道定不相容。此外在《二胥记》中还表现了以子胥为帅、伯嚭为先锋的吴军抢掠奸淫，滥杀无辜的恶行，从而达到对伍子胥只孝不忠行为的批判目的。

《二胥记》中，一方面，通过申包胥的行为表达了对"忠"的肯定。如在第十六出中，申包胥怀着失去美妻的巨大痛苦，几番乞食，狼狈不堪地来到秦国求救，在秦国又哭庭七日七夜，秦王感动地说道："楚虽无道，有臣如此，可无存乎?"④ 于是发兵攻吴复楚。应该说是包胥对楚国的忠诚挽救了楚国。在作者孟称舜的《自序》中写道："为子胥易，为包胥难。"⑤ 难而能为

---

① 刘浩主编：《老学堂——孝经》，延边大学出版社 2001 年版，第 2 页。

② （元）郑廷玉：《楚昭公疏者下船》，《全元戏曲》第四卷，人民文学出版社 1999 年版，第 111 页。

③ （明）孟称舜：《二胥记》（下），《古本戏曲丛刊》三集，文学古籍刊行社 1957 年影印版，第 52 页。

④ （明）孟称舜：《二胥记》（下），《古本戏曲丛刊》三集，文学古籍刊行社 1957 年影印版，第 41 页。

⑤ （明）孟称舜：《二胥记》（下），《古本戏曲丛刊》三集，文学古籍刊行社 1957 年影印版，第 41 页。

之，足见作者对包胥的独具匠心之笔。在谢秦时，秦王嘉其忠义，封其为秦国左丞相，封关内侯，后又让其并相秦楚二国；楚王也说："寡人复国皆卿尽节效忠之功也。"①两国国君对申包胥的认可和嘉奖，实际也就是对忠君行为的肯定。

　　另一方面，在人物对话中，也对忠与孝的关系进行了阐述。忠和孝在人伦关系上，也就是事君和事父的区别，孝本来是人之常情，与生俱来的。但儒家往往把忠和孝等同起来，认为事君如事父，父让子死，子不得不死，君让臣亡，臣必得亡。在《汉书·苏武传》中记载李陵劝苏武投降匈奴，苏武说道："臣事君，犹子事父也；子为父死，亡所恨。"②把君臣关系等同于父子关系，从而把忠君思想和"孝"的本性联系起来。《二胥记》中，申包胥让张阿公规劝伍子胥时说："他则道是恩怨分明，君不义，臣不善，我不贤，却不道父子君臣，恩同似天。"③张阿公对伍子胥说："自古君杀其臣，其君不必非仁君，父杀其子，其父不必非慈父，……君父之分，与天相等。雨露滋培，天不任德，雷霆震击，天不任怨。"④这一推理的最终结论是："忠"即是"孝"，不忠就是不孝。故而，伍子胥的只孝不忠的行为在《二胥记》中被否定了。

二、从龙神相救的原因看人伦观念的差异

　　前面一个问题主要是在讨论作品中"君臣"和"父子"的关系，这是五伦关系的两个重要方面。在《疏者下船》和《二胥记》同样也触及了另一对人伦关系的矛盾，即兄弟和妻子。楚昭王一家四口乘船逃难，行至江心，风

---

　　① （明）孟称舜：《二胥记》（下），《古本戏曲丛刊》三集，文学古籍刊行社 1957 年影印版，第 74 页。

　　② 《汉书选·苏武传》，中华书局 1962 年版，第 168 页。

　　③ （明）孟称舜：《二胥记》（下），《古本戏曲丛刊》三集，文学古籍刊行社 1957 年影印版，第 6 页。

　　④ （明）孟称舜：《二胥记》（下），《古本戏曲丛刊》三集，文学古籍刊行社 1957 年影印版，第 21 页。

大浪高，舟小而人多，艄公让疏者下船。一个是昭王的亲兄弟，一个是爱妻，一个是爱子，都是人间的至爱亲情，这的确是一个艰难的选择。两个作品在昭王认定亲疏上基本是相同的，即妻子是衣服，兄弟是手足。论衣服，坏时可补；论手足，断时难再续。但在龙神搭救的原因却是有区别的。

在《疏者下船》中，鬼力壳神在搭救时说道：

> 有楚昭王弟兄妻子四口儿，明日到此，驾着渔船一只，过江逃难。明日正是四耗力丑之日，合起大风，眼见得都该淹死了的。吾神奉上帝敕令，但有下水者，救护上岸。①

此处，对落水人的搭救是没有条件的。

但在《二胥记》中，这样描述：洞庭湖龙君道：

> 上帝符命，今日午下，楚王经过湖心，须索作起风浪，试其善恶。……他得志住云天，失势走荒烟。……看浩浩无边岸，堪怜。俺待渡迷人上莲叶船。②

待风平浪静，昭王与弟平安上岸，这时艄公说道：

> 古云"人有善念，天必佑之"，如今世上人那个不亲妻子，疏兄弟的。客观似你这等好心，老天定然相佑了。

龙神鬼力也道：

> 楚王捐舍妻儿，保全弟命，一点善念，感动天庭，上帝许之复

① （元）郑廷玉：《楚昭公疏者下船》，《全元戏曲》第四卷，人民文学出版社 1999 年版，第 101 页。
② （明）孟称舜：《二胥记》（下），《古本戏曲丛刊》三集，文学古籍刊行社 1957 年影印版，第 8 页。

国。只可惜太子禄命已尽，着小神牧养龙宫之内，王后阳寿未终，可送往湘皇庙，后日再与楚王相会者。①

可以看出，在《疏者下船》中，让疏者下船是一场磨难，本来就是风浪大起的天气，无论谁是疏者，都是不幸的，所以鬼力出于怜悯之心，"但有落水者，救护上岸"。在《二胥记》中，让疏者下船则是上帝考察楚昭王人格的手段。他让水神故意兴风作浪，检验昭公的亲疏观念是否符合"善念"。最后因为他善念尚存，得到上帝嘉奖，最后帮其复国。当王后在湘皇庙与申包胥夫人钟离氏相逢，并讲了这个经过时，钟离氏道："世人亲的是妻子，疏的是兄弟，似大王这样一片好心，谅皇天必然垂佑。重整楚室，只在旦暮了。"② 身为女性，也对昭王的这种选择表示赞同。作品从不同人物身上验证了楚昭王"善念"的正确性，这是作者有意融注其中的人生理念。在这一情节中，作品把"亲兄弟，疏妻子"说成是善念，这是不符合人之常情的，但在儒家的人伦观念中，的确有"兄弟是手足，妻子是衣服"的观念，因而作品带有明显的劝化世人"亲兄弟，疏妻子"的目的，这也正是《二胥记》教化功能的又一个体现。

此外，我们现在看到的元杂剧多数是明代刊行的，真正的元代刊行本不仅数量很少，而且说白大都不完整，但能留下来也已经十分难得。在《元刊杂剧三十种》里，也有《楚昭王疏者下船》杂剧，只有唱词，没有说白，且唱词也与明刊本有很大差异。但故事情节还可见一斑，在结局上有一个明显的不同：即王后和王子并没有得到鬼力龙神相救生还，而是双双溺水而死，昭王还为他们母子建庙立碑，并且又娶了新的王后。这表明元杂剧的教化功能不如明传奇突出。

《二胥记》通过对"覆楚"与"复楚"这一题材的加工，充分展示了人伦关系的复杂性，并且在矛盾冲突中，阐明了君臣、父子、夫妻、兄弟、朋

---

① （明）孟称舜：《二胥记》（下），《古本戏曲丛刊》三集，文学古籍刊行社 1957 年影印版，第 13 页。

② （明）孟称舜：《二胥记》（下），《古本戏曲丛刊》三集，文学古籍刊行社 1957 年影印版，第 35 页。

友这些人伦关系的不同地位和顺序。儒家传统观念中，当以君臣为先，忠孝同理，事君如事父，对申包胥的肯定充分说明了这一点。同时对孝也进行了适度的张扬。子胥覆楚，当是尽孝之举，但复仇过甚，有违于忠，所以遭到批评。因此，伍子胥也成了被批判的对象。但在昭王公子投水的那一刻，孝的主张又一次突显出来。在夫妻与兄弟之间的关系中，传统礼教以"亲兄弟，远妻子"为"善念"，得到不同人物的认可，而且感动了上帝。作品通过复杂的人伦关系，宣扬了儒家的传统人伦观念。一部《二胥记》包含着多重人伦思想，可以称得上是一部"五伦全备"记了。

第三节　《裴度还带》在明代的流变及文化解析①

元杂剧《裴度还带》（全称《香山庙裴度还带》或《晋国公裴度还带》）是关汉卿的作品，② 是以唐代名臣裴度的早期生活经历为素材而创作的。《还带记》（全称《裴度香山还带记》）是明代沈采的传奇作品，是在关剧的基础上，参照正史及笔记小说改写的。

《裴度还带》共四折一楔子。主要内容是：裴度家道贫困，在山神庙居住，每天往白马寺赶斋，其姨父王荣欲接济其经商营生，但裴度以才华自负，态度傲慢，被姨母逐出门去。王荣知裴度前程远大，托白马寺长老暗中资助其进京赶考。裴度来到白马寺，相士赵野鹤言其将于明日午前在乱砖瓦之下僵尸而死，裴度认为赵欺其贫寒，大怒而去。洛阳太守韩廷干清廉，未行贿国舅傅彬，国舅怀恨。国舅吞官钱一万贯，案发后指派给韩三千贯，韩

---

① 《还带记》，沈采作。沈采生卒年月不详，但通常认为他是嘉定（今上海市）人，嘉定这一称呼在明代才有，所以可以肯定沈采是明代的剧作家。关于《还带记》到底是南戏还是传奇，由于当前学术界关于二者的界定标准还没有统一，所以按照不同的标准来衡量，可以得出不同的结论。这一点与本节的关系并不大，因为本节所关照的作品的思想内容，形式上《还带记》是南方的声腔系统，同时又是文人的长篇作品，具有可导可演的特点，更重要的是具有可读性，这应该是明传奇的重要特征之一。因而可以作为明传奇作品来看待，与元杂剧相比照研究。

② 一说贾仲明作。

因此获罪下狱。韩家清贫，韩女琼英百般营措，还差一千贯，琼英听说使臣李文俊来察访，到邮亭提诗与其相见，俱言其父之冤，李赏其诗才，赠玉带两条相助，并言上奏朝廷。韩琼英归途在山神庙避雪，遗带庙中。裴度来山神庙过夜，拾得玉带，拟归失主。第二天琼英与母亲寻带不见，一家绝望，欲自尽。裴度见之，问明详情，还其玉带。韩家母女万分感激，裴度送其出庙，庙随即倒塌，裴度安然无恙，始信赵野鹤之相术。来到白马寺，赵惊异，言其相与前日不同，必有救三四条人命之阴德，日后必位及宰相，裴度道出原委。韩夫人来到白马寺，将女儿琼英许给裴度。科期临近，赵野鹤赠马，长老赠金，送裴度赶考。裴度考中状元，游街时韩家搭彩楼招婚，绣球打中裴度，裴言已有妻室，不肯招亲，官媒称是圣旨，成亲时见是韩家，一家团聚。亲友都来祝贺，裴度不理姨夫王荣，长老告知当年盘费是王荣所给，裴感激万分。

《还带记》共四十一出。剧写裴度饱读诗书，却屡试不第，遭到其妻弟刘二郎的嘲笑。裴度找相士孙秋壑问前程，孙言其无福做官，且必饿死。周方正被无赖张宗一诬陷下狱，周女寡居，为救父命，上街求乞，得退休邹尚书和彭、窦大人所赠的玉带一条犀带两条，以买通津要，为父赎罪。周女到香山寺祈祷，遗带寺中。裴度到香山寺闲游，见一女子祷告，其走后，裴拾得其所遗玉带一条犀带两条，追还未果，带回家中。妻责其贪不义之财，裴言欲第二天一早到香山寺等候失主，将带还给女子。土地爷报知玉帝，玉帝赐裴度富贵福禄。周女赎出父亲，父女登门道谢。裴度进京赶考无盘费，刘二郎非但不帮，反将其欲当的旧衣扣下，家人裴旺妻拿出银钗及布裙，当了钱为裴度做盘费。周家父女关照裴妻，送来米肉。裴度第一名及第，刘二郎态度大转，护送姐姐进京。淮西节度使吴元济谋反，宰相李逢吉主张休兵养卒，裴度请战，圣旨命其领兵，并加官。李逢吉怕裴度取胜立功，派刺客暗杀裴妻及刘二郎，使裴度分心，家人裴旺夫妇代死，李逢吉又让辩士以邻居身份向裴度报告噩耗，裴度继续全心抗敌。裴妻与刘二郎赶去找裴度，遇周方正父女逃难，又得知裴度死讯。刘二郎丢下裴妻，独自回去。裴度生擒吴元济，班师回朝，周方正得消息，将裴妻护送军中，夫妻团聚。裴度被封晋国公，请求归田。

可以看出《还带记》的内容更加丰富，情节更加曲折。粗略比较，内容差异主要体现在以下几个方面。

一、作品的主题有所不同

虽然元杂剧《裴度还带》和明传奇《还带记》都属伦理道德剧，但两部作品的主题却有所不同。《裴度还带》仅仅叙述了裴度见利思义、拾金不昧并因此而改变命运的生活片段，没有对裴度的其他经历做更多的描写。

在《裴度还带》中，裴度的生活异常贫困，他的姨父王荣是一个从事商业活动、颇有资财的生意人，被人尊称为"王员外"。裴度虽饱读诗书，却一贫如洗，但却抱定书本，态度傲慢，不肯通过做买卖去改变生活状况。从这一点可以看出：是作者在有意刻画裴度专心儒业，不为金钱所动的美德，为他后来的拾金不昧打下了人格基础，从而更能突出他尊奉儒家的"见利思义"之德操。《裴度还带》的主题非常鲜明，这也适合元杂剧篇幅结构的特点。

而《还带记》的主题比较复杂，在裴度的身上，除了拾金不昧，还有很多优秀品质。他才华出众：科场作赋，压倒对手，勇夺第一。他为国效忠：力主讨伐叛贼吴元济，并亲自领兵上阵，生擒吴元济；他先公后私。李逢吉因嫉妒而派刺客刺杀裴妻及刘二郎，又让辩士去给裴度报信，以便使裴度分心，最终不能取得战功。裴度接到消息后，虽然很痛苦，但仍然一心杀敌，终于取得了胜利。胜利之后，他听说妻子没死，也没有急于见妻子，而是先回京复命。他功成身退：平吴元济之乱后，裴度没有邀功请赏，而是告老还乡，解甲归田。他宽宏大度，不计前嫌：妻弟刘二郎几次在关键时刻袖手旁观，甚至落井下石。最后裴度都不予以计较，依然认作兄弟。裴度的这些品质都是儒家所谓"修身"的重要内容，而他修身的直接结果是免于饿死，间接结果是既能"齐家"，又能"治国平天下"。正如《远山堂曲品》中所评《还带记》："裴晋公生平事功，表表唐史，还带其末节耳。"[①]这些正是儒家传统

---

① （明）祁彪佳：《远山堂曲品》，《中国古典戏曲论著集成》第六集，中国戏剧出版社1959年版，第32页。

人格教育的重要内容，也正是《还带记》的主题之所在。

《还带记》还通过其他人物的正反对比，表达了"善有善报"的思想。《还带记》中的人物可以鲜明地分为两类，即正面人物和反面人物。正面人物除了裴度外，还有：裴妻刘一娘，她是贤妻的典范，鼓励裴度安心学业，劝裴度见利思义；家人裴旺夫妇，当掉钗裙，助裴度赶考，后又替刘一娘姐弟被害；周方正，劝张宗一行善积德，对裴度知恩图报，裴度赶考和讨贼期间，照顾刘一娘；周方正的女儿，孝敬父亲，不顾"羞耻"，沿街苦求，乞得玉带犀带，救出父亲；邹、彭、窦三位大人，救人危难，慷慨解囊；此外还有逃难时的村民，同甘共苦，互相救助。这些人构成了一个良善的群体，代表着时代的人格审美标准。反面人物则构成一个恶人集团，如：无赖张宗一，因讨厌周方正的规劝，而设计将其送入监牢；势利小人刘二郎，唯利是图，见利忘义；反贼吴元济，背叛朝廷，兴兵作乱；宰相李逢吉，妒贤嫉能，残害忠良；狱吏（禁子），鱼肉人民；刺客，见利忘义，图财害命；辩士，信口雌黄，不辨是非。这一类人是与良善为敌的黑恶势力，是作品所否定的人格。

描写忠奸对立是中原传统叙事文学的常见题材，通常是以文武失和为主要内容。文武之争古已有之，早在先秦时期就有廉颇和蔺相如的对立，这场文武斗争以蔺相如胸襟大度而化解，最后二人合力，巩固了江山社稷。封建传统文化中，理想的国家是文能治国，武能安邦。但往往因文武争功而失和，尤其从宋代开始，文武失和已经成为封建统治中的一块"顽疾"。在中原的文化心理上，在文武对立中，常常是武将在前线保家卫国，文臣在朝廷进谗陷害。比如，岳飞和秦桧的对立就是非常有代表性的。在《还带记》中，裴度的一生功业中也加入了文武斗争。裴度一心为公，他力主讨贼，并亲自请缨。但宰相李逢吉出于嫉妒，怕裴度立功后自己失宠，于是在暗中派刺客行刺裴度妻子和妻弟，又派辩士以谎言使裴度分心。但裴度凭自己对国家的忠心和家人裴旺夫妇对主人的忠心，使奸臣的陷害不解自破。通过这场忠奸斗争，作者表达了"邪不压正"的观点，使作品带有"扬善"的目的和作用。

二、商人的人格不同

儒家传统观念中，"无商不奸"是对商业经营活动的基本认识。商人往往是唯利是图、见利忘义的同义词。但元代统治者在政策和观念上都与中原传统有很大的差异，因而商人的生活状况和社会地位较以前提高了，这无疑给沉抑下潦的知识分子以极大的冲击。但在"万般皆下品，唯有读书高"的传统理念中，读书人的清高和自尊是很难一时放下来的。王荣作为一个商人，以正面的形象出现，并且在暗中资助裴度科考，这里有亲情的成分，同样也有人格的因素。元杂剧作品中商人形象的改变是时代生活的一个反映。相反，明代的商业应该比元代繁荣，但由于传统文化的影响，在文学作品中商人的形象通常都是反面的。《还带记》中，裴度的妻弟刘二郎就是一个只肯锦上添花、不肯雪中送炭的势利小人。他是闻喜城中的首富，又是刘一娘的亲弟弟，他非但不帮助裴度迁考，反而将裴家拿来典当的两件旧衣服扣下，抵了以前未赎回物品的利息。他称裴度是"败家子"，原因就是裴度将拾到的腰带还给了失主，把到手的财富又拱手送出去。在他身上体现的就是传统观念中商人的特征。

三、还带方式的差异

《裴度还带》中遗失腰带的是洛阳太守韩廷干的女儿韩琼英。她身为一个千金小姐，四处写诗求告，筹措到二千贯，为凑足剩下的一千贯，她到邮亭去找钦差李文俊求助。李对琼英的诗才大加赞赏，赠两条玉带相助。她不仅在山神庙中避雪，而且还在里面睡了一觉，在生活小节上表现得很随便。

《还带记》中遗失腰带的是市民周方正寡居在家的女儿，周女的社会地位要比韩琼英低得多，但她多次强调自己是"不顾羞耻"，乞得玉带犀带。"不顾羞耻"意即抛头露面，有违妇道。

相比较而言，韩琼英为父伸冤过程是落落大方，周女则羞羞答答。尤其是"还带"这个细节的差异非常富有特色。在《裴度还带》中，裴度是直接把玉带交还到韩琼英的手上：

> （正末做取带科，云）娘子，兀的不是带，还你！
> （旦儿接科，云）兀的不正是此带！索是谢了先生。①

在《还带记》中，裴度把带放在了地上，周女自己去拾：

> （生）我就交还是你原带。（放地下介）
> （贴）天，此非相公度量宽洪，那得肯付还奴家，似此深恩，
> 杀身难报。②

　　显然这个细节的变化非常能说明一个问题。在中原的传统妇女教育中，在女孩子很小的时候，就强调"男女有别，授受不亲"，意思是在男女之间传递物品的时候，不能互相接触对方身体。早在《礼记》中就出现过这样的训诫："好德如好色。诸侯不下渔色。故君子远色以为民纪，故男女授受不亲。"③元杂剧的这个细节固然不能说明元代的男女之间已经没有"授受不亲"这一界线，但至少可以看出男女界线的宽松。相对而言，明代则加强了。《还带记》中的修改是有意识地将这个细节纠正过来，因为裴度和周女都是传统礼教下优秀的典范，这种细节上的改变表明明代在妇女教育上向传统的回归。
　　《还带记》更多地吸收了《新（旧）唐书》和《太平广记》的内容。但在细节上也能看到《裴度还带》中的字句，如"投之以木桃，报之以琼瑶"，虽是出自《诗经》的典故，但用法和使用场合在两个作品中并没差别。《裴度还带》仅是取其人生的一个片段，《还带记》从更大的人伦关系着手，关照了裴度的一生功绩和德操，几乎在每一个角色身上都有所寄托，具有更加广泛的教化意义。

---

① （元）关汉卿：《裴度还带》，《全元戏曲》第一卷，人民文学出版社 1990 年版，第 279 页。
② 沈采：《还带记》，《古本戏曲丛刊》初集，上海商务印书馆 1954 年影印版，第 28 页。
③ 《礼记》，北京燕山出版社 1995 年版，368 页。

第四节　元杂剧《抱妆盒》流变与内涵解读

《金水桥陈琳抱妆盒》(简称《抱妆盒》)是元代佚名作者的杂剧作品,《金丸记》是明代佚名作者根据《抱妆盒》改编的明传奇剧本。二者在内容上有很多相似之处,《金丸记》基本上继承了《抱妆盒》的情节,只是做了部分增加和细小的改动,但从这些细小的改动中,可以看到元明两代文化差异的蛛丝马迹。

元杂剧《抱妆盒》主要叙述了宋仁宗的身世经历,重点刻画了宦官陈琳和宫女寇承御冒险保护皇太子的故事,与正史的记载出入很大,通常被认为吸收民间加工的成分较多。作品共四折二楔子。楔子一:宋真宗乏嗣,太史官夜观天象,有成胎结子之候,于是让皇上打造金丸一枚射出,六宫妃嫔寻得者,必得子嗣。第一折:金丸落在西宫李美人身边,李得宠幸。第二折:李妃果生太子。刘皇后嫉妒,让寇承御诓出太子,刺死后抛到金水桥河下,寇见太子红光紫雾罩定,不敢下手,恰宦官陈琳采办果品给楚王上寿礼,二人商量将太子放入盒中带出宫,送到楚王家抚养。刘皇后不信寇已办停当,亲自去金水桥边查看。见陈琳怀抱妆盒而生疑,百般盘问纠缠,并要打开看,这时寇承御赶来称皇上驾到,皇后忙于接驾,陈琳、太子脱险。楔子二:陈琳将太子送到楚王南清宫,楚王收养在宫中。第三折:十年后,楚王带太子入皇宫,欲向皇上陈正就里,但被皇后敷衍过去。皇后疑心,找来寇承御拷问,寇不承认,皇后找来陈琳拷打寇,寇撞阶而死,皇上宣陈琳,陈琳得脱。第四折:仁宗即位,楚王告之其身世,仁宗找来陈琳问询详情,对一干人等作出处理,为掩先帝之过,置刘皇后不理;封李美人为纯圣皇太后,每日问安视膳;追封寇承御为忠烈夫人,建墓置田守冢;封陈琳为保定公,赐宅第年俸,并选族中贤者继其后。

《金丸记》在情节上大体继承了《抱妆盒》,但又增加了一些内容,如选李美人进宫、刘皇后设计阻止李妃见驾、契丹犯边、李妃坠钗、皇上要御驾亲征、李妃阻驾、刘后进谗、李妃被打入冷宫等。结尾处也多有不同,真宗将刘后打入冷宫,重赏寇承御的后人,封李美人为皇后等。

在人物形象和主题思想上，两部作品都极为相似。都是以忠奸对立为核心，对忠义行为进行了表彰，对宫廷中的斗争进行了揭露，同时对妒妇进行了批判。但在细微之处也能见到差异。

一、《金丸记》对妒妇形象进行了更深刻的揭露和批判

《抱妆盒》中刘皇后就是一个典型的妒妇形象。在中国封建社会中，由于后妃之间互相嫉妒而引发的宫廷斗争不胜枚举。在《抱妆盒》和《金丸记》中，都点到了吕后当年"鸩了如意，彘了戚氏"。① 因此，后妃之间的争风吃醋历来是皇家的大忌，但由于她们的地位都高高在上，无法可治，因而这种现象又不可避免，但往往斗争中的胜利者都成为道德伦理的批判对象。

在《金丸记》中，刘皇后的嫉妒本性表现得更加突出。首先在第四出"献图"中，李美人刚刚选进皇宫，中宫内监赵升就提道："君王虽喜娥眉好，争奈中宫妒杀人。"② 果然皇后一听说选到了绝世美人，马上与赵升商议，点破美人图，阻止皇上召见新人。这个情节有明显模仿《汉宫秋》的痕迹，只是这里把内监索贿不成的报复和皇后的嫉妒叠加在一些。在第六出"宫怨"中，李美人在冷宫中备感凄凉，不免埋怨刘皇后："我自入宫来，每被刘后嫉妒，圣上将奴贬入冷宫习礼，不得亲近主人。"③ 李妃得宠之后有孕，恰巧在皇上与众妃嫔登临砌台时，李妃坠钗，刘皇后赶紧奏本："李妃驾前坠钗，好生不敬，合当取罪。"④ 幸好皇上卜得将生太子，李妃才免于治罪。后来终于在"阻驾"中找到机会，李妃听说皇上要御驾亲征，奏到：

> 妾闻千金之子尚不远行，吾主当以祖宗宗庙为重，且边塞乃不毛之地，岂宜圣驾远行？万一犬戎有惊圣体，臣妾等不安。不若在

---

① 《金水桥陈琳抱妆盒》，《全元戏曲》第六卷，人民文学出版社1999年版，第549页；《金丸记》，中华书局2000年版，第75页。

② 《金丸记》，中华书局2000年版，第9页。

③ 《金丸记》，中华书局2000年版，第13页。

④ 《金丸记》，中华书局2000年版，第28页。

朝拣选能练大臣，加以重爵，令彼征讨，必成大功。如蒙准奏，万
民幸甚。

刘皇后听完，马上奏云：

李妃既知此事，何不早奏？且圣旨已出，六军已动，李妃有慢
君心，请旨定夺。①

于是李妃被真宗贬到了冷宫。

以上这些情节都是《金丸记》中增加的部分，而这些情节更加突出了刘
皇后嫉妒的本性特征，为她下一步谋害太子奠定了人格基础。

刘皇后的做法一方面是怕李妃夺了自己在皇帝面前的宠爱，另一方面也
怕动摇自己皇后的位置。在第十八出"谋储"中刘皇后表达了这种担忧："我
叵耐李妃怀孕，谁想果生太子，则我刘氏绝矣。……我镇日里心绪萦，为此
事闷积悉增。教人抑郁，常不悲耿，他若生男，我无颜居正。"②中国古代妇
女的地位很低，她们要依附于丈夫而生存。在三宫六院中，她们往往要依附
于皇子，因而历来有母以子贵的说法。刘皇后的嫉妒不仅使李妃遭遇冷宫的
凄凉和失子之痛，更严重的后果是使皇家断绝香火。由此更加透视出刘皇后
的居心险恶。正如二十二出"搜盒"中陈琳所言："黑蟒口中舌，黄蜂尾上针，
两般犹未毒，最毒妇人心。"③这是对妒妇的揭露和鞭挞，更是对这种人格的
否定，这与儒家的传统道德是一致的。

二、更加彰显了陈琳与寇承御的忠义精神

陈琳和寇承御是皇宫中的小人物，但他们却以自己对皇上的忠心成就了

---

① 《金丸记》，中华书局 2000 年版，第 38 页。
② 《金丸记》，中华书局 2000 年版，第 44 页。
③ 《金丸记》，中华书局 2000 年版，第 58 页。

一桩大事：为皇帝保嗣，保证了大宋江山后继有人。在《抱妆盒》中对此也进行了一番细致的描写。比如，在陈琳抱妆盒上场时就表白道："我虽是一个内官，倒比那众文武有报国的忠心也呵！"①

在《抱妆盒》中，二人救太子带有很多的偶然因素，也就是说，是意外的原因，使他们为朝廷建立了功勋。

但在《金丸记》中，却突出了他们在本质上的忠与义。如在第十八出"谋储"中这样写道：

> （老——刘后）我巨耐李妃怀孕，谁想果生太子，则我刘氏绝矣。（占——寇承御）吓，娘娘，须看万岁爷金面，望娘娘宽宥。（老）起来，你那知我的就里，且听我道【荼子花】我镇日里心绪萦，为此事闷积愁增。教人抑郁，常怀悲耿，他若生男，我无颜居正。（合）反省、管教他命归泉境。【前腔】（占）劝娘娘不必劳形，母后贵谁敢欺凌？何须苦苦心求胜？若生太子，八方欢庆。（老）你如今到冷宫中去，只说圣上见生太子，十分欢喜，差我来要取太子一看。骗出宫来，你可抱到金水桥边，将裙刀刺死，撇在金水桥河内。事情停妥，我自另眼看顾你。（占）阿呀，娘娘！事关重大，奴婢做不来。（老）吓，你做不来么？（占）是。（老）唔，我就处死你这贱婢！（占）娘娘不必着恼，待奴婢舍命前去便了。（老）这才便是，莫当儿戏，可速回报。（占）领旨。（老）不施万丈深潭计，怎得骊龙颔下珠。（下）（占）吓，阿呀，刘娘娘吓，你好狠心也！那李娘娘生了太子，左右是一般的，何必如此？我若不应承，倘使别人去了，太子性命必然难保。咳，娘娘吓，你暗里谋人，不知老天在上可容欺？善恶到头终有报，只争来早与来迟。②

寇承御先是劝刘皇后宽厚地对待太子，但刘皇后不听，寇又采取抵制的

---

① 《金水桥陈琳抱妆盒》，《全元戏曲》第六卷，人民文学出版社 1999 年版，第 537 页。
② 《金丸记》，中华书局 2000 年版，第 44 页。

态度。刘皇后以处死她来威胁，寇只得暂时应承下来，并寻机保护太子。可以看出，寇承御的目的非常明确，从骗太子出宫开始就打算救太子。这里表现出了寇对皇上的忠心，在她眼里，太子不管是谁生的，左右都是一般，是皇上的血脉就行了。

在《抱妆盒》第二折中却有不同的描写：

> （旦扮刘皇后上云）子童乃刘皇后是也。虽无绝色，幸掌中宫，奉九重之欢，享万年之福。近日闻得西宫李美人生下一子，我想他久后在天子跟前可不夺了我的宠爱？则除是这般。寇承御那里？（旦儿扮寇承御上云）有。（做叩头科）（刘皇后云）寇承御，我问你，你吃的是谁的？（承御云）是娘娘的。（刘皇后云）你穿的是谁的？（承御云）是娘娘的。（刘皇后云）我东使着你，去么？（承御云）就东去。（刘皇后云）我西使着你，去么？（承御云）就西去。（刘皇后云）我不使你呢？（承御云）我则守着娘娘立着。（刘皇后云）既然如此，你是我心腹之人。我有一件紧要的事，要你替我做去。（承御云）是那一件事？（刘皇后云）如今西宫李美人生下一子，你可到他宫中去，诈传万岁爷要看，诓出宫来，将那孩子或是裙刀儿刺死，或是搂带儿勒死，丢在金水桥河下。务要干成了这件事，来回我话者。（承御云）谨领懿旨。我出的这宫门，直至西宫见李美人走一曹去来。……（承御抱太子上云）幸喜太子已诓出西宫了也。奉刘娘娘的懿旨，本待把裙刀将太子刺死，丢于金水桥河下，则见红光紫雾罩定太子身上，怎取下得手？天那若宋朝不当乏嗣，得遇一个人来，同救太子性命。久后也显我这点忠心，可也好也。

寇承御本来是要完成刘皇后赋予的使命的，但见太子不凡，下不得手，才想找个人帮助，救出太子。这与《金丸记》中原本就对皇上忠心是有区别的，这样修改之后，寇承御的忠君思想得到了更充分的体现。

在《金丸记》中还有一个细节的修改更加突出了寇承御的忠心，那就是当刘皇后与陈琳纠缠，想打开妆盒验看，寇承御赶到，说万岁驾到，请皇后回宫接驾。原本在《抱妆盒》中，是皇上真的驾到中宫，但《金丸记》中，皇上却没有来。后来皇后想起此事，对寇产生怀疑，并对其拷打。寇承御说谎的目的就是想支开皇后，让陈琳脱身，救太子出宫。

在刘皇后发现了马脚，让陈琳拷打寇承御时，陈琳小声对寇说："寇承御，莫若我招认了，出脱了你罢？"寇说："陈琳哥，我是个女流，一死何惜。莫若一棍打死了我，倒也干净。"在生的机会面前，两个人的互相兼让，更加突出他们品格的高尚。

营救太子的过程与《赵氏孤儿》的"保孤救孤"极为相似。自古以来，"忠"和"义"是中原传统文化中所提倡的人格修养，舍命为皇家保嗣也正是传统文化中所提倡的"忠君"和"大义"。《金丸记》继承了《抱妆盒》这一精神内核，并将其发扬光大。

三、从皇帝对功臣的褒奖看作品的价值取向

在忠奸对立的斗争中，善与恶、美与丑、正与邪等总要分出高低上下。戏曲所具有的惩恶扬善的功能是通过对立双方较量的结果来实现的，也就是善有善报，恶有恶报，美战胜丑，正义战胜邪恶，最终实现对真、善、美的弘扬，对假、恶、丑的鞭挞。

在人物结局的处理上，《金丸记》较《抱妆盒》更能充分体现了这一点。第一个惩治的对象就是内监赵升，他花钱买来这个差使，并想借此搜刮更多的财物。到李美人家里选妃时，他曾经索要好处，但李美人的父亲由于为官清廉，拿不出钱物，因此得罪了赵升，赵升恼怒，回朝后，与刘皇后商量点破美人图，使李美人在宫中备受冷落。在李美人拾到金丸之后，皇上见到脸上无痣，问明原委，传旨陈琳把赵升拿问。

另外，在对刘皇后的处理也有不同。在《抱妆盒》中是仁宗即位之后，才真相大白。仁宗道："只是刘太后怀嫉妒心肠，做这等逆天悖理的勾当，寡人若究起前事，又怕伤损我先帝盛德，如今姑置之不理。"[①]刘皇后的行为

---

① 《金水桥陈琳抱妆盒》，《全元戏曲》第六卷，人民文学出版社 1999 年版，第 558 页。

没有遭到应有的报应，观众心中未免会产生不平，也达不到"惩恶"的效果。而在《金丸记》第二十九出"酬忠"里，真宗下旨："朕方万机之暇，博览经传，忠臣孝子，贤女义夫，无不奖励，以勉将来。……刘后嫉妒，剥去衣冠，贬入冷宫。"使邪恶得到了应有的惩处。

在对忠臣义士的褒奖方式上，两部作品也有所不同。在《抱妆盒》中仁宗诏曰：

> 楚王抚养功多，加赐田庄万顷。寇承御与他起建坟墓，封为忠烈夫人，置守冢三十家，祭田千亩。陈琳封为保定公，赐城中甲第一区，岁支俸银万两，禄米三千石，选宗族贤能者承继其后，世奉国恩。①

《金丸记》中对楚王、陈琳和寇承御都给予了加封：

> 加楚王元佐天策上将军，加禄米万石，少酬太子养育之恩，赠宫人寇承御为圣母夫人，仍立庙宇，春秋祭祀配享，以答保全储君之德。其父寇安赠礼部尚书，兼太子太师。宦官陈琳，忠诚报主，不二其心，升授司礼监太监，仍荫一弟，授锦衣卫世袭指挥。②

很显然，《抱妆盒》突出的是经济上的奖励，带有元代商品社会的价值取向；而《金丸记》则更突出政治地位上的奖励，这与儒家传统的官本位思想是相一致的。对良善的奖励是对这种行为的激励。这是戏曲的重要教化功能之一，而元代对经济的侧重和明代对政治地位的侧重都是当时人生追求的重要体现。

《金水桥陈琳抱妆盒》是元代典型的伦理道德剧之一，是具有一定的教

---

① 《金水桥陈琳抱妆盒》，《全元戏曲》第六卷，人民文学出版社 1999 年版，第 558 页。

② 《金丸记》，中华书局 2000 年版，第 82 页。

化意义和作用的。明传奇《金丸记》充分继承和光大了《抱妆盒》的主题，通过正与邪的较量，最终使正义战胜邪恶，并对正义者给予奖励，给邪恶以惩处，最终达到劝人为善的目的。从作品的善恶表现程度上，《金丸记》更加鲜明地塑造了人物的性格特征，在人物结局的处理上，则分别带有不同时代的价值取向。

下 编

元杂剧到明杂剧的流变研究

第七章　元杂剧到明杂剧的艺术变迁及题材演进

　　中国戏曲，源远流长。王国维在《宋元戏曲史》中概括："我国戏剧，汉魏以来，与百戏合，至唐而分为歌舞戏及滑稽戏二种；宋时滑稽戏尤盛，又渐藉歌舞以缘饰故事，于是向之歌舞戏，不以歌舞为主，而以故事为主；至元杂剧出而体制遂定，南戏出而变化更多。于是我国始有纯粹之戏曲。"[①] 可见，元代是中国戏曲发展的黄金时期。

　　元杂剧的成熟标志着中国戏曲的第一个鼎盛时期的到来。作为元曲的主体，元杂剧与楚辞、汉赋、唐诗、宋词分庭抗礼。但是，正如诗词不仅限于唐宋一样，杂剧也非元代所独有。明杂剧虽不像元杂剧那样盛行，但其创作并不沉寂，并且独具特色。

　　同一文体，由于时代社会因素和文化背景的相异，呈现出异样的创作面貌。对元明同题材杂剧进行比较研究，了解两个时代的社会历史背景和政治文化因素是非常必要的环节。

第一节　元杂剧的衰微与明杂剧的变革

　　杂剧是一种"活"文学，因为它不仅存在于文本中，更活跃于舞台上。同时，杂剧的发展演变也是一个动态的过程。从最早诞生于唐代相似于"百戏"的萌芽，到宋杂剧和金院本初具规模的发展阶段，至元成熟并达到了一

---

① 王国维：《宋元戏曲史》，上海古籍出版社 1998 年版，第 127 页。

个鼎盛时期。元杂剧的辉煌有目共睹，但并非将卓越定格于一个时代，明代以后仍有大量的杂剧作品涌现，并且，由于南北文化的交流，以及受明传奇的影响，明杂剧呈现出了新的面貌。

一、元明杂剧的沿革

"杂剧"一词最早出现在中唐，宋以后逐渐成为一种表演技艺的通称，在元代取得了辉煌的成就，成为"一代之所胜"。元初至元大德年间（1279—1307），元杂剧发展到鼎盛时期，各地演出活跃，名作辈出。如关汉卿的《窦娥冤》、白朴的《梧桐雨》、王实甫的《西厢记》、马致远的《汉宫秋》等，这些优秀的作品取材丰富，寓意深刻，流传千古。元杂剧一般都是一本四折，每折用一套曲，全剧通常由一人主唱，其他角色一般只有宾白。剧情发展的起、承、转、合的展现都符合音乐和结构的规律，同时还有短小的具有开场或过场性质的楔子作为剧情的补充，使作品更加完善。因而，可以说元杂剧在我国戏曲史中算是发展较为成熟的阶段。

明代时，杂剧与传奇同时并存。由于元杂剧突出的艺术成就以及明传奇的迅速发展，致使长期以来研究者往往将关注的目光多投于元杂剧和明传奇，而忽略了杂剧在明代的发展演变，杂剧创作在明代呈现一种弱势发展的状态。虽然从思想艺术成就方面而言，不能与元杂剧相比，但也不可小觑。明杂剧既保存了元杂剧某些主要的艺术特点，同时受到传奇的影响，在曲调、演唱和语言等方面做出了不少改革。结构较灵活，南北曲兼用，突破了一角演唱到底的程式，独具特色。

朱权的《太和正音谱》记载，元杂剧作品名目为五百三十五种，明代臧晋叔《元曲选》和今人隋树森《元曲选外编》共辑录现存元杂剧作品一百六十二种，另外还有四十余种杂剧佚曲。明杂剧虽不像元杂剧那样盛行，创作面貌不及元杂剧影响之大，但其创作并不沉寂，数量也很可观。据傅惜华《明代杂剧全目》统计，明代杂剧有作家一百二十五人，作品五百二十三种，现存二百九十五种，其中大部分是现实剧或原创剧，也有部分是改编的同题材元杂剧作品，但是，随着社会环境和文化语境的变迁，尽管不少杂剧作家试图努力，但是明朝之后的杂剧失去了元代时得天独厚的生存环境，同规模更为宏大、曲调愈加丰富、角色分工更显细致的明传奇并行，自身的色彩渐渐暗淡了下来。

二、同类题材杂剧作品创作概况

明代改编元杂剧的同题材作品在数量上较为可观，而且题材涉及较广，涉及的有历史剧、神仙道化剧、爱情剧等，遗憾的是存本较少。据笔者统计，元明存目同题材杂剧共二十五组，包括元杂剧二十九部，明杂剧三十一部。具体篇目如下表所示：

序　号	元杂剧	作　者	明杂剧	作　者
1	升仙桥相如题柱（已佚） 升仙桥相如题柱（已佚）	关汉卿 屈恭之	汉相如献赋题桥	无名氏
2	吕洞宾三醉岳阳楼	马致远	吕洞宾三度城南柳 紫阳仙三度常椿寿 吕洞宾桃柳升仙梦	谷子敬 朱有燉 贾仲明
3	张天师断风花雪月	吴昌龄	张天师明断辰勾月	朱有燉
4	郑元和风雪打瓦罐（已佚） 李亚仙花酒曲江池	高文秀 石君宝	李亚仙花酒曲江池	朱有燉
5	关云长千里独行	无名氏	关云长义勇辞金	朱有燉
6	撕燥判官钉一钉（已佚）	花李朗	撕搜判官乔断鬼	朱有燉
7	楚襄王会巫娥女（已佚）	杨　讷	楚襄王阳台入梦	汪道昆
8	陶朱公荡蠡归湖 （仅存曲词一折）	赵明道	陶朱公五湖泛舟	汪道昆
9	张敞画眉（已佚）	高文秀	张京兆戏作远山	汪道昆
10	破幽梦孤雁汉宫秋	马致远	昭君出塞	陈与郊

序　号	元杂剧	作　者	明杂剧	作　者
11	蔡琰还汉（已佚）	金志甫	文姬入塞	陈与郊
12	崔护谒浆（已佚）	白　朴	桃花人面	孟称舜
13	中郎将常何荐马周（已佚）	庚天锡	醉新丰	茅　维
14	刘阮误入桃源洞 （仅存残曲） 刘晨阮肇桃源洞	马致远 汪元亨	天台奇遇 刘晨阮肇误入天台 晋刘阮误入桃源	杨子炯 王子一 陈　肃
15	孟浩然踏雪寻梅（已佚）	马致远	孟山人踏雪寻梅 孟浩然踏雪寻梅	邓志谟 朱有燉
16	山神庙裴度还带	关汉卿	山神庙裴度还带（已佚）	贾仲明
17	李素兰风月玉壶春	武汉臣	李素兰风月玉壶春（已佚）	贾仲明
18	节妇牌（已佚）	乔　吉	志列夫人节妇牌（已佚）	贾仲明
19	唐明皇秋夜梧桐雨	白　朴	梧桐雨（已佚） 梧桐雨（已佚）	王　湘 徐复祚
20	沉香太子劈华山 巨灵神劈华狱（已佚）	张时起 李好古	劈华山神香救母（已佚）	无名氏
21	刘玄德醉走黄鹤楼（已佚）	朱　凯	黄鹤楼（已佚）	无名氏
22	黄粱梦	马致远	黄粱梦（已佚）	无名氏
23	陶贤母剪发待宾	秦简夫	截发留宾（已佚）	无名氏
24	黑旋风借尸还魂（已佚）	高文秀	借尸还魂（已佚）	无名氏
25	布袋和尚忍字记（已佚）	郑廷玉	忍字梦（已佚）	无名氏

　　下表所列五组作品，为元明均有现存本的同题材杂剧，所涉及元杂剧五部，明杂剧七部。具体篇目如下表所列：

序　号	元杂剧	作　者	明杂剧	作　者
1	李亚仙花酒曲江池	石君宝	李亚仙花酒曲江池	朱有燉
2	破幽梦孤雁汉宫秋	马致远	昭君出塞	陈与郊
3	张天师断风花雪月	吴昌龄	张天师明断辰勾月①	朱有燉
4	关云长千里独行	无名氏	关云长义勇辞金	朱有燉
5	吕洞宾三醉岳阳楼	马致远	吕洞宾三度城南柳 紫阳仙三度常椿寿 吕洞宾桃柳升仙梦	谷子敬 朱有燉 贾仲明

　　关注这些同题材杂剧作品，我们不由心生疑问，既然元杂剧业已达到鼎盛，那么明代剧作家为何要去觝碰经典？尽管我们知道，戏曲同类题材的现象并不罕见，但是同题材杂剧的改编并不像是由杂剧到传奇这样，因两种不同戏剧体制不同，将杂剧经典搬上传奇的舞台，必定要有改编的过程。尽管到了明代，受到传奇的影响，杂剧的体制也有所变化，但是比照现存文本，我们发现元明同题材杂剧的改缤，并不是拘于形式上的修整，结构、角色、唱腔上的差异属于杂剧自身演变的范畴，而同题材杂剧的改编则主要是集中于精神层面和文化内涵上。

　　时代社会因素和文化背景的差异，使元明杂剧创作显现出各自相应的特点。相同题材的作品由于所诞生朝代的不同而打上了时代的烙印。观照元明同题材存在改编关系的杂剧，不难发现，明代杂剧作家由于身份、立场的不同，改编同题材元杂剧时，往往是由于不满前代杂剧作品所表现的观念、文化、思想、内容而进行的主观人为的、具有颠覆性的改写再创作，所表达的是一种新的、印有时代特征的思想内涵。

---

　　①　本章所引朱有燉《李亚仙花酒曲江池》和《张天师明断辰勾月》的戏文，均出自《古本戏曲丛刊》四集之三《脉望馆钞校本古今杂剧》，商务印书馆1958年影印版。原文无句读，引文均由笔者个人断句。

第二节　明杂剧传承与创新发展

伴随着时代的变迁，杂剧也从元代的辉煌走向了明代的弱势发展。对比元明杂剧，可以看出很多的差异。然而造成这些差异的原因，并不能简单地等同于某种辉煌的昙花一现。杂剧原本只是一种艺术形式。但是在剧作家的创作中却带上了生命，赋予了感情，在表演者和观众的互动中引发了共鸣，显现出了现实的意义。经历了改朝换代，不同的境遇、不同的心境下的创作主体和受众群体将异样的情感赋予了杂剧，导致元明两代的杂剧有了明显的差异。

一、创作主体：从市井文人到风雅贵族

对于富贵荣华和加官进爵的追求始终是中国文人的理想。"学而优则仕"在文人心目中理所应当。然而，元朝 80 年不开科举，破碎了绝大多数文人仕进的梦。身份地位的落差和心理的失落，使得众多文人混迹于勾栏瓦肆，同艺伎为伍，创作广为大众市民喜爱的通俗文艺，用他们独特的洒脱来诠释读书人胸中的愤懑。元朝特殊的时代特征将元代文人造就成为浪子与儒士的结合体。相比封建社会历朝历代位居高官的儒士们的唯唯诺诺，元代那些身居市井的文人活得更为洒脱。时代剥夺了他们科举晋升的权利，朝廷不允许他们参政议政，特定的历史背景却激发了他们创作的灵感。底层的市井生活让文学接上了地气，豪迈的情怀让作品的表现力张扬，人物形象鲜活淋漓。

"元代以前的中国文学属于创作者欣赏者尚未分离的文人自足性文学，……写作群体与接受群体都是同一个文人圈子。"① 到了元代，杂剧的创作不再是文人圈子中用以抒怀与赏析的对象。集结于书会的文人，往往要借文艺创作以谋生，书会才人的创作在抒发个人情怀的同时，要迎合的是广大

---

① 扎拉嘎：《比较文学——文学平行本质的比较研究》，内蒙古教育出版社 2002 年版，第 300 页。

市民阶层观众的审美口味，因而反映的往往是市民阶层的心理，剧场性的演出形式令杂剧这种俗文学苷上了浓重的商业性质和娱乐大众的功效。

而到了明代，杂剧创乍从平民化转向了贵族化，从世俗化转向了文人化。明代杂剧作家不再是元朝时期郁郁不得志的底层文人，儒家传统的复归，令文人地位迅速回升。大部分文人跻身于社会上层，许多知识分子成为宫廷御用作家，如贾仲明、杨景贤等，统治阶层也出现了像朱权、朱有燉这样的藩王直接参与创作。昳杂剧的创作背景以及剧作家身份的转变，使得杂剧作品映射出了不同的时代色彩。皇族士大夫阶层的参与创作，使杂剧负载了新的内涵，封建礼教、等级观念、忠君报国思想、妇女贞洁问题等被寄寓到了杂剧的创作内容中。明代斤期杂剧作家身份同明初不同，从贵族中脱离出来，但也不同于元代混迹于幺栏瓦肆中的底层文人。他们往往是一些满腹牢骚的失意文人，明后期科劰和官场的黑暗使得这些人处处碰壁不得志，或是因宦海险恶而愤世嫉俗，"盖才人韵士，其牢骚抑郁呼号愤激之情，与夫慷慨流连，谈谐笑谑之态，拂拂与指尖而津津于笔底，不能直写而曲摹之，不能庄语而戏喻之者也"。① 于是借杂剧以泄愤。

"在我国文学发展过程中，由于'志'长期被解释成合乎礼教规范的思想，'情'被视为是与政教对立的'私情'，因而在诗论中常常出现'言志'和'缘情'的对立。"②"诗言志"与"诗缘情"两大重要的诗歌理论，在文论史上曾出现过争论。事实上，作为传达心声的文学作品，在"情"与"志"上也难分高下。"言志"与"缘情"是文学的两个不同侧重面，但绝非对立面。"志"本应皆有志向和情感两个方面，但是由于儒学正统思想的影响，对于伦理政教的看重，似乎减掉了情感的成分。而"情"则顾名思义，情由心生，发自内心的喜怒哀乐可以在作品中自由挥洒。对于诗，可以说"诗言志、志缘情"，对于杂剧，同样可以借用"情"与"志"的理论加以分析。元代文人身份地位一落千丈，但是却处于一个伦理道德约束相对宽松的氛围中，他们心中不

---

① （明）沈泰：《盛明杂剧·序》初集，影印董氏诵芬室刻本仿明精刊本，中国书店 1918年版，第 4 页。

② 郭绍虞：《中国历代文论选》，上海古籍出版社 2001 年版，第 8 页。

得志的愤懑和对自由的崇尚，在杂剧中得意以动情地抒发；而明代剧作家在创作时，却受到了层层束缚。有来自官方的禁令，有来自伦理的制约，同时还有与生俱来的使命感，因而他们的作品中更加注重了"志"的层面。

总体来看，明代前后期杂剧创作主体身份地位虽有差异，但是对于儒家传统文化的理解是一致的，对于封建正统文化皆是维护的。这同处于蒙古族统治下的元代文人是不同的。时代文化心理造就了杂剧作家不同的世界观，因而创作的杂剧思想内涵和价值取向定有偏颇。

二、服务对象：从勾栏瓦肆的全民艺术到官府朝廷的宫廷娱乐

杂剧在元代始终都是存在于世俗社会中的，商业性质的勾栏瓦肆、民间庙会一直是其主要的演出场所和理想舞台。"元杂剧的观众包括帝王、达官、文人、下层官吏以及商、农百姓、引车卖浆者流。"① 广泛的受众群体说明元杂剧在当时显然已成为全民性的艺术娱乐形式。而明代，随着创作主体的贵族化、文人化，演出场所也由民间转向了宫廷。杂剧逐渐从商业演出变成了宫廷娱乐，受众群体也随之缩小了范围。

勾栏是中国古老的市俗演出场所，唐代时候就已出现。宋代时候，勾栏多同瓦肆有关，"瓦舍者，谓其来时瓦合，去时瓦解之义，易聚易散也"。② 入元以后，北曲杂剧风行大江南北，"内而京师，外而郡邑，皆有所谓勾栏者。辟优萃而隶乐，观者挥金与之"。③ 勾栏瓦肆遍及全国各地。在这些市俗的演出场所中，剧作家同艺妓及观众通过杂剧作品和戏剧精神融为一体。

明代同样也存在勾栏瓦肆，但规模不及前代。由于明代统治者加强思想控制，杂剧演出被加以严格控制。《大明律》规定："凡乐人搬做杂剧戏文，

---

① 么书仪：《铜琵铁琶与红牙板——元杂剧与明传奇比较》，大象出版社1997年版，第54页。

② （宋）吴自牧：《梦粱录·瓦舍》卷19，影印知不足斋本，第6页。

③ （元）夏庭芝：《青楼集志》，《中国古典戏曲论著集成》第二集，中国戏剧出版社1959年版，第7页。

不许妆扮历代帝王后妃、忠臣、烈士、先圣、先贤、神像。违者，杖一百。官民之家容令妆扮者，与同罪。其神仙、道扮、义夫、节妇、孝子、顺孙，劝人为善者，不在禁限。"① 对于杂剧内容规定的同时，朝廷也参与了演出场所的建设和管理。教坊司负责兴建"御勾栏"，民间剧场逐渐减少，杂剧演出从民间进入宫廷、王府，供统治阶级和贵族消遣娱乐。

从演出场所和受众群体的攻变也可以明显看出杂剧在元明两代的差异。根据演出的需要和针对观众的接受心理所创作的作品，在价值取向和精神实质上必定要指向相应的受众群体，以求引起共鸣，获得创作的价值。

元朝的诞生，并不是以草原游牧文化来替代中原农耕文化，并非将儒家传统文化彻底扫荡根除。蒙古统治者力主实施汉制，儒家文化的社会地位也是很高的。在元朝，孔孟等历代名儒获得了崇高的封号；在中国历史上首次专门设立"儒户"阶层；民众教育的普及也非常广泛，书院达到 400 余所，州县学校最多时达到 24400 余所。但是，由于骨子里的民族精神和文化心理是不可泯灭的，"蒙古统治者虽然看重个别儒生文字算学、方技术数的本领，但没有材料可以证明儒学本身已成了他们从某种观念去加以认识的客体对象"。② 对于中原儒学的接受带有一定的局限性，因而元代文化呈现了多元的社会氛围。在这样的多元文化背景下，元杂剧中所体现出来的文化精神呈现出多层次性，有如石君宝那样的少数民族文人，带着自由原始的天性进行创作，表达出对于爱情和人性的大胆追求；同时还有如马致远那样的汉族底层文人，怀揣着仕途梦想却忍受着失路之悲，创作中表达着对个人仕途受阻的慨叹和民族危亡的痛心。因而，元杂剧也体现着多元性。明代社会背景不同于元代，重新统治中原的汉民族有意地剔除了已融入中原的蒙古文化的成分，在朝臣贵族、上层文人创作的明杂剧中，他们有意避开了元代文化的影响，将礼教的宣扬置于重要地位。虽然到了明朝中后期，资本主义萌芽，思想文化逐渐开放，但是并不同于与蒙古文化的碰撞。一个是民族文化的互

---

① 怀效锋：《大明律·刑律杂犯》卷 26，法律出版社 1999 年版，第 204 页。

② 姚大力：《蒙古人最初怎样看待儒学》，《元史及北方民族史研究集刊》第 7 辑，1983 年版，第 64 页。

渗，一个是中西方文化的融会，本质上是有区别的。

  元明同题材杂剧，在人物塑造、情节设置、价值观的导向等方面均展示了相异的时代文化和剧作家的创作理想，置身于不同的时代背景之下，承载着相异的时代使命和社会责任，反映着所处时代的主流文化。

第八章　元明《曲江池》杂剧的
发展流变

李亚仙的故事起自唐朝，最初的原型为李娃。唐代文人元稹为《酬翰林白学士代书一百韵》诗中"翰墨题名尽，光阴听话移"，附注道："乐天每与余游从，无不书名屋壁，又尝于新昌宅说'一枝花话'，自寅至巳，犹未毕词也。"① 这里的"一枝花话"就是专讲李娃故事的说话。白居易的弟弟白行简以此为原型，创作了唐传奇《李娃传》，使得李娃故事在后世广为流传，成为后世李郑爱情故事再创作的蓝本。

之后，李娃的故事受到历代文人的广泛关注，文人竞相改写李娃故事，不断完善李娃的形象与李郑美好的爱情。多数作者借题发挥，将自身的情感与意图附着到李氏女子身上，丰富故事的同时，展示了时代风貌和个体的社会理想。

取材于《李娃传》的作品很多。宋金时期，有话本《李亚仙不负郑元和》《李娃使郑子登科》，官本杂剧《病郑逍遥乐》，院本《病郑逍遥乐》；元代，有高文秀的杂剧《郑元和风雪打瓦罐》（已佚），石君宝的杂剧《李亚仙花酒曲江池》，无名氏戏文《李亚仙》；明代，有朱有燉的杂剧《李亚仙花酒曲江池》，徐霖的传奇《绣襦记》，话本《李亚仙记》《郑元和嫖遇李亚仙记》；清代到近现代，还有很多剧种以此为题材进行改编。

元明杂剧作品中，高文秀的作品已经无处可寻，那么就石君宝和朱有燉的同题材作品《李亚仙花酒曲江池》（下文简称《曲江池》）来进行分析，不难看出李郑爱情故事在不同时代的情感侧重，故事本身演变的背后自然有其

---

① （唐）元稹：《元稹集》，中华书局 1982 年版，第 116 页。

蕴涵深刻的社会文化原因。

第一节　元明《曲江池》作者考辨及对比

一、石君宝：北方民族本真性情

石君宝生于金章宗明昌二年（1191），卒于元世祖至元十三年（1276），享年 85 岁。其籍贯历有争议：钟嗣成的《录鬼簿》将其列为"前辈才人"，记载其为平阳（今山西临汾）人；而王恽《秋涧集》中则记载其为辽东盖州人；孙楷第在《元曲家考略》中考证，石君宝为女真人，姓石琖，讳德玉，字君宝，属辽东盖州人。

至于石君宝的姓氏，孙楷第认为：

> 君宝姓石盖不姓石，而余以为即《录鬼簿》之石君宝者：女真氏族皆复姓，译为汉姓，则皆单姓。而元人于女真人每不称其汉姓，但取女真复姓之一字呼。[1]

元代王恽的《秋涧集》中，有两篇记载了石君宝的生平事迹。一篇是卷五十九，《碑阴先友记》。文中记载：

> 石盖德玉，字君宝，盖州人。性至孝，与人交，恺悌笃信义。尝与友共事，恶其不直，遂绝而不较。[2]

寥寥数语，展现出了石君宝的真实性情与为人处世的态度。

另一篇是卷六十《共嵒老人石琖公墓碣铭并序》。该文记载石君宝事迹

---

① 孙楷第：《元曲家考略》，上海古籍出版社 1981 年版，第 12 页。
② 李修生：《全元文》（六），江苏古籍出版社 1999 年版，第 526 页。

比较详细：

> 公姓石珬氏，讳德王，字君宝，辽东盖州人。疎髯炯目，气骨
> 臞清，超超然如万里之鹘。贞佑初，以良家子从军，赦夏折桥功
> 得官，积劳至武德将军。北渡后，□居相卫间，母杜氏，唐相如晦
> 后。公天性能孝，愉色婉容，班衣垂白，朝夕孺慕。虽菽水无馀，
> 有南陵白华之志。时杜寿登八秩，清修绝荤茹。素日庭除间，生白
> 菌百余本，掇去复茁者数月。人以为孝感所致，时名公赠诗，有
> "似怜甘旨阙，春风玉芝香"之句。……尝种竹当户，或谓太迫，
> 曰："侍其蕖茂秋霁月之时，俾清樾透帘，为此君写真耳。"故终日
> 悠然对之，挥洒为乐，其清澹如此。晚年游心命书。人有问，必以
> 修己安分为答。"能此不待孤虚相旺，吾言自有征矣。"岁丙子，公
> 年八十有五。尝绘《共山归隐图》以自歌其所乐，因自号共嵒老人。
> 是岁冬，洒然而逝，若委蜕焉。孺人刘氏，能遂公初心，主治中
> 馈，不知其为贫家也。生女子二人。长适御史康天英，次适河东道
> 提刑按察使姜彧。家庭与公交款曲，笃世契三十年，一别终天，有
> 恨何如！寻步入街西故里，眒睐竹树，慨然有闻，遂怀人之怆，老
> 泪濡毫，而有斯作。①

　　这段记载虽短，但对石君宝的生平记载比较详细，从军的经历、孝顺的
行为以及洒脱的品行等。石君宝平生著有杂剧十种，现仅存三种：《鲁大夫
秋胡戏妻》《李亚仙花酒曲江池》《诸宫调风月紫云亭》，另外七种皆已散佚。

　　作为金朝的女真族遗民，在蒙古族统治的元朝生活，石君宝的世界观和
价值取向都有异于中原传统。他骨子里渗透的是少数民族的那种原始自由的
天性，少受儒学礼教的束缚，性情豪迈，思想开放，创作具有反抗意识和叛
逆精神。当他以中原的传奇故事为底本，开始进行杂剧创作时，不可避免地
添加了民族风味的作料，体现出了时代的特色。

---

　　①　李修生：《全元文》（六），江苏古籍出版社 1999 年版，第 541 页。

这位性情豪放、行为洒脱的剧作家所创作的《曲江池》，取材于李娃故事，但取于斯并非拘于斯。原本，唐传奇的文化视角立足于男权社会。《李娃传》的思想核心展现的是唐代科举制度下文人在功名与情欲间的矛盾。虽为仕妓之恋，但侧重的则是对李娃的表彰，颂的是李娃的节行，重的是科举仕途、家世门第观念的深入人心。

石君宝在自己的审美创作平台上，勾勒出一个性格鲜明，敢爱敢恨的李亚仙，描绘了一段圆满的仕妓恋。将故事的思想意义向人性向爱情方向大胆靠近。戏剧增加了人情的分量，突出了李亚仙对爱的热烈主动，对情的忠贞不贰。他笔下的李亚仙有着闭月羞花的绝代风姿，有着敢爱敢恨的刚强性格，有着通情达理的贤良品质。石君宝以杂剧这种形式来展示李郑故事，说唱念白的表达形式使人物形象更加立体丰满，故事情节环环相扣，紧凑严密。

二、朱有燉：皇族作家教化至上

朱有燉作为一名位居统治阶层的剧作家，他的身体力行都浸染着皇家贵族的气息。尽管他也有人生的不如意，他也有愤懑，但他的创作意图绝不是简简单单的娱乐普通大众。深入骨髓的统治阶级思想令他的作品更多了一些封建统治层面上的教化意义，其创作意图正如他作品中所言，"捕风教知音共赏"。

朱有燉，号诚斋，别署全阳子，全阳翁，全阳道人，梁园客，老狂生，锦窠老人等。生于明洪武十二年（1379），卒于明英宗正统四年（1439）。他是明太祖朱元璋之五子周定王朱橚的长子，袭封周王，在位近14年。因其满腹才华，博学多能而谥为"宪"，故世称"周宪王"。

> 宪王讳有燉，定王第一子。性警拔，嗜学不倦。建文时为世子，父定王被鞫，世子不忍非辜，乃自诬伏，故定王得未灭，迁云南蒙化，而留王京师，已复安置临安。及复国，文皇为《纯孝歌》以旌之。章皇故与王同舍而学，极蒙知眷，至是恩礼视诸王有加，

顾不以贵宠废学。进退周旋，雅有儒者气象。日与刘醇、郑义诸词
臣剖析经义，多发前贤所未发。复喜吟咏，工法书兼精绘事，词曲
种种，皆臻妙品。人得片纸只，至今珍藏。正统四年薨，葬祥符城
南之枣林庄。①

　　朱有燉自幼天资聪慧，在皇家优越的条件下，接受着良好的文化熏陶和
儒贤教育，博学多才，并以仁孝著称。幼时，政治才华初露锋芒。洪熙元
年，他继立为周王，奉藩尤谨、不越雷池。然而置身皇室斗争的漩涡中，风
波依旧平地而起。据《金梁梦影录》记载：朱有燉居藩邸，"甚著声誉，朝
廷忌之。会有希旨谓开封有王者气，诏毁城南繁塔七层以厌之。王惧，乃溺
情声伎以自晦云"。②朝廷的警惕防范，不断镇压，不免使朱有燉心生恐惧，
不敢随意施展政治才华，只好整天与翰墨、声伎为伴，终日沉湎于音律和文
学创作里来韬光养晦，借以避祸。皇族的身份给他带来的并不单单是世人想
象的那种华贵的生活，奢华的背后暗伏着危机，朱有燉往往是无意地就被卷
入宫廷内部的争斗中去，因而也是更加无奈地于文艺殿堂中去脱身。正因如
此，反而成就了他在文学艺术上的造诣。

　　朱有燉善为诗赋，工书法，尤长于填词。诗文集有《诚斋录》《诚斋新
录》《诚斋牡丹百咏》等，而其最出色的还是散曲和杂剧作品。散曲集有《诚
斋乐府》。杂剧共31种，由于朱有燉皇族的特殊身份，使得他的杂剧作品都
在其在世时就得以刊刻，而且将初刻本也一直保留至今。因此，对于朱有燉
的研究，具体的文本都可得以再现。

　　尽管朱有燉极力用声色来掩饰自己的政治抱负，但是由于特殊的身份和
时代的局限，决定其一生的文学风格和艺术倾向必定是为特定的政治历史时

---

　　① （清）管竭忠：《开封府志》卷七，任遵时的研究指明，实际上管竭忠在《开封府志》
卷七并没有这一记载，而在（明）朱睦㮮的《开封府志》卷六可以找到这一资料，任遵时认
为："日人八木泽元乃误以为出自清人管竭忠之《开封府志》，不知何据，而国内人士乃有以讹
传讹者。"
　　② 赵晓红：《天潢贵胄 北曲大家——明初皇室戏曲家朱有燉》，戏剧研究网，2004年
10月27日。

期和统治阶级的需要而服务的。

《曲江池》创作于公元 1409 年，朱有燉认为石君宝的同题材杂剧：

> 词虽清婉，叙事不明，鄙俚尤甚，止可付之俳优供欢献笑而
> 已，略无发扬其行操使人感叹而欣美也。①

因而，他的剧作是在不满石剧的基础上创作的。他将故事的整体脉络回归到《李娃传》，是对唐传奇的完整改编。从两部作品中，我们可以看出，基于《李娃传》这个创作蓝本，石剧重在删节，以突出典型人物的典型性格；朱剧则重在增加完善，以实现统治阶级在某种意义上的宣传与教化。

综上所述，石君宝是生活在元代蒙古族统治下的女真族作家，朱有燉身上则流淌着正统的汉家皇族血脉；石君宝尚武，朱有燉则喜文；石君宝清贫一世，朱有燉则锦衣玉食；石君宝以良家身份从军，朱有燉则是正统皇孙袭位。二者出身不同，地位不同，接触社会层面不同，所思所想已然不同。石剧的受众对象是普通大众，而朱剧则是高高在上的贵族阶层。因而即使是同样的题材，也流露着不同的思想，延承着不同的轨迹。

第二节　元明《曲江池》情节流变及内涵解读

石剧采用标准的元杂剧结构模式，旦本杂剧，四折一楔子。剧情大致如下：意气风发的郑元和带着光宗耀祖的使命上京赴选，于某一春日同名妓李亚仙曲江池畔偶遇，二人一见钟情，迅速坠入爱河。郑元和温柔乡里失了志气，不曾进取功名，只将钱财挥霍殆尽，终被虔婆赶将出来，与人送殡唱挽歌以谋生。李亚仙重情意，元和被赶走后，不思茶饭，更不肯接客赚钱。虔婆明知郑元和送殡唱挽，故意带亚仙去看他的穷身泼命，以求其死心。不料亚仙据理与虔婆争辩，指出其丑恶行径，大胆争取爱情。在元和因辱没家门

---

① 吴毓华：《中国古代戏曲序跋集》，中国戏剧出版社 1990 年版，第 38 页。

被父痛打丢弃后，收留并与虔婆争执，毅然赎身与元和另寻房屋居住，鼓励其用心温习经书，以待再赴选场。郑元和一举考中，携妻走马上任。李亚仙劝其礼遇旧识赵牛筋，接济当年恶虔婆，更动之以情、晓之以理，以死逼其认父。最终，剧本以父子相认，合家团圆而告结。

朱剧同样取材于《李娃传》，情节设置上更加接近唐传奇，较为完整，同时又增加了很多情节。剧中，郑元和领父命上朝取应，受歹人编排与奉母命外出寻觅有钱子弟以贴补家用的李亚仙相遇，原本因由他人的谋利行为驱使，却成就了一段完美爱情。郑元和试图另置房舍、娶妻成婚，怎奈虔婆不允，与其一处，钱财挥霍一空。见利忘义的虔婆使"倒宅记"强将二人拆散。沦为乞丐的郑元和与因"酒色财气"而落魄的众乞丐混迹一处，被郑父发现后痛打并遗弃。李郑相遇后，亚仙坚持赎身护读，元和考场出色发挥，一举高中。赴任后，父子相认，在郑父主持下，坚持"风尘匪妓不可以与品官相配"的李亚仙同功成名就的郑元和有情人终成眷属。

相比较石剧的理想主义而言，朱剧在情节构思上重点突出了教化的意图。

一、从个性张扬的爱到礼教规范的情

二剧均以李郑二人爱情为主线，但在身处元代的女真族剧作家石君宝眼中，追求真挚的爱情是人的天性；而皇室传人朱有燉却时刻不忘礼教，即使成就于烟花柳巷的爱情也同样会受到传统观念的束缚。通过剧作的故事情节，凸显了二剧所分别侧重的人性与礼教。

石剧仅用一折来描绘李郑从相遇、相识到相知的全过程。阳春三月，李郑二人一见钟情。互诉了倾慕之惑，亚仙形容了自家虔婆的贪婪与丑恶，但元和也表明了其无惧的心理，于是双双坠入爱河，爱得大胆率真。

而朱剧却不似这般随性。丙折的篇幅，不仅仅道出了李郑间的情真意切，更附着了朱有燉作为一个深受儒家传统思想熏陶的剧作家所附加的教化成分。二人郊外相遇，是歹人安排的骗局，目的是诈取钱财，成就的却是坚贞的爱情。朱剧没有像石剧中那样，李郑相互间大胆表达爱意，当即同席而

宴。而是通过丝鞭①这样一个堪比信物的道具，来传情达意。通过"坠鞭—拾鞭"，一来试探，二来留情。一见钟情后，元和正式登门拜访，并奉上重金以求礼聘，真心求娶。虽虔婆未应另置门户，但元和郑重提出了：

> 【红绣鞋】子我是新女婿初成缱绻，你将那旧姨夫再莫留连，玉粳牙休兜上野狐涎，我为甚紧栽连理树，子要你同长并头莲，休道是你缘薄咱分浅。

由此可见经明代剧作家再创作后，本该自由萌发的爱情罩上了很多婚姻礼数、道德节操的外衣。郑元和此举，虽未经"父母之命，媒妁之言"②，这是由于受唐传奇故事本身所限，但从本意来讲，登门拜访，重金礼聘，显然就是明媒正娶的架势。在以儒家思想为主导的中国封建社会，"男女授受不亲"③，婚姻的缔结，必须是"父母之命，媒妁之言"，正统的思想竭力排斥自主的爱情。"昏礼者，将合二姓之好，上以事宗庙，而下以继后世也"④，并非爱情所致。正经人家的女子久居深闺，男女间的真情是被扼杀的。似李亚仙这样的娼妓，只应该是男子的玩物，也不存在真正的感情。然而，爱情是一种自然流露的感情，礼教的遏制是凌驾于人性自由之上的。石君宝通过对李郑爱情的描述，大胆地张扬人性、讴歌爱情，同封建伦理背道而驰。而朱有燉则努力将二者的爱情拉回到合乎封建伦理的道路上来。

二、从人性至上到父为子纲

当郑元和功成名就之后，面对前来相认的郑父，二剧情节上背道而驰。石剧将人性置于首位，朱剧则遵从着"父为子纲"的教条。

---

① 丝鞭在古代用作缔结婚姻的信物。
② 《孟子·滕文公下》，影印奎章阁本，第51页。
③ 《孟子·离娄上》，影印奎章阁本，第40页。
④ 杨天宇：《礼记译注》，上海古籍出版社2004年版，第815页。

石剧中，当郑父妄求认子时，元和表现出了决绝的态度。

> （末云）吾闻父子之亲，出自天性，子虽不孝，为父者未尝失其顾复之恩；父虽不慈，为子者岂敢废其晨昏之礼？是以虎狼至恶，不食其子，亦性然也。我元和当挽歌送殡之时，被父亲打死，这本自取其辱，有何仇恨？但已失手，岂无悔心？也该着人照觑，希图再活。纵然死了，也该备些衣棺，埋葬骸骨。岂可委之荒野，任凭暴露，全无一点休戚相关之意？（叹科）嗐，何其忍也！我想元和此身，岂不是父亲生的？然父亲杀之矣。从今以后皆托天地之蔽佑，仗夫人之余生，与父亲有何干属，而欲相认乎？恩已断矣，义已绝矣，请夫人勿复再言。①

而朱剧中，父子相认顺理成章，没有丝毫冲突可言。

> （做与末相见相认科，末云）不想是父亲到此，想当日曲江池边弃置之时，尊亲太严，岂知今日再得会面。（老孤）当原一时之失父子天性，岂可有绝，即当父子如初。

来自草原的少数民族有着不同于中原的伦理观，"鞑人贱老而喜壮"②，只求人性的自由，对于儒家传统的父子纲常不是非常重视。以至于石君宝笔下的郑元和，敢于对凭借父权虐杀亲子的父亲进行血泪控诉，拒绝相认。这在封建时代具有相当大的思想性突破。如此编排，并非说是石君宝的意识中没有孝道观念的存在，作品中这样表现，显然是将人性大胆地摆在了纲常之上，这一点是朱有燉难以超越的。身份的限制，思想的禁锢，注定朱有燉的作品在追求艺术审美之余不忘封建伦理的教化与宣传。

---

① （元）石君宝：《李亚仙花酒曲江池》，王季思：《全元戏曲》第三卷，人民文学出版社1999年版，第522页。

② （宋）赵珙：《蒙鞑备录》，（明）陶宗仪：《说郛》卷54，中国书店1986年版，第20页。

三、从婚恋自由到门第束缚

当郑元和功成名就、领衔赴任之时，石君宝刻意删掉了唐传奇中剑门送别的情节，而直接写成郑元和不告而娶，为李郑二人扫除了门第这层障碍。同时，对于李郑的结合，封建家长郑父也毫无芥蒂，欣然接受这一"贤惠媳妇儿"。而朱有燉却在剧本中刻意强调了门第之别，"姻缘不甚门厮当"，"念妾身所出微贱，风尘匪妓不可以与品官相配"，"终始如一起岂可以，姜又玷污夫人之位"，再一次流露他作为一个藩王的写作立场和视角。

元朝虽然等级制度森严，但体现的是民族间的对立与排斥，在本民族内部的层次观念相对弱化，婚恋比较自由，不受门当户对之说限制。但是明代则不同，门第观念深入人心，高门大户以门第为标榜，互相攀比，着重表现在大户联姻，以巩固社会政治地位，然而由门第观念所造成的爱情悲剧数不胜数。

如果说石君宝接近下层百姓，表达的是追求平等自由的爱恋的市民理想，那么朱有燉则完全是统治者的视角。他所关注的是女子如何以贞洁来侍夫，臣子如何以赤诚来效国。剧作的结局虽然是依据题材起源设计为大团圆的结局，但是门第观念不得忽视。千百年来所形成的尊卑观念在朱有燉心里扎根，有意无意地始终在维护着正统权威意识。

四、朱剧独创情节突显教化意图

朱剧中独创情节的旨向也是教化意图。一、二折中，增加了刘员外这个人物，借其落魄后耍赖、索要盐引时与郑元和的对话，写出他对嫖妓下场的认识。朱剧别后的故事主要置于三、四折中，而三、四折多处情节又为作者的创新。

第三折中，增加了寒冬腊月郑元和沦为乞丐的细节，细数了导致周遭数人沦落的酒色财气之祸。

【醋葫芦】酒呵，助豪吟诗百篇，放疎狂醉一席。这酒泛玻璃，

斟琥珀，小槽边，深巷里，碧澄澄香馥馥的泼春醅。你道是钓诗
钩，扫愁帚，旋添绵，增和气，暖融融的红了面皮。酌葡萄银瓮
里，饮羊羔金帐下，叹谈一会，下场头只落得卧槽丘唱酽水。这的
是得便宜番做了落便宜。

【醋葫芦】色呵，歌王树彩云低，舞霓裳翠袖垂。只因他柳眉
踈，星眼秀，点樱唇，迎吞脸，美甘甘娇滴滴好东西。更有等瞻花
街，踏阵马，锦缠头，金云笑，喜孜孜的成了配匹。受用些，被儿
中，枕儿上，脸儿偎，腿儿厌，云雨欢会，下场头只落得守孤灯捱
长夜。这的是得便宜番做了落便宜。

【醋葫芦】财呵，聚青蚨百万堆，列珊瑚十数围。端的是物之
魁，人之胆，失之贫，得之富，通神的个好相识。你便待贩南商，
为坒客，惯经营，能积攒，把金银直堆到坒斗齐。你便赛石崇过郿
坞，腰缠着十万贯敢夸那豪贵。下场头只落得披羊皮盖藁荐。这的
是得便宜番了落便宜。

【醋葫芦】气呵，逞麄豪猛力威志，冲霄气盖世势盖世。势昂
昂，雄赳赳，吐虹霓，专天汉，观着星斗恨云低。你子待伴游侠，
同恶少，学会拳，打会槌，争斗鼓脑的寻对敌。你待似孟施舍不肤
挠，不目逃挫一毫，若鞭挞的浩然之气。下场头只落得叫爹爹呼妳
妳。这的是得便宜番做了落便宜。

第四折里，又增加了元和考试的情节，插入了郑元和与歪秀才、假秀才
一起参加考试的过程，歪、假二人没有真才实学，洋相百出。幽默之余讽
刺了其他不学无术考生的无知。既衬托郑元和的真才实学，又增添了舞台
效果。

这些增设的内容恰是剧作家故意展现的内容，可见其用心良苦。酒色财
气误人不浅，唯有真才实学方可晋身仕途光宗耀祖。明显的教化意图体现得
淋漓尽致。

多处情节内容的相异，恰好证明了作者立意的不同。

第三节　人物形象变迁及内涵解析

杂剧是一种舞台艺术，主题思想、故事情节、艺术内涵都是通过人物表现来展示的。尽管两部杂剧中的重要人物皆来自唐传奇，但同一模型经过不同艺术家的雕琢，显然会呈现出不同的风采。不同时代精神风貌浸染过后的人物身上，折射出了两位剧作家的人生理想和审美追求的差异。

一、李亚仙

李亚仙是整个故事的主角，二位剧作家都在她的身上倾注了心血，赋予了深刻的内涵。石剧中，李亚仙性格率直、刚烈、敢作敢为，对爱情主动、热情，对丑恶行径敢于据理抗争；朱剧中，李亚仙虽对爱情坚贞、执着，但却透露着被礼教制约的被动成分，谨守妇道，遵从伦理，有着封建时代女子的幽怨与无可奈何。

（一）对待礼教：从自我觉醒到理性回归

从石剧中的李亚仙身上，我们可以看到一种女子的自信自强、自主自立精神，一种爱情意识的觉醒。石剧是旦本戏，所有的唱词底气十足，透露着一种自信与智慧。剧中，李亚仙身上有着风尘女子的泼辣与不拘小节，但也正因如此，造就了她对真爱的大胆。面对心上人，丝毫没有封建社会闺阁女子的扭捏羞涩，敢于直白地表达所思所想。如：

> 【鹊踏枝】墙花也甚芳鲜，路柳也不飞绵。忙杀游蜂，恨杀啼鹃，没乱杀鸣珂巷亚仙。兜的又引起顽涎。①

与郑元和一见钟情后，毫无遮掩地表达爱意，主动示好。在二人相互表

---

① （元）石君宝：《李亚仙花酒曲江池》，王季思：《全元戏曲》第三卷，人民文学出版社1999年版，第506页。

白之后，即刻表态，"准备着从良弃贱"①：

往常我回雪态舞按柳腰肢，遏云声歌尽桃花扇，从今后席上尊
前腼腆。②

但是，剧中的亚仙并非是盲目地追求爱情，她有着理性的一面。如下是
她与刘桃花的一段对话：

（正旦云）妹子，我想你除了我呵，便是个第一第二的行首，
你与那村厮两个作伴，与他说甚么的是？（外旦云）姐姐，我瞎汉
跳渠，则是看前面便了。（正旦云）这的怕不是那，（唱）
【油葫芦】则你那癆病损的身躯难过遣，可怎生添上喘？央及
杀粉骷髅也吐不出野狐涎。折倒的额颅破便似间道皮腰线，折倒的
胸脯瘦便似减骨芭蕉扇。（带云）妹子，（唱）如今那统镘的郎汉又
村，谒浆的崔护又蹇，他来到谢家庄几曾见桃花面？酪子里揣与些
柳青钱。③

虽然没有明确提出自己的人生规划，但是在劝诫好姐妹刘桃花的言语
中，看得出她对自己身为妓女所处境地的理性认识。
正如么书仪先生所言："元人爱情剧中，女子地位的提高，她们性格、
心理上的自信和行动上顽强追求的出现，传统的'男尊女卑'观念在剧中显
示出来的某种程度上的削弱甚至'颠倒'，产生的原因是复杂的、多方面的。
这个问题，可以分两个方面来进行考察。一是由于社会情况的变异，以及由

---

① （元）石君宝：《李亚仙花酒曲江池》，王季思：《全元戏曲》第三卷，人民文学出版社
1999 年版，第 508 页。
② （元）石君宝：《李亚仙花酒曲江池》，王季思：《全元戏曲》第三卷，人民文学出版社
1999 年版，第 508 页。
③ （元）石君宝：《李亚仙花酒曲江池》，王季思：《全元戏曲》第三卷，人民文学出版社
1999 年版，第 505 页。

此引起的社会观念、习俗标准的变化，二是由于创作者的社会地位的改变而产生创作心理上的不同状态。"①

剧中亚仙性格中的自信与自知，得益于石君宝对社会底层妓女群体的认识态度，既有赞赏，亦有同情，给予她们自主权，而并非将其完全笼罩在男权话语状态之下。元代科举制度的废止，令大批文人混迹于勾栏瓦肆，同娼妓、优伶为伍。"八娼九儒十丐"的身份定位，使得他们对与底层的这些娼妓、优伶报以真诚的同情、理解和尊重，体现在作品中，往往赋予女性自主的觉醒意识和反抗精神，如石君宝的另外一部杂剧《秋胡戏妻》就前所未有地大胆提出了"整顿妻纲"这样的概念，体现出女性对自我的肯定。

而朱剧则不然。风月场合的男欢女爱仅仅是被迫无奈，她对于自己的未来有着明确的规划。以美色赚钱是应付虔婆的生活手段，真正向往的是中规中矩的婚姻生活。

> 【端正好】我子待立清名，伴一个多才秀有文章学业儒流，等得他青霄一举成名后，匹配上凤鸾俦，将烟月恁时收撇罢了，浪包娄打叠起鬼胡由，那其间再不被您这闲云雨相迤逗。

虽然李亚仙颇为倔强地坚持着自己的爱情憧憬和择偶标准，却依旧不得不听命于虔婆，以美色为其获利。能够遇到郑元和，也属于谋划中的偶然。面对意中人，李亚仙拾鞭留情，虽心下已然待嫁，却不似石剧中主动邀请，而是等候郑元和来行礼聘之礼。

> （正旦引卜梅香上）妾身李亚仙，自从昨日郊外见了那郑秀才，生的外才内才表里相称，又且无婚。我一心待嫁与他为妻，他心中也动，故坠丝鞭。今日已将刘员外赶出去了，梅香打扫了房子，安排下酒食，秀才必定来也。

---

① 么书仪：《元代文人与元代社会》，北京大学出版社1997年版，第45页。

虽为妓女，却不逾礼。虽处烟花柳陌，却不失小家碧玉的娇羞女儿姿态。由此可见朱有燉对于传统礼数的中规中矩。他的身份地位决定了他创作的使命，他所要宣扬的是女子如何守节，贞操如何重要，爱情在礼教面前显得微不足道。而且在作品中一再以功利性的目的来掩饰爱情意识自由萌发的真相。

在中国以男性为中心的封建男权社会中，女性的生存状况历来是卑躬屈膝、逆来顺受，没有独立的人格，更没有自我的意识。回顾中国漫漫历史，不难发现传统礼教文化对中国古代妇女的禁锢。人类历史自母系氏族之后，男性就作为主导者上升了从社会、经济、政治各个方面的支配地位，封建社会的女性完全是男权的附庸。封建意义上的女性只能囿于家务，严守着三从四德，封建的伦理纲常渗入骨髓，控制着灵魂。传统的女性文化以男权的立场为女性带上了枷锁。以至于官方正史中记载歌颂的都是那些所谓的贞洁烈女，而乏见具有真性情的女子出现。明代对于女子操守格外看重，强调"夫为妻纲"，倡导妇女守节，旌表节妇烈女。朱有燉站在一个藩王的立场上，理所当然地鼓吹着夫权和伦理对女性的限制，剧中的李亚仙在这种大的背景环境下中规中矩地沿着礼教的规范而行事。

（二）对待爱情阻力：从决然反抗到屈从隐忍

二剧遵从唐传奇《李娃传》的故事情节，皆希望李亚仙从良、过上幸福生活，但争取的方式却不相同。二剧中女主角在理想的爱情面前，内心向往、渴求，但表达的方式却大相径庭。面对爱情阻挠，石剧中亚仙表现的是努力争取，大胆反抗；朱剧中则强调对爱的坚贞与操守。石剧赋予女主角这种反抗精神在封建时代具有理想色彩，体现着剧作家自身的斗争意识；朱有燉则是作为礼教的卫道士极力地在作品中展现伦理道德、儒家传统的强大钳制力量。

石剧中，因郑元和被赶走后，李亚仙"茶不茶、饭不饭，又不肯觅钱"①，于是，虔婆采用心理战术，带亚仙去看郑元和穷酸落魄的境地，企图

---

① （元）石君宝：《李亚仙花酒曲江池》，王季思：《全元戏曲》第三卷，人民文学出版社1999年版，第510页。

用残酷的世态来打击纯洁的爱情。不料,亚仙却毫不客气地与其辩论,给予庸俗的世情一记沉重的打击。同时,更加严厉地谴责了虔婆的丑恶行径。

　　【牧羊关】常言道"街死巷不乐",(卜儿云)你只看他穿着那一套衣服,(正旦唱)可显他身贫志不贫。(卜儿云)他紧靠定那棺函儿哩。(正旦云)谁不道他是郑府尹的孩儿?(唱)他正是倚官挟势的郎君。(卜儿云)他与人摇铃儿哩。(正旦唱)他摇铃子当世当权。(卜儿云)他与人家唱挽歌儿哩。(正旦唱)唱挽歌也是他一遭一运。(卜儿云)他举着影神楼儿哩。(正旦唱)他面前称大汉,只待背后立高门。送殡呵须是件作风流种,唱挽呵也则歌吟诗赋人。(虚下)①

　　从二人的对答中,首先看得出李亚仙对虔婆唯钱是瞻的丑态的厌恶,其次也明确地表达了对郑元和的爱慕与欣赏,即使穷酸落魄,情人眼里依旧光彩熠熠。

　　为了爱情,李亚仙敢于争取。

　　【黄钟煞】则是个闷番子弟粗桑棍。(云)系着这条舞旋旋的裙儿,也不是裙儿,(唱)则是个缠杀郎君湿布裩。接郎君分外勤,赶郎君何太狠?常言道娘慈悲,女孝顺,你不仁,我生忿。到家里决撒喷,你看我寻个自尽,觅个自刎。官司知决然问,问一番,拷一顿。官人行怎亲近?令史每无投奔。我着你哭啼啼带着锁,披着枷,恁时分,(云)走到衙门前,古堆邦坐的。有人问,妈妈你为甚么来送了这孤寒的老身?妈妈道:这都是俺那生忿的小贱人送了我也。(唱)我直着你梦撒了撩丁倒折了本。②

---

　　① (元)石君宝:《李亚仙花酒曲江池》,王季思:《全元戏曲》第三卷,人民文学出版社1999年版,第512页。
　　② (元)石君宝:《李亚仙花酒曲江池》,王季思:《全元戏曲》第三卷,人民文学出版社1999年版,第513页。

……

【二煞】我和他埋时一处埋，生时一处生。任凭你恶叉白赖寻
争竞。常拣个同归青冢抛金缕。更休想重上红楼理玉筝。非是我夸
清正，只为他星前月下，亲曾设海誓山盟。①

段段铿锵有力的唱词，使得亚仙形象丰满，刚烈的性格跃然而现。

朱剧里的亚仙却不似这般泼辣，敢于反抗。明明有着自己高洁的志向：

我子待立清名，伴一个多才秀有文章学业儒流，等得他青霄一
举成名后，匹配上凤鸾俦，将烟月恁时收撇罢了，浪包娄打叠起鬼
胡由，那其间再不被您这厮云雨相迤逗。

却不得不委屈自己被迫去寻戈有钱的子弟，以牺牲自己的色相为贪婪的虔婆
赚钱。

石剧中，恶虔婆因郑元和钱财尽空而将其赶将出去，没有设计倒宅计的
情节，也就省略掉了李亚仙此时的态度；而朱剧则不然。当郑元和钱财尽空
之时，李亚仙仍不离不弃，且坚守着爱情，却不敢似石剧中那样大胆、泼辣
地争取。

【黄钟醉花阴】好教戈怨绿愁红自伤感，没端的情坚意惨，宽
掩过越罗衫，云鬓鬅恁的腰围减。

一段唱词，令封建时代女子的幽怨与压抑不予言表。为了刻画李亚仙的
"守志不肯弃旧怜新"，朱有燉故意将倒宅计的情节展开铺叙，并且剧作家还
独具匠心地将《李娃传》中李娃是倒宅计谋的知情与参与者改为杂剧中的虔
婆诡计的受害人，由此突出了剧中李亚仙对爱情的忠贞不渝，同时也反映了

---

① 　（元）石君宝：《李亚仙花酒曲江池》，王季思：《全元戏曲》第三卷，人民文学出版社
1999年版，第517页。

她的软弱与隐忍。

在赎身伴读，元和一举及第欲将赴任时，二剧中亚仙的表现又是南辕北辙。石剧中，夫妻举案齐眉、相携赴任。石君宝把李亚仙塑造成一个识大体、明事理的得力贤内助。虽没有授予她"汧国夫人"这样在元代根本不切实际的荣誉，但通过辅助夫君周济贫人、普度慈悲的善举，以及以死相逼劝郑认父团圆的行为，展现出她善良、智慧的一面。

而朱剧继承了《李娃传》送至剑门而别的情节，突出了门第等级观念在李亚仙心中的根深蒂固。

> （旦）念妾身所出微贱，风尘匪妓不可以与品官相配。今妾已尽所愿答报官人之恩，终始如一起岂可以，妾又玷污夫人之位，今即欲告别。然南行千里，途中无人奉侍，妾谨当送官人至剑门，官人自去到任，别择鼎族以继良姻，妾即当还家以侍老母，守志终身。岂不孝义双美也。

朱有燉笔下的李亚仙，宁可委屈自己退守贞洁，也不愿"玷污夫人之位"，情愿牺牲自己的爱情与幸福，来成全郑元和完成光耀门楣的使命。

综观两部杂剧中的李亚仙，石剧中泼辣、热情、大胆、重情又仗义，具有反抗精神和斗争意识；朱剧中则是善良、坚贞、谨守妇道。唐传奇中的李娃，虽为倡女，但节行瑰奇，她有着少女怀春的心理，有着风月场合的世故，有着实施阴谋后的忏悔，有着佐君成器的智慧，有着身份地位的自知，有着严谨治家的节行。从戏走情场的风尘女子到谨守妇道的汧国夫人，这样的形象塑造，既符合唐朝开放的时代氛围，同时又不脱离传统礼教的规范。这样一个人物原型，石、朱二人塑造出来的人物却拥有不同的性格，朱剧将石剧已经改造的形象复原，这种复原实际上是传统礼教的恢复。究其原因，还当归结到不同朝代不同阶级的二位剧作家价值立场的差异上来。

从时代的审美来考察，两个李亚仙都是完美的。之所以形象差异如此之大，是因为时代的审美标准发生了变化。从众多的元杂剧作品中我们可以看出，元杂剧作家笔下的女性形象往往极具反抗精神，无论是《西厢记》中的崔莺莺，《窦娥冤》中的窦娥，还是《秋胡戏妻》中的罗梅英，她们来自不同的阶层，但是具有共同的特点——自我意识和斗争精神。这也说明了元代文人身处市井，接近百姓，如此创作既表明了时代的审美特征，又表达了作者的思想倾向。而明代，尤其是明前期，程朱理学"存天理灭人欲"的虚伪和残酷为女子带上了沉重的枷锁，礼教规范下的女子严守着三从四德，不敢越矩半步，节妇烈女辈出。《明史·列女传》中实收 308 人，但从现象来看，远不止此。明代所立贞节牌坊只上最多，而这些牌坊镇压着的，正是无数贞节女性的斑斑血泪和不堪的苦痛。这样的时代背景下，位列统治阶级的朱有燉的作品中所流露出的必定是时代精神所在。因而用礼教来规范李亚仙这个乐坊出身的妓女，也就不足为怪了。

二、郑元和

石剧是旦本戏，郑元和除了楔子，基本没有唱词，仅通过说白和科范来塑造其形象。相较李亚仙而言，石剧中郑元和形象显得较为薄弱。

而朱有燉借助明杂剧形式活泛的特点，在唱腔上采用旦、末、净多人对唱、轮唱等形式，从正面表现、侧面烘托来增加郑元和戏份的权重，令其形象得以强化。由朱有燉独创，增加出来的情节，基本上都是与郑元和有关的。由此也看得出剧作家男权思想所占的分量。通过郑元和的一系列言行实现其儒家传统的教化意图。

（一）面对爱情：从感性到理性

石剧中的郑元和，是一个较为单纯的形象，遇事比较感性。遵父命上京赴选，趾高气昂。作诗云："万丈龙门则一跳，青霄有路终须到。去时荷叶小如钱，回来必定莲花落。"① 旦气势十足，但末句"回来必定莲花落"似乎一语成谶。当曲江池边偶遇李亚仙，为其美貌吸引，从其情不自禁三坠丝

---

① （元）石君宝:《李亚仙花酒曲江池》 王季思:《全元戏曲》第三卷，人民文学出版社1999 年版，第 503 页。

鞭的痴态，到意欲在"亚仙姐姐家使一把钞"①，再到对亚仙以虔婆的劣迹摆明利害时的不管不顾，皆流露出一个初历世事的富家子弟的轻浮、青涩与莽撞，比较率性，而且缺乏对李亚仙的尊重，实际上是对李亚仙形象的损害。

朱剧中，郑元和时常以受害人的形象出现，时时受人谋划，被人算计。由此也表现了他自身的善良、忠厚、心无邪念。但面对爱情，他则显得更为理智一些，考虑更为慎重、周全。虽已深陷情网，但仍不忘要求亚仙的操守。

> 【红绣鞋】子我是新女婿初成缱绻，你将那旧姨夫再莫留连，玉粳牙休兜上野狐涎，我为甚紧栽连理树，子要你同长并头莲，休道是你缘薄咱分浅。

他所追求的是真正的爱情、切实的婚姻，而不似石剧起先只为"使一把钞"的游戏行为、狎妓心理。

他与刘员外的一番对唱，是朱有燉的独创。通过有异于刘员外对爱情和风尘女子的认识，来表现郑元和对爱情的执着和其读书人的清高。在他眼里，刘员外的堕落不成器是与其自身身份修养有关，并非受女色影响。

> 【耍孩儿】想这花门柳户君休恋，你便有赛陆贾的机谋怎展，你道有花星正照二十年，单注着郎君每赤手空拳，起初时能推房内顽石磨间深里卖了城南金谷园。听咱劝，做虔婆的把千斤斧劈开脑袋，做女娘的讲九股索套住喉咽。
>
> （末）你自不成器，使的穷了，不关女娘每事，你听我说。（唱）
> 【八煞】我和他身如比目鱼，情同锦水鸳，百年和美成姻眷，闲开东阁看歌舞，闷向西楼列管弦，贪欢宴受用些金钗十二红粉三千。
>
> （外）秀才你初到是不知。（唱）【七煞】他那陷人坑埋伏的深，

---

① （元）石君宝：《李亚仙花酒曲江池》，王季思：《全元戏曲》第三卷，人民文学出版社1999年版，第507页。

迷魂阵摆布的圆，他响打珰放几双连珠箭，他白夺铁鹞三千引，赢得青蚨十万钱，做子弟的子索把降旗展，输的你有家难奔有口难言。

（末）我不信者等，利害我自理会得。（唱）【六煞】同归雾，帐中双歇月枕眠，冰肌玉骨芙蓉面，准备着金冠霞帔升三品，宝马香车直万钱，怎比你身微贱，凭着我一生壮志满腹韦编。

（外）那做子弟的。（唱）【五煞】那一个不聪明，不十全，不多财，不有权，下场头少不得成哀怨。送了些他乡盐客和茶客，都只为每日花钱共酒钱。我也亲曾见送的人交椎瓦罐，只因是品行调弦。

（末）你说的差了，有几个古人也都是鸣珂巷女娘每陪伴着秀才，那女娘每尽节守制，虽良家妇女倒不如他。你听我说几句。（唱）【四煞】有一个王妙妙死哭秦少游。（外）秦少游学士贬死南荒。女娘王妙妙与之有情，听讣音一命遂终，是好个烈女。（末唱）有一个裴兴奴重逢白乐天。（外）白乐天学士当，原有女娘裴兴奴做伴，后来乐天遭贬去江州到浔阳，江上月夜，听得兴奴琵琶之声，重欢再会不忘旧情，是也难得。（末唱）有一个燕子楼许盼盼思张建。（外）是有个歌舞者许盼盼嫁与张建封节制，张建封无了，盼盼不再嫁人。有诗云，楼上残灯伴晓霜，独眠人起合欢床，相思一夜情多少，地角天涯不是长。这也是个守志的。（末唱）他都曾芳心恨寄青鸾镜，抵多少喉血染成红杜鹃，你道是娼优贱，怎生也，夫妻情重节义心坚。

尽管刘员外屡屡列举风尘女子的不是，但郑元和并不觉风尘女子情爱无义。由此，表现出他对爱情信念的坚定，相信"夫妻情重节义心坚"。这大段的唱词充分利用了明杂剧演唱灵活的特点，用舞台人物的对话方式，展示了郑元和的内心世界。一方面能够体现杂剧艺术形式的发展为塑造人物提供了更加广阔的艺术空间，另一方面也更突出地展示郑元和理性的性格特征。

二剧所塑造的两个郑元和形象，面对爱情，前者是感性的，后者是理性的。前者的感情由心而发，面对美如天仙的李亚仙，他无所顾忌地追求。而后者虽然也是一见钟情，但是考虑得较为周全，爱情的冲动并没有淹没他儒生的正统思想。从两个郑元和的身上，我们可以看得出元明文人婚恋观的异同。元代，由于某些少数民族文化融入，儒家礼教中的伦理道德观念在爱情面前往往黯然失色。来自草原的少数民族较少受到中原伦理的束缚，他们对爱情的追求完全是基于人情人性的。而立志恢复中原正统的明代，文人作为社会精神的主要代表，对于爱情的主张立足于传统伦理规范之内。面对人类永恒的爱情主题，"发乎情止乎礼义"是明人爱情发生的必然轨迹。

（二）面对父权：从叛逆到顺从

封建社会中，父权、夫权、君权，三者都在各自的层面上实行着权威专制。在中国长达两千多年的封建统治中，父权在家族伦理关系中享有绝对权威。儒家传统文化中，父权掌握着几大权利——生杀大权、财产大权、婚姻大权。

蒙古大军入主中原，有学者提出"征服王朝论"。元代崇尚武力，贵强贱弱，在伦理纲常面前，元人更加看重的是征服的力量。明朝则不然，兴盛的理学时刻强调着伦理的规范以及权威力量的震慑力。这个差异在二剧中的郑元和身上体现得淋漓尽致。

石剧中，郑元和的行为对封建伦理纲常来说具有反抗性和叛逆性。婚姻上，他敢于自主决定，在其为官的脚色上正式写上"妻李氏"。与亚仙夫唱妇随、恩爱圆满。更为重要的是在"父为子纲"的父权社会他敢于说不。当郑父闻知元和功成名就想要相认时，郑元和严词拒绝。

（末云）吾闻父子之亲，出自天性，子虽不孝，为父者未尝失其顾复之恩；父虽不慈，为子者岂敢废其晨昏之礼？是以虎狼至恶，不食其子，亦性然也。我元和当挽歌送殡之时，被父亲打死，这本自取其辱，有何仇恨？但已失手，岂无悔心？也该着人照觑，希图再活。纵然死了，也该备些衣棺，埋葬骸骨。岂可委之荒野，任凭暴露，全无一点休戚相关之意？（叹科）嗨，何其忍也！我想元和此身，岂不是父亲生的？然父亲杀之矣。从今以后皆托天地之蔽佑，仗夫人之余生，与父亲有何干属，而欲相认乎？恩已断矣，义已绝矣，请夫人勿复再言。①

这样的举动并非违逆孝道，因为在虔婆寻上门来，他还顾念亚仙与虔婆的母女情分，更何况自己的亲生父亲。他如此决绝，完全是出于对人本身的肯定，从人性的角度来反抗迂腐的纲常伦理。

朱剧中的郑元和则不然。面对前来认子的郑父，他表现的竟有几分的欣喜与惭愧。

（做与末相见相认科，末云）不想是父亲到此，想当日曲江池边弃置之时，尊亲太严，岂知今日再得会面。

在问及亚仙之时，他竟陈词：

彼自知微贱之躯，不敢见大人之面，送至剑门之地，便欲回也。

若非郑父坚持，结果不可料想。

由此可见，二位剧作家在郑元和身上寄予的情感，一个是对礼教的反叛，一个则是对礼教的复归。确切地说，是对待父权的态度迥异。中国传统封建社会中，父权和君权在不同的范畴内其威慑力是可以画等号的。在中国古代封建统治下，家国同构的观念深植人心，体现人性的孝被凌驾到了伦理纲常之上，"移孝作忠"便成了中国古代封建统治的一大特色。"君子之事亲孝，故忠可移于君；事兄悌，故顺可移于长；居家理，故治可移于官。"② 孝于亲者必忠于君。南宋朱熹提出：'君臣父子，定位不移之长，父有不慈，

---

① （元）石君宝：《李亚仙花酒曲江池》，王季思：《全元戏曲》第三卷，人民文学出版社1999年版，第 522 页。

② 胡平生：《孝经译注·广扬名》，中华书局 1999 年版，第 31 页。

子不可以不孝顺，君有不明，臣不可以不忠。"① 很显然，附加了封建伦理纲常的孝在父权社会中俨然已经成为封建统治者用以收拢人心巩固统治的手段。朱有燉作为大明的一位藩王，他的忠孝观念与生俱来，并且出于统治阶级的责任，他的作品中也必定会带有教化宣传的功效。而元代少数民族身上的那种原始的生命气息，带来的是对个体的肯定。弱肉强食、适者生存是草原民族的生存法则。尽管统治阶级层层压迫，但是他们在作品中流露出来的仍是对封建伦理的反抗和自我实现的欲望，即使不切实际，石君宝笔下的郑元和依旧是立足于人性之上的。由此，在两个郑元和身上，我们可以看得到人性与纲常的抗衡。

三、其他人物

在石剧中，出现的人物角色不多，主要人物性格鲜明突出，次要人物也不容忽视。通过人物的言行可以看得出激烈的戏剧冲突。二剧在《李娃传》的基础上，又根据各自的需要创造性地增加了一些人物。这些小人物在剧中，或穿针引线，或侧面烘托主人公，或点缀剧情，作用不可小觑。

（一）郑父：从封建家长意识的淡化到增强

石君宝塑造的郑父，有滑稽的成分，剧作家对其虚伪面孔充满了无尽的嘲讽和戏谑。剧中，郑父遣派郑元和上京赴考，其目的是"博的一举及第，也与老夫增多少光彩"②。然而其子并不争气，温柔乡里度过了两年，终堕落至唱挽歌谋生。看到有辱家门，郑父便狠心"打死这辱子"③，并要"将他尸骸丢在千人坑里"④。但是当得知儿子荣归故里，他又主动相认，遭到拒绝也

① （宋）黎靖德：《朱子语类》卷79，中华书局1986年版，第2038页。
② （元）石君宝：《李亚仙花酒曲江池》，王季思：《全元戏曲》第三卷，人民文学出版社1999年版，第503页。
③ （元）石君宝：《李亚仙花酒曲江池》，王季思：《全元戏曲》第三卷，人民文学出版社1999年版，第512页。
④ （元）石君宝：《李亚仙花酒曲江池》，王季思：《全元戏曲》第三卷，人民文学出版社1999年版，第512页。

不惜恳请李亚仙前来相助，这与当初"本为求名遭入都，岂知做出恁卑污。这等辱门败户羞人甚，倒也不若无儿一世孤"①显然判若两人，见利忘义的虚伪嘴脸被石君宝无情地揭露了出来。也正因如此，遭到郑元和拒认也就不足为怪了。

朱剧中郑父出场两次，一次是怒打元和，一次是父子桕认。光宗耀祖是封建家长对子弟进行严格教育的首要目的。面对"不成器不肖子弟"玷辱门楣的辱子，郑父当即怒发冲冠，痛打并弃之于曲江池边；元和登科父子相见后，他又立刻摆出了家长的姿态，"当原一时之失父子天性，岂可有绝，即当父子如初"；当得知是亚仙助元和一举登科，便亲自主持婚事，"择今吉日良辰，谨备六礼以成亲迎"，圭建家长的权威意识被朱有燉表现得淋漓尽致。在家国同构的封建时代，家长的权威代表着国家统治者的权威，尤其是位居统治阶层的朱有燉，对于父权的认识不仅仅局限于家庭的范围，这种父权的提升亦即君权的提升。

（二）虔婆：从丑恶的唯利是图到更加丑恶的阴险狡诈

虔婆与妓女，历来对立，是剥削与被剥削的关系。虔婆像寄生虫一样，控制着妓女的身心，吸收着妓女的心血。

石剧为了突出李亚仙的刚烈性格和反抗精神，对虔婆着墨比较多，主要用其与亚仙之间发生的一些冲突来突出亚仙。同时，在对亚仙的形容和与其争执的对白中也呈现了虔婆唯利是图的丑恶嘴脸。即使登科后李郑二人夫唱妇随之时，她仍然力劝亚仙重操旧业，可见其贪得无厌。

【金盏儿】他见兔儿飑鹰颤，啃羊骨不嫌膻；常则是肉吊窗放下遮他面，动不动便抓钱。只怕你脑门边着痛箭，胳膊上惹空拳。那其间羞归明月渡，懒上载花船。②

　　……

---

① （元）石君宝：《李亚仙花酒曲江池》，王季思：《全元戏曲》第三卷，人民文学出版社1999年版，第512页。

② （元）石君宝：《李亚仙花酒曲江池》，王季思：《全元戏曲》第三卷，人民文学出版社1999年版，第507页。

【青哥儿】俺娘呵外相儿十分十分慈善，就地里百般百般机变。那怕你堆积黄金到北斗边，他自有锦套儿腾掀，甜唾儿粘连，俏泛儿勾牵，假意儿熬煎，辘轴儿盘旋，钢钻儿钻研，不消得追欢买笑几多年，早下翻了你个穷原宪。①

朱有燉塑造的虔婆，不仅唯利是图，而且心狠手辣，诡计多端。她迫使亚仙违心地去找有钱人家子弟，来津贴家用。刘员外就是她以亚仙美色骗取钱财的活见证。当元和对亚仙倾慕，登门拜访时，她又与赵牛筋和钱马力二人勾结，骗其钱财。虽口中言要成全良缘，但却不放亚仙与元和另置房舍：

这事官人禾可轻易想，老身生的孩儿，不是一盆儿水洗的，他长大了，官人走来便要取去，却怎地中。如今官人且将行李都搬来老身家中安放，做一回子弟，过一年半载，官人也见我孩儿心性，俺也要看官人一个行藏，慢慢的商议这事未迟。

话虽似为亚仙着想，貌似一个母亲对女儿的终身大事在操心，在考验姑爷。为了女儿的幸福，仔细斟酌，精挑细选。但实际恰是其心存诡计的表露。元和钱财散尽之时，当即变换了嘴脸：

(旦同卜上，旦云) 秀才你虽是无钱了，我不弃嫌你，只是你不肯攻书以图后举。你这菫盐连限，几时熬得出去，后年科举必能称心。(卜) 举举举，他娘七代先灵。家中米也都没有，柴也都没有，养着个穷秀才不如养猪狗，你不赶了他，我不和你干罢手。(旦) 妳妳休杂噍他。秀才是读书人，知道今古。(卜) 今古今古是他娘屁骨。(旦) 秀才多闻广记 (卜) 广记广记放他娘的臭屁。(旦) 妳妳这等样板障，好是烦恼人也。

---

① （元）石君宝：《李亚仙花酒曲江池》，王季思：《全元戏曲》第三卷，人民文学出版社1999 年版，第 508 页。

全然没有了先前要成全良缘时的客气，只认财不认人。而且大使阴谋，用倒宅记拆散了有情人，使元和沦落街头乞讨为生。

李郑二人再次相遇，亚仙立志从良伴读时，虔婆坚决不肯，元和以刀相逼，还再三反悔，可见其根本就是用亚仙来获利，丝毫不为其幸福着想，言行不一，老奸巨猾。

通过二剧中的演绎，让我们看到了封建社会虔婆的丑恶嘴脸，同时，从虔婆的变化也能够反衬出烟花女子在元明两代社会地位的差异。尽管都是沦落花街柳巷，石剧中，李亚仙敢于同虔婆大肆争执。而朱剧中虽为亲生，却不得不以出卖色相为其谋利。两个时代社会风气的不同致使妇女地位的差异，在虔婆对烟花女子的压迫程度上也有相应的体现。

纵观二剧人物塑造，参照故事情节，我们可以发现，人物形象并没有随着时间的前进而进步，相反出现了向封建礼教回退的现象。究其原因，我们可以从时代变迁上来追寻。元明两朝前后诞生于封建社会的中期，而且是两个相接的朝代，从封建主义社会延承的角度上看，对于封建礼教传统文化本应是一脉相承的。然而来自草原的蒙古民族建立了元朝，将草原文化同时带入了中原大地。事实上，元朝的建立对于封建礼教的传承存在一种干扰因素，少数民族对于自然的崇尚，对于人性的尊重同封建传统礼教之间产生了冲突碰撞。杂剧作为该时期典型的文艺形式，无可回避地将这种矛盾展示出来。正如王国维所言："元曲之佳处何在？一言以蔽之，曰：自然而已矣。"[1]到了明朝，为了恢复正统，统治者有意地加强了思想的控制，礼教呈现了回归的态势。文人作为社会精神的主要代表，对于爱情的主张立足于传统伦理规范之内，"发乎情止乎礼义"是明人爱情发生的必然轨迹，人物的言行举止也必然是在礼教规范之内中规中矩。显然，石剧中李亚仙的反抗精神和对人性的肯定来自元代对于自然本性的追求，而朱剧则是刻意地向礼教方向引导以达到其"捕风教知音共赏"的创作初衷。因而，虽然二剧出现的朝代有先后，但人物身上所反映的进步性并没有与时间同步，而是突出了时代特征。石剧中突出的是一种反抗精神，斗争的矛头所指是一种阶级压迫、社会

---

[1]　王国维：《宋元戏曲史》，上海古籍出版社 1998 年版，第 98 页。

制度，各色人物往往是某一阶级的代表和象征。作品通过人物的情绪和行为来展示了一种反抗情绪，引起时代的共鸣。对人的自然本性的彰显，从中暴露了深层的社会矛盾——礼教和婚姻制度对人生的摧残；而朱剧却并没有认识到此，朱有燉作为统治阶级制度的维护者，他的作品所指向的是人物自身的品行，宣扬的是道德，是行善，目的是为杂剧的受众指明一条合乎伦理纲常和道德规范的路。

第四节　价值取向的迁移及内涵解读

石、朱二剧源自同样的故事，但所传递的信息却不尽相同。不同的时代背景、不同的人生境遇造就了不同作者的创作心态。纵观石君宝、朱有燉二人的同题材杂剧《曲江池》，并不是简单的改写版本问题，而是不同文化下相异价值取向在文学中的体现。作家借助于典型人物的塑造，表明其时代与个人的价值取向，透视整个社会民族的文化现象。

分析两部作品，同一个题材，剧作家表现的侧重不同。石君宝重在塑造人物，通过段段唱词和对白，将人物的性格展示得活灵活现。从主人公的身上，可以感受到一种对于人性和自我的肯定，对于礼教和压迫的反抗；而朱有燉的侧重点，明显看出是放在"捕风教知音共赏"这一层面上。他的作品中传达出的是在礼教规范下，男女青年对待爱情、亲情、仕途、婚姻的态度。

对于传统的礼教，石君宝无情地嘲讽，朱有燉则极力地维护。

石君宝将故事潜在的生活背景置换到元代，反映的是元代的精神风貌和时代特征。元代蒙古大军入主中原，马背上的民族以其惯有的生活方式和思维模式漠视了中原以儒家思想、伦理道德为主导的文化体系。而且，元代残酷的民族压迫、阶级压迫、文人地位的骤降，迫使知识分子在仕途无路、报国无门的境遇下，在赖以生存的杂剧创作中宣泄内心的不满，使作品被赋予更多的斗争性和叛逆性。

而朱有燉遵照明代的审美规范，在明代的社会背景下再创作《曲江池》，所体现的是大明皇族统治阶级的价值判断。回归以汉族为统治中心的明代，对元代文化往往带有一种鄙薄和排斥的心理。儒教理学的复归，统治阶级开始"拨乱反正"，对民众思想文化的钳制加强，很多在元代被打破的中原传统和思想体系再次占据主体地位。明代正统文化的回归势必在戏剧的改写过程中得以彰显，元杂剧中对于中原汉家传统文化的大胆偏离在有明一代势必得以矫正。

朱有燉的《李亚仙花酒曲江池·引》中提出：

> 尝观《青锁高议》《罗烨纪闻》互载李娃之事，予乃叹其虽为妾妇者，亦皆有天理人心之不可泯焉。人之性本善，因习而相远，始有善恶高下之分，此物欲蔽之也。李娃为狭斜之伎女，而能勉其夫为学，以取仕进，始终行止，不违于名教，可谓贞洁能守者也。近元人石君宝为作传奇，词虽清婉，叙事不明，鄙俚尤甚，止可付之俳优供欢献笑而已，略无发扬其行操使人感叹而欣美也。予因陈迹，复继新声，制作传奇以佳其行，就用书中所载李娃事实备录于右云。①

这段序文不仅指明了石剧的不足——"词虽清婉，叙事不明，鄙俚尤甚"，同时，也表明了朱剧再创作的意图，他赞赏李亚仙"狭斜之伎女，而能勉其夫为学，以取仕进，始终行止，不违于名教，可谓贞洁能守者也。"写作的目的重在教化。由此可见，石剧是"付之俳优供欢献笑"，而朱剧则"发扬其行操使人感叹而欣美"。这也代表了明代杂剧作家改编元杂剧的普遍立场。

石、朱二剧均以爱情故事为主线，又侧重反映时代特征。从上文的比较中可以看出如下几个层面的差异。

首先，作品的创作时代背景和剧作家身份不同。石剧诞生在礼教约束较为松弛的元朝，来自草原的蒙古民族崇尚自然，看重人的本真力量。石君宝

---

① 吴毓华：《中国古代戏曲序跋集》，中国戏剧出版社 1990 年版，第 38 页。

作为生活在元朝的女真人,他以草原民族的视角来诠释这段爱情故事;朱剧则是礼教回归正统的大明时期的产物。朱有燉以其皇族藩王的身份定位了这部杂剧作品的现实意义,因而宣礼说教成了爱情故事的延展。

其次,情节的展示上二剧有明显的差异。两相比较,二剧主要差异是:从个性张扬的爱到礼教规范的情;从人性至上到父为子纲;从自由恋爱结合到门第观念束缚。石剧主要以人情人性的展示为主,朱剧则以礼教道德的宣扬着重。

再次,人物的性格塑造也不同。从爱情故事的男女主角,到作品涉及的各色人物,其性格及行为都围绕着二剧各自的中心主题。而且并没有因为时间的推进而使人物进步,反而出现了由思想较为自由转向了礼教回归的倒退现象。

最后,在价值取向上,分别突出了时代价值观和作者个人世界观的不同。石剧是自下而上的反抗,朱剧则是自上而下的说教。石剧代表了从作者到读者一众人的叛逆情绪,而朱剧代表的则是统治阶级对于礼教规范的努力维护。

综上所述,可以见得,相同的爱情故事在不同社会文化背景之下,承载的思想意义和担负的社会功能都有着明显的差异。由此,不难看出石、朱二剧同题异旨的原因所在。元代多元的大氛围赋予石君宝大胆无惧的斗争精神,创作中具有理想主义色彩。而身处收复中原大范围"拨乱反正"的明朝,位居统治阶层的朱有燉却是时刻不忘教化的使命,剧作虽幽默诙谐,却表现得相对保守,在娱乐性的剧作中不乏着力灌注统治者的政治思想。两部杂剧完美地展现了元明文化的差异,同时也体现了不同阶级的立场和视域。

第九章 从《汉宫秋》到《昭君出塞》的发展流变

王昭君的事迹从汉朝一直流传至今，一个历史人物经过了历代文人的渲染，从《汉书》中的史实记载，到后世诗、词、变文、戏曲、小说的文学演绎，直至今日的荧幕昭君，从同一个母题衍生出来的意蕴丰富的昭君形象让人们看到了不同社会背景粘贴在王昭君身上的时代标签。

第一节 《汉宫秋》的故事起源及流变

关于昭君的记载，最早出自《汉书》。

《汉书·元帝纪》记载：

> 竟宁元年春正月，匈奴呼韩邪单于来朝。诏曰："匈奴郅支单于背叛礼义，既伏其辜，呼韩邪单于不忘恩德，乡慕礼义，复修朝贺之礼，愿保塞传之无穷，边垂长无兵革之事。其改元为竟宁，赐单于待诏掖庭王嫱为阏氏。"①

《汉书·匈奴传》记载更为详细：

> 竟宁元年，单于复入朝，礼赐如初，加衣服锦帛絮，皆倍于黄

---

① （东汉）班固：《汉书·元帝纪》卷9，中华书局1962年版，第297页。

龙时。单于自言愿婿汉氏以自亲。元帝以后宫良家子王墙（嫱）字昭君赐单于。单于欢喜，上书愿保塞上谷以西至敦煌，传之无穷，请罢边备塞吏卒，以休天子人民。天子令下有司议，议者皆以为便。郎中侯应习边事，以为不可许。……王昭君号宁呼阏氏，生一男伊屠智牙师，为右日逐王。呼韩邪立二十八年，建始二年死。①

史书对于历史事件的简短记载，给后世文人提供了无比广阔的想象空间。之后的历代文人以昭君故事为题材创作了大量的文学作品，其体裁涵盖了诗、词、变文、散曲、杂剧、传奇、小说等各种文学样式。骚客们抓住昭君出塞这样一个母题，利用这样一个原本很常见的和亲现象，添加时代内涵与个人因素，对故事进行生发演绎，通过日益鲜活丰满的昭君形象和多义的和亲过程，折射出不同历史时期的文化心理。

《破幽梦孤雁汉宫秋》(下文简称《汉宫秋》)是元曲大家马致远的代表作，作为元代四大悲剧之一，素有元剧之冠的美誉。马致远的创作不落窠臼于正史，将民间传说与自身独创结合，令《汉宫秋》成就非凡。清代焦循在《剧说》中提道："马东篱《汉宫秋》一剧，可称绝调。臧晋叔《元曲选》取为第一，良非虚美。"② 盐谷温在《元曲概说》中讲："演王昭君嫁胡的故事。根据史实，更加粉饰，写昭君投身于胡汉交界的黑龙江而死，以使昭君得免失节之谤；这大概是讽刺汉人之降元者吧。臧晋叔列此剧于《元曲选》之首无论就曲词、情节说，都堪称杰作。"③

剧作取材于昭君出塞的事迹，但是经过剧作家的艺术创作，演绎成一段绝美的帝妃之恋。剧作题目：沉黑江明妃青冢恨，正名：破幽梦孤雁汉宫秋。《汉宫秋》是末本戏，以汉元帝为核心，书写了昭君出塞之前帝妃之间的缠绵爱恋和昭君离去之后元帝在汉宫中的种种凄凉回忆。剧情大致如下：貌美如花的王昭君心高气傲，因当年不肯贿赂画工毛延寿而被点破美人图，独守空闺十余载，

---

① （东汉）班固：《汉书·匈奴传》卷 94，中华书局 1962 年版，第 3803 页。

② （清）焦循：《剧说》，《中国古典戏曲论著集成》第八集，中国戏剧出版社 1980 年版，第 190 页。

③ [日] 盐谷温著，隋树森译：《元曲概说》，商务印书馆 1947 年版，第 79 页。

只以琵琶诉其孤寂。某日，汉元帝缘琴声而寻来，闻知缘由，册封昭君为明妃，并下旨要将毛延寿斩首。从此，帝妃百般恩爱，而毛延寿潜逃至匈奴向意欲同汉朝索亲的单于献上昭君美人图，并添油加醋使和亲问题变成了挑起战争事端的由头。面对匈奴大军压境的威胁，满朝文武以女色误国为由逼迫元帝遣送昭君和亲以求安定，昭君毅然领命和番以解救国家之忧患。霸陵桥元帝亲自送行，黑龙江昭君壮烈投江。奸佞小人挑拨离间，引发战争矛盾；刚烈女子以身报国，成就两国友好。昭君离去后，元帝独自在汉宫中，睹物思人，甚是凄凉。

《昭君出塞》是明代文人陈与郊创作的单折旦本戏，该剧并见于剧作家创作的明传奇《麒麟罽》，作为戏中的串戏。作品着力开掘了昭君被迫远嫁的痛苦。明代祁彪佳在《远山堂剧品》中将其列入"雅品"。清代焦循评价："惟陈玉阳《昭君出塞》一折，一本《西京杂记》，不言其死，亦不言其嫁，写至出玉门关即止，最为高妙。"① 陈与郊编纂的《古名家杂剧》中，辑录了马致远的《汉宫秋》，他自己创作的同题材杂剧《昭君出塞》在艺术上显然受到了前代大家的影响，如明代祁彪佳《远山堂剧品》中所言："此剧仅一出，便觉无限低回。内有一二语，取之元人《汉宫秋》剧。"② 陈与郊在《昭君出塞》中，大量地沿用了《汉宫秋》中的唱词，如下表所示。

《汉宫秋》③	《昭君出塞》④
【双调·新水令】锦貂裘生改尽汉宫妆，我则索看昭君画图模样。旧恩金勒短，新恨玉鞭长。本是对金殿鸳鸯，分飞翼怎承望。	【北双调新水令】征袍生改汉宫妆，看昭君可是画图模样。旧恩金勒短，新恨玉鞭长。迤逗春光，旆旌下，塞垣上。

① （清）焦循：《剧说》，《中国古典戏曲论著集成》第八集，中国戏剧出版社 1980 年版，第 190 页。

② （明）祁彪佳：《远山堂剧品》，《中国古典戏曲论著集成》第六集，中国戏剧出版社 1980 年版，第 156 页。

③ （元）马致远：《破幽梦孤雁汉宫秋》，王季思：《全元戏曲》第二卷，人民文学出版社 1999 年版。

④ （明）陈与郊：《昭君出塞》，（明）沈泰：《盛明杂剧》初集卷 9，影印董氏涌芬室刻本仿明精刊本，中国书店 1918 年版。

续表

《汉宫秋》	《昭君出塞》
【驻马听】宰相每商量，大国使还朝多赐赏。早是俺夫妻�悒怏，小家儿出外也摇装。尚兀自渭城衰柳助凄凉，共那灞桥流水添惆怅。偏您不断肠。想娘娘那一天愁都撮在琵琶上。	【南江儿水】（二贴）灯下茱萸帐，车前苜蓿乡。常言道：言语传情不如手，伤情并入琵琶唱。那更这灞桥流水伤来往，渭城新柳添凄怆。娘娘，着甚支吾鞅掌。女儿每呵，转向长门，两地一般情况。
【雁儿落】我做了别虞姬楚霸王，全不见守玉关征西将。那里取保亲的李左车，送女客的萧丞相？	【北雁儿落带得胜令】（旦）宫人，那里是哭虞姬别了楚霸王，端的是送娇娃替了山西将。保亲的像李左车，送女的一似萧丞相。
【梅花酒】呀！俺向着这迥野悲凉：草已添黄，兔早迎霜；犬褪得毛苍，人搊起缨枪；马负着行装，车运着粮粮，打猎起围场。他、他、他伤心辞汉主，我、我、我携手上河梁。他部从入穷荒，我銮舆返咸阳。返咸阳，过宫墙；过宫墙，绕回廊；绕回廊，近椒房；近椒房，月昏黄；月昏黄，夜生凉；夜生凉，泣寒螀；绿纱窗；绿纱窗，不量思。	【南侥侥令】（外末）娘娘，伤心怀汉壤。众官员呵，携手上河梁。你有一日蒲桃春酿赏，又只怕鸿雁秋来断八行。…… 【南园林好】（二贴）谪青鸾冤生画郎。今日呵，辞丹凤愁生故乡。娘娘，虽未度关，想这一片心呵，先向李陵台上。怜岁月，伴凄凉，还遣梦到椒房。

　　从两部剧作整体来看，陈与郊确实在曲词、艺术方面对马剧有所借鉴，但是在思想内容上却没有顺应，而是另辟了蹊径。

　　《昭君出塞》篇幅不长，开篇即有女官上场宣旨遣送昭君出塞和番。王昭君与女官抱怨，诉说独守冷宫之苦，从女官处得知全因当年自恃国色天香，不送黄金，导致乔点画图，如今按图遣嫁，于是顿生悔意。当汉元帝亲见昭君，洛浦仙姿，蓝桥艳质，心中难免一惊，但一代帝王国事为重，为不失信单于而作罢独占之心，只以嫁公主之礼送昭君出关。昭君满心不情愿，泣涕涟涟，"似仙姝投鬼方，如天女付魔王"[①]。全篇委屈，满纸幽怨。

　　① （明）陈与郊：《昭君出塞》，（明）沈泰：《盛明杂剧》初集卷9，影印董氏诵芬室刻本仿明精刊本，中国书店1918年版，第6页。

可见，在艺术构思方面，主题的偏向可以看得出历史题材在剧作家笔下古为今用的特点。马致远和陈与郊面对相同的史实，他们的立场不同，出发角度也不同。因而创作的同题材杂剧《汉宫秋》和《昭君出塞》在主题、人物、精神内涵等方面各有千秋。

第二节　和亲背景的变化及内涵解析

中国自古就是一个多民族的国家，汉族与各少数民族的关系历来都是统治政治中一项重要的议题。大汉民族作为统治核心，久居中原，各少数民族地处边疆，地域和文化有很大差异，异族间的矛盾一直不断，和亲政策作为协调民族关系、稳定边疆的一种手段，在历史上很受统治者重视。

一、和亲背景史实

和亲是中原王朝与边疆少数民族首领缔结的一种联姻关系，属于一种政治行为。自汉高祖与匈奴和亲始，后世历代广泛运用这种方式来处理民族关系。西汉初年的和亲，其目的是通过联姻的关系和财物的馈赠来促成中原同匈奴的友好，使匈奴停止对中原边境地带的骚扰，从而使汉王朝赢得休养生息的机会。此时的汉王朝国力尚弱，处于一种被动地位。然而到了昭君和番的时候，事态已经完全扭转。《汉书·匈奴传》载：

> 周、秦以来，匈奴暴桀，寇侵边境，汉兴，尤被其害。……今圣德广被，天覆匈奴，匈奴得蒙全活之恩，稽首来臣。①

西汉国力已经强盛起来，而此时的匈奴却在遭受数次打击后，势单力薄，慑于汉王朝强大的政治、经济、军事实力，为求自保，主动向汉王朝臣

---

① （东汉）班固：《汉书·匈奴传》，中华书局1962年版，第3804页。

服，请求和亲。汉王朝以高傲的姿态赐汉室宫女于匈奴单于，其目的是要恩威并施，使匈奴永久地俯首称臣。

所以，昭君出塞的真实背景是西汉经过了数年的休养生息，国力日渐强盛，而匈奴因内部发生矛盾，连年战乱，出现了南北匈奴分裂对立的局面，以呼韩邪单于为首的南匈奴归附汉朝。汉元帝为了宣扬大汉王朝的威德，才同意了呼韩邪单于的几次和亲请求，"以后宫良家子王嫱字昭君赐予单于"①。

二、和亲背景在两部作品中的表现

不同的时代特征和政治背景下，和亲的意义往往不尽相同。和亲或是一种屈辱妥协、投降卖国的政策，或是封建社会维持民族友好、稳定边疆的一种外交手段，应将和亲放在具体的历史条件和社会环境下加以考察。元明两个朝代政治环境、民族文化精神的差异致使文人对于和亲政策的认识心理有所不同。

（一）《汉宫秋》：汉弱胡强体现元代文人思汉的心理

元朝是第一个由少数民族为中原最高统治者的特殊时期。13世纪的中国，剽悍的蒙古民族利用他们的铁骑踏碎了北方游牧地区一个个分裂的少数民族统治的王朝，统一了北方，继而又挥师南下，灭掉南宋，统一了中原。"元代是一个政治现实严峻的时代，文明程度较高的汉族被处于较低社会发展阶段的游牧民族所征服。人们习以为常的传统信念受到空前的挑战，国破家亡的巨大痛苦，使汉族产生了汉代以来最为深沉的郁闷。"②

马致远立足于如此一个民族压迫的社会大背景下，以古喻今，将史料与现实进行巧妙的艺术统一。以昭君和亲为题材，借离合之情，写兴亡之感。将和亲这样一个史实演绎为一段生动感人的帝妃之恋，塑造了几个性格鲜明的典型人物，表达了强烈的民族精神，使《汉宫秋》成为昭君题材作品中最为璀璨的一朵奇葩。《汉宫秋》取材于史实，但马致远却大胆地将胡汉

---

① （东汉）班固：《汉书·匈奴传》，中华书局1962年版，第3803页。

② 冯天瑜、杨华：《中国文化发展轨迹》，上海人民出版社2000年版，第262页。

势力进行了对调，使作品的主题和史实完全背离，从而使得剧作的现实意义得以体现，进一步表达元代文人思汉的一种心态。和亲的背景不再是强盛的西汉王朝出于耀武扬威赐婚予匈奴单于了，剧作家将此番和亲的缘由改为匈奴兵临城下的一种威胁。剧中的匈奴虽"称藩汉室"①，但"有甲士十万，南移近塞"②，西汉皇帝以公主尚幼不宜和亲为由稍有推辞，匈奴单于便"欲待起兵南侵"③，当呼韩邪单于看到毛延寿献上的美人图后，更是气势汹汹，"率领部从，写书与汉天子，求索王昭君与俺和亲。若不肯与，不日南侵，江山难保。就一壁厢引控甲士，随地打猎，延入塞内，侦候动静，多少是好"④。剧中的西汉朝廷则是国势积弱，奸佞当道，像毛延寿这等朝臣，位居中大夫的高职，不在朝政功业上辅佐皇帝，却为了收敛金银怂恿皇帝遍行天下，筛选美女，以充后宫。当匈奴遣使前来索要明妃以配单于之时，满朝文武皆不敢反抗，而是力劝皇帝遣昭君出塞和番，致使汉元帝悲叹："我呵空掌着文武三千队，中原四百州，只待要割鸿沟。陡恁的千军易得，一将难求！"⑤ 面临挥戈南下的匈奴大军，汉元帝束手无策，满朝文武迂腐无能，最终只能靠佳人献身以平定天下。如此创作主题，虽有悖历史，却恰好借以喻今，正是"借他人酒杯，浇自己块垒"。

马致远生活的年代大约在至元（1264）到泰定元年（1324）之间，他亲历了外族入侵国破家亡，目睹了民族歧视等级压迫，个人的政治抱负又不得施展，作为一个处于异族统治下的汉族文人，他将自己的民族情结和怀才不遇的苦闷借助于昭君故事这样一个介质表达出来。他完全是站在一个汉族文

---

① （元）马致远：《破幽梦孤雁汉宫秋》，王季思：《全元戏曲》第二卷，人民文学出版社1999 年版，第 107 页。

② （元）马致远：《破幽梦孤雁汉宫秋》，王季思：《全元戏曲》第二卷，人民文学出版社1999 年版，第 107 页。

③ （元）马致远：《破幽梦孤雁汉宫秋》，王季思：《全元戏曲》第二卷，人民文学出版社1999 年版，第 113 页。

④ （元）马致远：《破幽梦孤雁汉宫秋》，王季思：《全元戏曲》第二卷，人民文学出版社1999 年版，第 114 页。

⑤ （元）马致远：《破幽梦孤雁汉宫秋》，王季思：《全元戏曲》第二卷，人民文学出版社1999 年版，第 117 页。

人的立场去审视蒙古少数民族的入侵。

作为一个汉族文人，马致远纵使对软弱至亡国的南宋王朝充满了失望，但仍旧怀有一种思念汉家统治的情绪。千百年来中原皆由汉家王朝一统天下，以汉室为正统的思想在封建社会人们心里根深蒂固。加之，进入元朝之后，严酷的民族歧视令汉族文人遭遇了人生失路之悲。文人从学而优则仕的观念中猛然惊醒，尤其经历了宋朝这个重视文臣的朝代，元代文人地位身份的骤降不可避免地导致心理上的失落与不平衡，"九儒十丐"的身份定位让汉族文人对仕途彻底失望。像马致远这样早年就混迹于勾栏瓦肆、与艺人为伍来体验人生的文人不在少数。毕竟蒙古人问鼎中原所带来的草原原始豪爽的气息感染了汉族文人，马致远借助于杂剧形式，将民族之恨、个人之悲表达得酣畅淋漓。

（二）《昭君出塞》：汉强胡弱彰显汉室威严

明朝上承元、下启清，是夹在两个由少数民族为最高统治者的朝代之间的一个时期。明朝朱姓统治者一心"拨乱反正"、恢复中原汉家正统，并且非常重视与边疆少数民族关系的处理，从而维护汉家势力的绝对权威。

《昭君出塞》的作者陈与郊（1544—1611），原姓高，字广野，号禺阳，玉阳仙史，是万历二年进士，累官至太常寺少卿，后上疏归乡，专心创作。陈与郊所处的正是万历时期，虽然皇帝纵情声色、不勤于政事，朝纲废弛，政局混乱但尚属于积弊时期，不至于亡国。汉族一统中原的时候，民族压迫显然不是时代强音。因而，文人心中的民族情结并不是很强烈。剧作家选此题材，依史创作。作品中并未掺杂太多的政治因素，着力开掘的是昭君被迫远嫁的痛苦，他所延续的是"昭君怨"的主题。"不言其死，亦不言其嫁，写至玉门关即止，最为高妙。"[①]剧作家站在汉族统治为主体的立场上环视周边，依旧以一种高高在上的姿态来看待和亲政策，此时的王昭君，如同礼物般作为政治牺牲品被遣送匈奴。虽"似仙姝投鬼方，如天女讨魔王"[②]，却也

---

① （清）焦循：《剧说》，《中国古典戏曲论著集成》第八卷，中国戏剧出版社1980年版，第190页。

② （明）陈与郊：《昭君出塞》，（明）沈泰：《盛明杂剧》初集卷9，影印董氏诵芬室刻本仿明精刊本，中国书店1918年版，第6页。

只能领旨谢恩，延承和亲史上女性远赴异乡之悲哀。

虽然元杂剧《汉宫秋》已广有影响，但陈与郊并没有延用这一创作思路，将民族矛盾的主题轻轻放下，或许"昭君怨"此时更具有现实意义。不同的时代背景使得剧作家将昭君和番的背景和意义进行了多义的诠释，通过同一个母题抒发了不同的情怀。

第三节　人物形象的变迁及内涵解析

由于和亲背景相异，表现的主题不同，因此二剧中人物形象大相径庭。

一、王昭君：从大义凛然到怨气重重

王昭君是和番故事的中心人物，历代文人借题发挥，在其身上附上了某某制造或某朝制造的标签，使昭君形象丰富多彩。悲戚型的，幽怨型的，和平友好型的，思家恋国型的，各种形象生动的王昭君在不同时代的文学殿堂中轮番登场，让读者欣赏艺术的同时，产生了心灵感受。

马致远独树一帜，将美艳的昭君塑造成了大义凛然的巾帼英雄。为国家大义不惜放弃个人爱情，却以誓死不屈的血性与刚强毅然投入了黑龙江，为历史上的昭君增添了新的光辉性格。

陈与郊则延续了昭君怨的三题，以悲戚哀怨为作品主调，尽管剧本只有一折，却处处充斥着哀怨与悲叹。同一个人物在性格上有着鲜明的反差。

《汉宫秋》中的王昭看"一日承宣入上阳，十年未得见君王"[①]，怀着对恩宠的憧憬，在深宫中独守着冷寂空闺。虽孤寂，却不悲戚。琵琶曲引来元帝恩宠，帝妃之间情意绵绵，享受人间真挚的爱情；而《昭君出塞》中却是成

---

① （元）马致远：《破幽梦孤雁汉宫秋》，王季思：《全元戏曲》第二卷，人民文学出版社1999年版，第109页。

日里，"愁容镜里，春心弦上，户牖恩光犹妄想"①，见君日即是遣嫁时，这无疑不是独守深闺的宫人之悲哀。两相比照，元剧中的昭君要比明剧中幸运得多，虽同受深宫业障，元剧中的昭君却切实体味了人间真情与欢爱，不似明剧中，完全就是牺牲品的代言。

《汉宫秋》中，王昭君性格独立、倔强，坚持着正义的操守。她虽然没有能力伸张正义，却能以自身行动来作出反抗，虽委屈了自己，却坚决不在丑恶面前低头。面对毛延寿索贿，"他一则说家道贫穷，二则倚着他容貌出众，全然不肯"②。而《昭君出塞》中的昭君个性气焰则弱了许多。当宫女指出全因当年拒送黄金致使美人图被污，遮掩了珠玉，而官家按图遣嫁，致使昭君被迫和亲时，王昭君竟然有了后悔当年拒送黄金之意，显然与《汉宫秋》中性格背道而驰。

《汉宫秋》中，在国难当头，满朝文武胆怯退缩之时，昭君深明大义，挺身而出，担负起了救国于危难的使命。

> （旦云）妾既蒙陛下厚恩，当效一死，以报陛下。妾情愿和番，得息刀兵，亦可留名青史。但妾与陛下闺房之情，怎生抛舍也！③

和亲队伍行至番汉交界黑龙江处：

> （旦云）大王，借一杯酒，望南浇奠；辞了汉家，长行去罢。（做奠酒科，云）汉朝皇帝，妾身今生已矣，尚待来生也。（做跳江科）（番王惊救不及。）④

---

① （明）陈与郊：《昭君出塞》，（明）沈泰：《盛明杂剧》初集卷9，影印董氏诵芬室刻本仿明精刊本，中国书店1918年版，第2页。

② （元）马致远：《破幽梦孤雁汉宫秋》，王季思：《全元戏曲》第二卷，人民文学出版社1999年版，第109页。

③ （元）马致远：《破幽梦孤雁汉宫秋》，王季思：《全元戏曲》第二卷，人民文学出版社1999年版，第117页。

④ （元）马致远：《破幽梦孤雁汉宫秋》，王季思：《全元戏曲》第二卷，人民文学出版社1999年版，第123页。

一介女流以大无畏的精神挽救国家于危难之中，却以牺牲自我换来对汉皇的忠贞。这是女子对夫君的贞，是臣子对皇帝的忠，也是个人对民族对国家的热爱与信守。马致远将王昭君成功塑造为国牺牲的巾帼英雄，不仅宏扬了这种大无畏的精神，更是借以讽刺满朝的迂腐懦弱之徒。

《昭君出塞》没有元代的创作时代背景，人物身上显然不会呈现那种针对性较强的性格。作品沿袭了中原文学中的宫怨主题，为深宫女子的青春空逝而痛苦悲哀。剧中的昭君处于一种附庸的地位。不似元剧中个性十足，始终是幽怨的状态。

【北折桂令】听了些鼓角笙簧，气结愁云，泪洒明琅。守宫砂点臂犹红，衬阶苔履痕空绿，辟寒金照腕徒黄。关几重，山几叠，遮拦仙掌。云一携，雨一握，奚落巫阳。①

她的离去，是出于皇威的无奈，考虑更多的可能是：

单则为名下阏氏，耽误了纸上王嫱。②

该剧中昭君没有慨然的气势，面对故土，依依不舍，"泪痕不学君恩断，拭却千行更万行"③，"伤心怀汉壤"④。

对比二剧，《汉宫秋》中的王昭君既有后宫娇妾的温柔妩媚，又有巾帼英雄的刚毅坚强；《昭君出塞》中的王昭君则是一个毫无主动权，只能凄凄楚楚地接受朝廷命运安排的薄命红颜。从这样的创作倾向上，看得出二位剧

---

① （明）陈与郊：《昭君出塞》，（明）沈泰：《盛明杂剧》初集卷9，影印董氏诵芬室刻本仿明精刊本，中国书店1918年版，第4页。

② （明）陈与郊：《昭君出塞》，（明）沈泰：《盛明杂剧》初集卷9，影印董氏诵芬室刻本仿明精刊本，中国书店1918年版，第4页。

③ （明）陈与郊：《昭君出塞》，（明）沈泰：《盛明杂剧》初集卷9，影印董氏诵芬室刻本仿明精刊本，中国书店1918年版，第6页。

④ （明）陈与郊：《昭君出塞》，（明）沈泰：《盛明杂剧》初集卷9，影印董氏诵芬室刻本仿明精刊本，中国书店1918年版，第5页。

作家对于女子身份价值的认识心态。从马致远的昭君身上，看得出作者心目中对于女性地位的定义较为公允，女性完全可以承担起国家使命，这一点应该与作家长期行走于勾栏瓦肆，与下层艺妓、百姓接触频繁，少受传统男尊女卑观念束缚有关。而陈与郊笔下的昭君，则尽显了明代儒家传统观念复归之后，男尊女卑观念的深入人心。从二者笔下的昭君身上，能够折射出两个时代妇女社会角色和地位的差异。

二、汉元帝：从忍辱屈从到言出即行

在中国古代长达两千多年的封建主义制度统治的历史上，皇帝一直处于一个至高无上、唯我独尊的地位。朝堂之上享有至尊威严，后宫之内拥有佳丽三千。封建帝王享有的是一种绝对特权，掌握着他人的生杀命运。封建社会的政治体制下，君主集权。然而，不同的时代背景也会有出现不同的现实。盛世下杰出的帝王尽显威严，而在衰世状态下，帝王也平添几许哀怨与无奈。

《汉书·元帝纪》载：

> 元帝多材艺，善史书。鼓琴瑟，吹洞箫，自度曲，被歌声，分节度，穷极幼眇。少而好儒，及即位，征用儒生，委之以政，贡、薛、韦、匡迭为宰相。而上牵制文义，优游不断，孝宣之业衰焉。然宽弘尽下，出于恭俭，号令温雅，有古之风烈。[1]

如此一个温文尔雅、柔仁好儒的皇帝，被历代文人艺术加工，附着了不同的时代色彩。历史上，昭君和番时的汉朝，国家经历了多年的休养生息，国力强盛。汉元帝为了维护边境的和平而遣嫁昭君，执行了帝王在民族关系上的政治使命。在历代以昭君出塞为题材的诸多文学作品中，在美化昭君的同时，往往将汉元帝塑造成一个不近人情的斥责对象。马致远和陈与郊是分处于元明两代的杂剧作家，不同的社会背景、人生经历造就他们各自塑造出

---

① （东汉）班固：《汉书·元帝纪》，中华书局 1962 年版，第 297 页。

来的汉元帝身上附带上了不同的时代特色。

身处异族统治，倍感民族压迫的马致远独具匠心，在他的末本戏《汉宫秋》中，塑造了一个有血有肉、有情有爱，却无权又无奈的帝王形象。《汉宫秋》共四折，每一折表现出汉元帝不同层面的性格特征。作品中，元帝充当的是两个重要的角色，一个是维护国家的帝王，一个是怜惜妻子的丈夫。两个身份并不矛盾，但是特殊的历史条件和现实情况却将一代帝王陷入了痛苦与无奈之中。

马致远的笔下，汉元帝有着普通人的真挚情感，唱词中流露着对王昭君的深深爱恋。

【梁州第七】我虽是见宰相似文王施礼，一头地离明妃早宋玉悲秋。怎禁他带天香着莫定龙衣袖。他诸余可爱，所事儿相投；消磨人幽闷，陪伴我闲游；偏宜向梨花月底登楼，芙蓉烛下藏阄。体态是二十年挑剔就的温柔，姻缘是五百载该拨下的配偶，脸儿有一千般说不尽的风流。寡人乞求他左右，他比那落伽山观自在无杨柳，见一面得长寿。情系人心早晚休，则除是雨歇云收。①

但是，满朝文武面对匈奴大军来袭纷纷退缩，汉元帝可悲地叹道：

【牧羊关】兴废从来有，干戈不肯休。可不食君禄命悬君口。太平时卖你宰相功劳，有事处把俺佳人递流。你们干请了皇家俸，着甚的分破帝王忧？那壁厢锁树的怕弯着手，这壁厢攀栏的怕擦打打破了头。②

作为一个保护不了自己妻子的丈夫，是元帝作为男人的失败。然而，外

---

① （元）马致远：《破幽梦孤雁汉宫秋》，王季思：《全元戏曲》第二卷，人民文学出版社1999年版，第115页。

② （元）马致远：《破幽梦孤雁汉宫秋》，王季思：《全元戏曲》第二卷，人民文学出版社1999年版，第116页。

侵和内患的威逼下，忍辱屈从则是他作为皇帝的悲哀。

> 【斗虾蟆】当日个谁展英雄手，能枭项羽头，把江山属俺炎刘？全亏韩元帅九里山前战斗，十大功劳成就。您也丹犀里头，枉被金章紫绶；您也朱门里头，都宠着歌衫舞袖。恐怕边关透漏，央及家人奔骤。似箭穿着雁口，没个人敢咳嗽。吾当偻儇，他也、他也红妆年幼无人搭救。昭君共你每有甚么杀父母冤仇？休、休，少不的满朝中都做了毛延寿！我呵空掌着文武三千队，中原四百州，只待要割鸿沟。陡恁的千军易得，一将难求！①

唱词中的无奈给人可恨又可怜的感受。

而陈与郊的《昭君出塞》则不同，没有了民族压迫层面上的内涵，作品中的汉元帝理直气壮，言出必行。陈剧中的元帝，只有皇帝这一个身份。

初次面对即将远行的昭君，虽为美色倾倒，但更多重视的是汉朝的声誉。

> （生作惊介）呀！怎生与画图中模样，相去天渊？分明是洛浦仙姿，蓝桥艳质。压到三千粉黛，惊回十二金钗。毛延寿这厮，好生误事！着武士将毛延寿斩了！（众应介）（生）我便别铨淑女，远赐单于。省得埋没了这照乘明珠，连城美玉，也由得我。只一件，姓名已去，若寡人失信单于，眼见得和亲不志诚也。罢罢罢！②

虽满心不舍，但大局为重，只重江山，不惜美人，表现出一个帝王一言九鼎的威严。

---

① （元）马致远：《破幽梦孤雁汉宫秋》，王季思：《全元戏曲》第二卷，人民文学出版社1999年版，第116页。

② （明）陈与郊：《昭君出塞》，（明）沈泰：《盛明杂剧》初集卷9，影印董氏诵芬室刻本仿明精刊本，中国书店1918年版，第3页。

（生）看你云鬟虹怨辞仙仗。宫恩虏信，势不两全。今日里恩和信，怎地商量？天公酝酿，千般痛尽在这去留一晌。谩匆忙。美人，少留一刻呵！强如别后，空寻履迹衣香。①

且本戏的作品，加之篇幅有限，可以表现元帝的仅仅寥寥几语。但如此的刻画，恰好将一个强有力的形象呈现给观众。

对比二剧中的汉元帝，一个忍辱屈从，一个一言九鼎。个性的强弱与所泼笔墨多少无关，有关系的是时代精神在人物身上留下的历史印记。

《汉宫秋》是一部融历史厚重感与时代针对性为一体的优秀作品。汉朝的故事被剧作家演绎，运用咏史的笔法以喻今，借助汉朝来隐喻汉家王朝。马致远约生于宋理宗淳祐一年（1250），他亲历了蒙古族入侵、南宋灭亡的国耻，作为一个异族统治下的汉族文人，目睹了汉家王朝的一步步败亡，他内心痛苦、愤懑，借古讽今，他借助于对懦弱无能的汉元帝的讥讽来表达对南宋末世朝廷的不满情绪。然而作为一个儒学修养深厚、年轻时热衷功名、怀揣着"佐国心，拿云手"政治抱负的汉族文人，他的忠君思想又是异常地强烈。因而作品中看得出矛盾的情绪。讥讽的同时，他不忍将其塑造得昏庸无能，而将责任归咎于满朝文武的腐败无能。《汉宫秋》中，汉元帝以一个力不从心的形象出现。马致远艺术地改变了历史。在他所处的时代，《汉宫秋》中，马致远将后宫待诏王昭君的身份提升到了"明妃"，突出了汉元帝的悲哀，明妃、明君的称谓虽在过去的昭君题材作品中也有出现。西晋时候，石崇的《王明君辞（并序）》中写道："王明君，本为王昭君，因触文帝（司马昭）讳，改焉。"②后来诗词中所现，均是对昭君的爱戴之称，正式的册封，马致远当属首创。这样的身份定位，不仅仅是给了身负和亲重任的昭君一个名分，一个行嫁的规格，更是对元帝将爱妃拱手相让时的无奈、无助的一种讽刺和怜悯。

---

① （明）陈与郊：《昭君出塞》，（明）沈泰：《盛明杂剧》初集卷 9，影印董氏诵芬室刻本仿明精刊本，中国书店 1918 年版，第 3 页。

② 吕晴飞：《汉魏六朝诗歌鉴赏辞典》，中国和平出版社 1990 年版，第 372 页。

陈与郊生活在明朝衰亡之始的万历朝，长达 28 年未曾上朝令神宗皇帝在历史上创下了"纪录"，尽管《明史·神宗本纪》也明确提出："故论考谓：明之亡，实亡于神宗。"① 但是表面依旧四海升平。陈与郊生活在此时，国力尚盛，民族问题不是重点，因而，他所塑造的汉元帝并没有《汉宫秋》中的忍气吞声，简短的篇幅呈现的始终是一个一言九鼎的强势形象。对于渴望君恩、独守深宫的昭君，他可能是一个摸不到够不着的憧憬，但对于三宫六院中的众多妃嫔来说，他又何止是一个人的梦。昭君的一句唱词："思量！愁容镜里，春心弦上。户牖恩光犹妄想。"② 点出了众深宫女子的悲哀。陈剧中没有设计二者的情感戏份，元帝的惊艳、遗憾无关爱情。虽然他对遣派美艳的昭君和番后悔惋惜，但是出于国家的威严和信誉，他以大局为重。由作品中的形象可以看出明代帝王至高无上的权威。

同一个人物，在不同作品中呈现的是大相径庭的性格和地位。不论是作者的刻意设计，还是作品的无意流露，归根到底都刻上了时代背景和社会文化的烙印。

第四节　帝妃关系的变化及内涵解读

《汉宫秋》是一部意蕴丰富的杂剧，它作为一部历史题材的剧作体现了巾帼英雄的忠、逆子贼臣的奸，以及弱势之下汉元帝的无奈与苦痛，反映了作者的民族意识。但是也可以将其视为一部壮烈的演绎帝妃之恋的爱情悲剧。作品中展示了王昭君与汉元帝从相遇、热恋到生死离别的过程，感人肺腑。

而《昭君出塞》却是忠于史实。只写到汉元帝看到王昭君绝色仙姿后的惊讶神色，悔不该差遣昭君，痛责毛延寿贼子误事，着武士将其斩首，但始

---

① （清）张廷玉：《明史·神宗本纪》，中华书局 1974 年版，第 295 页。

② （明）陈与郊：《昭君出塞》，（明）沈泰：《盛明杂剧》初集卷 9，影印董氏诵芬室刻本仿明精刊本，中国书店 1918 年版，第 1 页。

终未见二人之间有何恋情可言。

　　爱情是文学艺术一直以来热衷表现的主题，这种发自肺腑的真实情感最具表现力。昭君与元帝的关系从史实中一路演绎而来，尽管已有诗文中称昭君为"明妃"，但是真正涉及爱情的微乎其微。直至唐代《王昭君变文》中昭君对汉帝的思恋里隐约看到了二人曾经的儿女私情。

　　　　如今以暮（慕）单于德，昔日还（承）汉帝恩。
　　　　……
　　　　假使边庭突厥宠，终曰不及汉王怜。①

　　到了马致远的《汉宫秋》才将爱情发展到了极致。如果说汉弱胡强是大的历史背景，匈奴大军压境、单于索亲是故事的诱因，那么汉元帝与王昭君的爱情则就是《汉宫秋》的一条主脉络。马致远别出心裁地将王昭君和汉元帝的关系进行了有力渲染，生动演绎了他们从初相识的欢情：

　　　　【梁州第七】我虽是见宰相似文王施礼，一头地离明妃早宋玉悲秋。怎禁他带天香着莫定龙衣袖。他诸余可爱，所事儿相投；消磨人幽闷，陪伴我闲游；偏宜向梨花月底登楼，芙蓉烛下藏阁。体态是二十年挑剔就的温柔，姻缘是五百载该拨下的配偶，脸儿有一千般说不尽的风流。寡人乞求他左右，他比那落伽山观自在无杨柳，见一面得长寿。情系人心早晚休，则除是雨歇云收。②

　　被迫无奈的离情：

　　　　【黄钟尾】怕娘娘觉饥时吃一块淡淡盐烧肉，害渴时喝一杓儿

　　①　潘重规：《敦煌变文集新书》，文津出版社1994年版，第272页。
　　②　（元）马致远：《破幽梦孤雁汉宫秋》，王季思：《全元戏曲》第二卷，人民文学出版社1999年版，第115页。

酪和粥。我索折一枝断肠柳，饯一杯送路酒。眼见得赶程途趁宿头，痛伤心重回首。则怕他望不见凤阁龙楼，今夜且则向灞陵桥畔宿。①

直至生死别离之后的悲情：

【幺篇】伤感似替昭君思汉主，哀怨似作薤露哭田横，凄怆似和半夜梦歌声，悲切似唱三叠阳关令。②

以爱情的悲剧来引出朝廷的悲剧、民族的悲剧。通过对帝妃爱恋的深化，来表现更深层次的意义。爱情越真挚，别离越痛苦，而满朝文武的腐朽无能令至尊的皇帝深感悲哀，悲剧的气氛自然聚拢了起来，使作品所表达的爱情、朝廷、民族的悲哀情绪更加入木三分。离合之间，我们看到的是婉转缠绵的爱，生生分割的情。更深意义上讲，我们看到的是弱势民族的被动，腐败朝廷的无能。爱情的悲剧人物是元帝和昭君二人，然，剧作所展示的悲剧何止爱情。家国的不幸、民族的悲剧才是剧作家真正要表现的。

而陈与郊的作品显然也是诉说悲剧，且本剧作《昭君出塞》延续了文学史上"昭君怨"的主题，久居深宫不得临幸，终又被远遣他乡，昭君的悲剧在作品中展现得淋漓尽致。但是，由于时代不同，陈与郊所表现的主题是母题自身可以衍生出来的，而非马致远般"借他人之酒杯，浇自己胸中之块垒"。因而，《昭君出塞》的悲剧属于个人，悲剧人物只有昭君。

该剧一开始，昭君听女官宣诏上场，空欢喜一场，"叹韶年受深宫业障"③，好容易"惊传诏奉清光"④，不料诏见原因却是和亲。通过与贴扮宫女

---

① （元）马致远：《破幽梦孤雁汉宫秋》，王季思：《全元戏曲》第二卷，人民文学出版社1999年版，第119页。

② （元）马致远：《破幽梦孤雁汉宫秋》，王季思：《全元戏曲》第二卷，人民文学出版社1999年版，第126页。

③ （明）陈与郊：《昭君出塞》，（明）沈泰：《盛明杂剧》初集卷9，影印董氏诵芬室刻本仿明精刊本，中国书店1918年版，第1页。

④ （明）陈与郊：《昭君出塞》，（明）沈泰：《盛明杂剧》初集卷9，影印董氏诵芬室刻本仿明精刊本，中国书店1918年版，第1页。

的对白，诉尽了昭君空守深闺的哀怨。"愁容镜里，春心弦上，户牖恩光犹妄想。"① 该剧中帝妃相遇，完全是为着和亲一事而来，尽管面对"洛浦仙姿，蓝桥艳质。压到三千粉黛，惊回十二金钗"② 的昭君，汉元帝好生后悔，但为了彰显和亲志诚，不失大国信誉，并未毁约。汉元帝悔的是"照乘明珠，连城美玉"③ 没有归己所有，完全是帝王那种高高在上唯我独尊的君主思想在作祟，帝妃之间并未掺杂儿女私情。

综上所述，二剧故事涉及人物虽然都是汉元帝和王昭君，但是人物关系却显然相异。《汉宫秋》为展现民族悲剧，将悲剧人物设定为元帝和昭君，二者是相爱的伴侣，被强拆的鸳鸯；《昭君出塞》展示的则是深宫内院中红颜的委屈与哀怨，悲剧人物是昭君个人。昭君同元帝，可以说一个是高高在上，一个望而兴叹。

可见，由于所处时代的不同，二者的创作旨向是不同的。《汉宫秋》以爱情为基调来抒发亡国之恨、民族悲情，虽取材于史实，却似一部满含心酸血泪的现实剧；《昭君出塞》则是遵照历史创作的历史剧目，叹咏的也仅仅是古人的悲哀。在爱情悲剧的基础上，展示王朝的悲剧、民族的悲剧，作品的可观赏性显然要大得多，时代性和现实感也就更加强烈。而折子戏《昭君出塞》所展示的是个人悲剧，主要看点可能要依靠演员高超的表演技艺来吸引观众的视线。可见，两部作品的舞台效果亦会有所不同。

元曲大家马致远的《汉宫秋》被后人称作元曲的最佳杰作，从历史使命和时代意义层面上，陈与郊的《昭君出塞》显然遥不可及，从陈剧对马剧曲词的借鉴上，也可看得出陈与郊对马致远创作的肯定。然而，从文本的平行比较而言，由于所处时代背景的不同，创作所依附的心理有所差异，因而两部作品各有千秋。

---

① （明）陈与郊：《昭君出塞》，（明）沈泰：《盛明杂剧》初集卷9，影印董氏诵芬室刻本仿明精刊本，中国书店1918年版，第2页。

② （明）陈与郊：《昭君出塞》，（明）沈泰：《盛明杂剧》初集卷9，影印董氏诵芬室刻本仿明精刊本，中国书店1918年版，第3页。

③ （明）陈与郊：《昭君出塞》，（明）沈泰：《盛明杂剧》初集卷9，影印董氏诵芬室刻本仿明精刊本，中国书店1918年版，第3页。

首先，时代背景的不同是同一历史题材展示不同主题的关键。《汉宫秋》诞生于蒙古大军统治的元朝，汉人、南人分别位于四等人中的三、四等。强烈的民族压迫感充斥着每一个汉族人的心，马致远将时代背景偷换，将和亲时双方的力量悬殊加以调换，借此以表达内心的愤懑；陈与郊由于没有国破家亡的经历，而且所处时代中民族矛盾也并不强烈，所以所创之作并没有融入家仇国恨。和亲的背景依史而设，感慨昭君不幸的同时不忘大汉朝的耀武扬威。

其次，人物形象也随主题的差异展现了不同的层面。两个主要人物，王昭君在《汉宫秋》中，既有小女儿的涓涓情爱，又有巾帼英雄的深明大义；在《昭君出塞》中，则是以一个久居深宫渴慕君恩的幽怨女子形象示人。汉元帝在《汉宫秋》中既是丧权辱国的败君，又是拱手让妻的懦夫；在《昭君出塞》中他则是爱江山不爱美人的九五之尊。

最后，人物关系也有所差异。《汉宫秋》展示了帝妃之间缠绵悱恻的爱恋和感人至深的生死离别，元帝同昭君是一对悲情的爱侣；《昭君出塞》则一个是高高在上的帝王，一个是久居深宫的怨女，二者素未见面。若说关系，只能说汉元帝是王昭君日夜思念的一个遥不可及的梦。

综上所述，通过对两部作品的比较研究，展现给我们的是历史和现实对于文学作品的影响，或者也可以说文学作品承载了历史内蕴和时代使命。德国哲学家伽达默尔说过："从史学的角度看历史，和从文学的角度看历史，其异同是显而易见的。史学家关心的是历史因果关系和时事变迁，文学家所要展示的，是特定的环境下的人，是人的命运和情感，是直接创造一个可以让读者介入、参与、体验的心灵世界。"① 正因如此，文学的魅力才得以体现，才有了马致远"借他人酒杯，浇自己块垒"，也才有了陈与郊笔下深深的"昭君怨"。

---

① ［德］伽达默尔：《真理与方法》，上海译文出版社 1992 年版，第 274—275 页。

第十章　元明之际其他杂剧
作品的发展流变

第一节　三国故事的流变

元杂剧《关云长千里独行》（下文简称《千里独行》）和明杂剧《关云长义勇辞金》（下文简称《义勇辞金》）演绎的都是关于三国时期关云长挂印封金、辞曹归汉的故事，所反映的本事见于西晋史学家陈寿所撰《三国志》：

> 建安五年，曹公东征，先主奔袁绍。曹公禽羽以归，拜为偏将军，礼之甚厚。绍遣大将（军）颜良攻东郡太守刘延於白马，曹公使张辽及羽为先锋击之。羽望见良麾盖，策马刺良于万众之中，斩其首还，绍诸将莫能当者，遂解白马围。曹公即表封羽为汉寿亭侯。初，曹公壮羽为人，而察其心神无久留之意，谓张辽曰："卿试以情问之。"既而辽以问羽，羽叹曰："吾极知曹公待我厚，然吾受刘将军厚恩，誓以共死，不可背之。吾终不留，吾要当立效以报曹公乃去。"辽以羽言报曹公，曹公义之。及羽杀颜良，曹公知其必去，重加赏赐。羽尽封其所赐，拜书告辞，而奔先主於袁军。左右欲追之，曹公曰："彼各为其主，勿追也。"①

---

① （西晋）陈寿：《三国志·蜀书六》，（南朝宋）裴松之注，中华书局 1959 年版，第 939—940 页。

这段正史记载的三国故事经过历代文学演绎，带有了不同的时代特征和感情色彩。关云长历来是被广大民众所热情讴歌的人物，从英雄崇拜到将其神化，忠良义勇素来是其典型性格。《千里独行》和《义勇辞金》均采关云长挂印封金、辞曹归汉这段历史为题材，但因立足点的不同，使其各具风采。

元杂剧《千里独行》作者生平事迹不详。作品古拙朴茂，从关云长降曹、辞曹写到与刘备、张飞古城相会，叙事详尽完整，人物刻画立体生动。剧本虽重在表现关云长，但四折一楔子，皆由饰演甘夫人的旦角演唱。主要内容如下：刘、关、张三兄弟破吕布后，不服奸雄曹操调遣，暗出许都后袭了车胄，镇守徐州。曹操率大势军马来袭，在清风岭安营扎寨。刘、关、张商议对策，关云长提出长蛇阵，张飞提议热奔阵。最终关云长率小部队前往下邳，刘、张领三房头家小留守徐州。刘、张率兵夜袭曹营，然而因商议计策时，张飞怒责并重打了提出质疑的衙门将张虎，其记仇叛逃至曹操处泄密，致使刘、张夜袭大败，卸甲而逃。曹操以三房头家小为人质，在答应关云长提出的降汉不降曹、与嫂嫂家小一宅分两院、一旦打听到兄弟消息便要寻去等三个条件后，将其收为己用，封寿亭侯①并重金美女礼遇。然而关云长身在曹营心在汉，虽刺颜良、诛文丑建功立业，但听到刘、张消息，马上挂印封金，摆脱曹操所设层层障碍，辞曹归汉。面对兄弟的责问，关云长以杀蔡阳表明心迹，刘、关、张三人古城欢聚。

明杂剧《义勇辞金》出自藩王作家朱有燉之手，同样取材于此，但是侧重点不同。全剧为末本戏，但其间存在末角的转换现象。原本，末扮关云长担任主唱，但是第三折中出现末扮探子向外扮曹操汇报关云长战绩的情节。由此，看得出明杂剧在唱角设置上的演进。作品中没有交代缘由，直接描写关云长身在曹营心在汉、义勇辞金的事迹，突出展示关云长的义勇。剧中，张辽奉曹操之命给偏将军关云长送来美女黄金，关云长拒不接受，推脱不过

---

① 关于"汉寿亭侯"历来有观点不同：一说是"汉"为朝代名；一说是"汉寿"为地名。学界考证，认可"汉寿"为亭名说。因此，"汉寿亭侯"即关羽被封为"汉寿"这个地方的"亭侯"。而《千里独行》中采用"寿亭侯"，可见是将"汉"误认为了朝代名。

只将黄金收下。二人畅饮相谈，关表明其忠臣不事二主，暂不离去全因要立功报答曹操恩德。袁绍军中大将颜良率兵搦战，建武将军夏侯惇战败，关云长披挂上阵，威风大显，斩杀颜良，解了白马之围，并得知了刘备下落，挂印封金，携刘备妻小留书追寻而去，曹操闻之，赠绛红袍、白玉带、远游冠、乾皂靴，派张辽、夏侯惇为其钱行。小酒馆中，夏侯惇谋害未遂，关云长感慨作别。

《千里独行》故事叙述详尽，交代了前因后果。而《义勇辞金》则仅取关键片段，进行生动的舞台演绎。二者取材同一，但侧重相异。可见同类题材杂剧的创作意旨和时代观念具有不同倾向。

一、关云长：从智勇双全到忠肝义胆

三国题材是戏曲创作中极为重要的一类，而关云长一直是三国戏中的重要人物之一。关云长的形象在历代文学作品中日益丰满，人们对他的崇拜远远超越了史实。他或是理想人格的化身，或是忠义勇武的代言，或代表了英雄主义的彰显，或接受了平民百姓的膜拜。从人到神，从臣到君，关云长的形象在中国历史上似乎已然超越了一个历史人物的定位，而是代表了一种文化，一种信仰。

《千里独行》和《义勇辞金》取材相同，但在关云长形象的塑造上各有偏重。前者重智重忠，后者重义重勇。

（一）《千里独行》：重智重忠

元杂剧《千里独行》中，关云长智勇双全。不仅仅展现了其一贯的忠肝义胆，更多的情节将其智慧的一面展现得淋漓尽致，呈现给观众一个有勇有谋的人物形象。

例一：

面临曹操十万军兵，刘、关、张商议对策。关云长献计"一字长蛇阵"。

　　咱如今分军在三处，哥哥领着三房头家小，并大小军将，守着
　这徐州；我领着五百校刀手，守着这下邳；兄弟你领着你那十八骑

乌马长枪，守着这小沛。……假若那曹操的军兵，来围这小沛，哥哥这徐州军兵，我这下郡的军兵，都来救小沛；若围着下邳，这徐州、小沛兵，可来救这下邳；若是他围了这徐州城，我和你下邳、小沛的军兵，可来救这徐州。便比喻这徐州似个蛇身，俺这两处便如那蛇头蛇尾，似这般呵，方可与曹操拒敌。①

此计不仅刘备大赞，曹操听说之后也满心恐惧"将军分三处，俺是难与他拒敌"。可见关云长懂兵法，极其具备军事头脑，有勇有谋。只可惜刘备采用了莽张飞的"热奔阵"，导致兵败而逃。

例二：

为了三房头妻小，关云长暂降，但身在曹营心在汉。在筵宴上看到旧时刘备部下张虎时，云长并未冲动上前质问，而是推醉探听：

（净云）丞相着张虎在古城，不想近日间有刘玄德和张飞走将来，将我杀退了，夺了俺古城也。②

从而得知兄弟下落，喜出望外。但是并不直接告知甘、糜夫人，而是试探一番。

（正旦云）妹子，你看俺二叔叔好快活也。（关末云）我怎么不快活？我如今封官为寿亭侯，每日筵宴管待，正好受用也。（正旦云）叔叔你的是也。（唱）

【红芍药】你道是近新来加你做寿亭侯。（关末云）我上马一提金，下马一提银。（正旦唱）枉受了些肥马轻裘。这的是你桃园结义下场头，枉了宰白马、杀乌牛。（关末云）我三日一小宴，五日

① 无名氏：《关云长千里独行》，《孤本元明杂剧》（一），中国戏剧出版社 1958 年版，第 873 页。

② 无名氏：《关云长千里独行》，《孤本元明杂剧》（一），中国戏剧出版社 1958 年版，第 886 页。

一大宴。（正旦唱）你每日吃堂食饮御酒，你全不记往日的冤仇。想着您同行同坐数年秋，到如今一笔哎都勾！（关末云）我如今官封为寿亭侯哩。（正旦唱）

【菩萨梁州】今日个你建节来封侯，登时间忘旧。知书的小叔，你可便枉看了些《左传》《春秋》。我这里听言说罢泪交流，弟兄今日难相守，甚日个得完就。谁想你结义宾朋不到头，则他这岁月淹留。（关末云）我将这条凳椅桌都打碎了，幔帐纱橱都扯掉了。（正旦云）叔叔烦恼了也。妹子，咱与叔叔陪话去来。（唱）

【骂玉郎】则我这心中负屈应难受，不由我便扑簌簌泪交的流，我见他扑登登怒难收救。他那里踢翻椅桌，扯了幔幕，紧揾起那征袍袖。（小旦云）姐姐，二叔叔不知为何至怒也。（正旦唱）

【感皇恩】呀，我见他并不回头，怒气难收。我这里自踌蹰自埋怨，我这里自僝僽。您嫂嫂言语的是紧，叔叔你恼怒无休。我陪有十分笑，叔叔你千般恨，我怀着九分忧。

【采茶歌】叔叔你早则么皱着眉头，休记冤仇，叔叔你与我停嗔息怒。寿亭侯，则你那夭散了的哥哥不知道无共有，方信道知心的这相识可也到头休。

（云）妹子，俺跪着。二叔叔，可怜见俺姊妹二人。（正旦、小旦都做跪科）（关末云）嫂嫂请起。你休烦恼，你欢喜者。（二旦云）我有什么欢喜。（关末云）嫂嫂，你不知道俺哥哥兄弟见在古城有哩。[①]

对话中，先是假意流露自己贪图安逸、乐享富贵，以探其嫂之意；见嫂嫂言之切切，以兄弟之礼质问，便佯怒；直到甘夫人不得不委曲下跪，求其息怒，才着实了解了嫂夫人的真心，遂将真相托盘而出。几次三番的不同方式的试探，可见其颇有心计。

---

①　无名氏：《关云长千里独行》，《孤本元明杂剧》（一），中国戏剧出版社 1958 年版，第 888—890 页。

例三：

当关云长挂印封金，引一众家小投奔刘备而去时，与前来计擒的曹操交锋，云长斗智斗勇，将张辽所献三计，逐一破解。

第一计：

> 丞相领兵赶上云长，则推与他送行。丞相若见云长，丞相先下马，关云长见丞相下马，他必然也下马来。若是云长下马来，叫许褚上前抱住云长，着众将下手。①

对策：

> （关末云）丞相勿罪，我不下马来也。②

第二计：

> 丞相与云长递一杯酒，酒里面下上毒药。③

对策：

> （关末云）难得丞相好心，丞相先饮过，关羽吃。④

第三计：

---

① 无名氏：《关云长千里独行》，《孤本元明杂剧》（一），中国戏剧出版社 1958 年版，第891 页。

② 无名氏：《关云长千里独行》，《孤本元明杂剧》（一），中国戏剧出版社 1958 年版，第893 页。

③ 无名氏：《关云长千里独行》，《孤本元明杂剧》（一），中国戏剧出版社 1958 年版，第892 页。

④ 无名氏：《关云长千里独行》，《孤本元明杂剧》（一），中国戏剧出版社 1958 年版，第893 页。

丞相把那西川锦征袍，着许褚托在盘中。丞相赠与云长。云长见了，必然下马来穿这袍。可叫许褚向前抱住，众将下手。恁的方可擒的云长。①

对策：

（关末云）我待下马去，则怕中他的计策；我待不下马去，可惜了一领锦征袍。你听者，关羽从来性粗豪，哎！你个贤达嫂嫂莫心焦。上告孟德休心困，刀尖斜挑锦征袍。②

张辽所献三计虽妙，任于关云长皆不济。见招拆招更见其心细、理智、不焦躁，能够化险为夷。

以上三例，皆表明关云长并非一介莽撞武夫，而是足智多谋、智勇双全。元杂剧中着重对此进行展开描写，令读者眼中的关云长更加完美。不仅仅是智慧尽显，更重要的是其忠心可表。迫于要照料三房头老小，归顺曹操，但他明确提出三桩要求：

（关末云）我头一桩，我虽然投降，我可不降你丞相，我是降汉不降曹；第二桩，我和俺哥哥兄弟家属，一宅分两院；第三桩，我若打听的俺哥哥兄弟信息，我便寻去，可不许您拦当。③

虽然身在曹营，但心随旧主。

当投奔刘备后，刘、张误解，不肯信任时，关云长立斩蔡阳，以表忠心。

---

①　无名氏：《关云长千里独行》，《孤本元明杂剧》（一），中国戏剧出版社 1958 年版，第 892 页。

②　无名氏：《关云长千里独行》，《孤本元明杂剧》（一），中国戏剧出版社 1958 年版，第 894 页。

③　无名氏：《关云长千里独行》，《孤本元明杂剧》（一），中国戏剧出版社 1958 年版，第 882 页。

作品中，刘备在文末评价道：

> 你虽身居重职，你不改其志，此为仁也；你不远千里而来，被张
> 飞与某百般发忿，兄弟你口不出怨恨之语，此为义也；你弃印封金，
> 辞曹归汉，此为礼也；不一时立斩蔡阳，此为智也；你曾与曹操言定三
> 事，听的某在此，你将领家小前来，不忘桃园结义之心，此为信也。①

由此可见，这样的形象塑造，证明了一个尚武时代对于英雄的定位。这
个时代对于英雄的定义、百姓对于关云长的膜拜，在于其仁义礼智信俱全。
三国以来，关云长的英雄事迹家喻户晓，温酒斩华雄、斩颜良诛文丑、千里
走单骑、过五关斩六将、刀劈蔡阳、单刀赴会，桩桩件件都足以让世人赞不
绝口。《千里独行》侧重其有勇有谋，有忠有义，可见元代对英雄的渴慕，
对仁义礼智信的认同。

（二）《义勇辞金》：重义重勇

《义勇辞金》侧重的则不同。祁彪佳《远山堂剧品》将此剧归于"雅品"，
并评论说："不但关公之义勇，千古如见，即阿瞒笼络英雄之伎俩，亦现之
当场矣。每恨关公未有佳传，得此大畅。"②

关云长之义勇在作品中表现十足。该剧中，关云长之义，表现在两个方
面。一方面，对于刘备，关云长忠心耿耿，义薄云天。与刘、张失散，满心
愁苦。

> 【醉扶归】自结义平原相，谁承望有参商！子俺生死之交不可
> 忘。盟誓在，难虚诳。空教我望断愁云故乡，都撮在双眉上。③

---

① 无名氏：《关云长千里独行》，《孤本元明杂剧》（一），中国戏剧出版社1958年版，第
899页。
② 祁彪佳：《远山堂剧品·雅品》，《中国古典戏曲论著集成》第六集，中国戏剧出版社
1959年版，第147页。
③ （明）朱有燉：《关云长义勇辞金》，《中国古代戏曲经典丛书·明清杂剧卷》，华夏出
版社2000年版，第10页。

　　另一方面，他的义不仅仅表现在对于兄弟手足之间，于曹操亦"大丈夫行事当轰轰烈烈，明如日月"①，"今日受了曹公深恩，大丈夫以义气相许"②，虽说"守诚心思故主"③，"叹孤忠随日落，悲离恨与天长"④，然而因"多受曹公之恩"，"必要立功相报"⑤。

　　　　汉偏将军关羽拜上！汉兖州牧丞相曹公府下。窃以日在天之上，心在人之内。日在天之上，普照万方；心在人之内，以表丹诚。丹诚者，信义也。尔昔受降之日有言曰："主亡则辅，主存则归。"丞相新恩，刘公旧义。恩有所报，义无所断。今主之耗，羽已知之。刺颜良于白马，诛文丑于南坡。丞相新恩，满有所报。刘公旧义，终不能忘。每留所赐之资，尽封府库之内。伏望台慈，俯垂昭鉴！羽顿首再拜！⑥

一纸辞书，令"义绝"形象跃然纸上。

　　同时，该剧在其"义"的重点描写外，还突出了关云长之勇。《义勇辞金》中二、三折，用了大量的笔墨来展现其英勇。

　　正面描写：

　　　　【沽美酒】入袁军阵队里，刺颜良若儿嬉。我将这带血兜鍪手

---

　　① （明）朱有燉：《关云长义勇辞金》，《中国古代戏曲经典丛书·明清杂剧卷》，华夏出版社 2000 年版，第 8 页。
　　② （明）朱有燉：《关云长义勇辞金》，《中国古代戏曲经典丛书·明清杂剧卷》，华夏出版社 2000 年版，第 10 页。
　　③ （明）朱有燉：《关云长义勇辞金》，《中国古代戏曲经典丛书·明清杂剧卷》，华夏出版社 2000 年版，第 10 页。
　　④ （明）朱有燉：《关云长义勇辞金》，《中国古代戏曲经典丛书·明清杂剧卷》，华夏出版社 2000 年版，第 10 页。
　　⑤ （明）朱有燉：《关云长义勇辞金》，《中国古代戏曲经典丛书·明清杂剧卷》，华夏出版社 2000 年版，第 10 页。
　　⑥ （明）朱有燉：《关云长义勇辞金》，《中国古代戏曲经典丛书·明清杂剧卷》，华夏出版社 2000 年版，第 30 页。

内提。只一人一骑，回到俺大营内。

【太平令】杀的他败残军，明幌幌枪刀满地。丢弃的乱纷纷衣
甲成堆。逃命的俏没促林中藏避。投降的战笃速马前齐跪。快疾忙
说知就里，向军中庆喜。早报了曹公恩义。①

侧面描写：

【紫花儿序】凭着他一人勇猛撞入那万队军营，到强如十面埋
伏。看了他气昂昂施呈武艺，雄赳赳幹运机谟。喑呜，半坐雕鞍探
虎躯，把敌军轻觑，他那里忙拂金鞭，急骤龙驹。

……

【金蕉叶】把这柄青龙刀连忙便举。撞入那七里围中军帐去。
吼一声威风似虎。将一个血淋淋的人头便取。②

大段的唱词将其英武尽显。同时通过与夏侯淳率领"千百万军尚且被他杀
败"③的对照，更显出关云长单枪匹马的骁勇善战。

两部杂剧表现的关云长形象虽有差异，但并不冲突。只能说不同的时
代人们对于关云长的认识不同。更准确一点说，是不同时代所赋予以关云
长为理想的这类英雄人物的历史使命不同。《千里独行》中的关云长，一
心忠于刘备忠于汉室。可见诞生于异族统治下的元代的杂剧作品中，字里
行间流露着对于汉室统治的怀念。《义勇辞金》中关云长"义绝"形象的
突出，看得出身为统治阶级的藩王作家朱有燉对于关云长这样英勇忠义之
士的渴慕。同一个角色，在不同时代背景下，成为时代所需求的英雄形象

---

① （明）朱有燉：《关云长义勇辞金》，《中国古代戏曲经典丛书·明清杂剧卷》，华夏出
版社 2000 年版，第 17 页。

② （明）朱有燉：《关云长义勇辞金》，《中国古代戏曲经典丛书·明清杂剧卷》，华夏出
版社 2000 年版，第 22 页。

③ （明）朱有燉：《关云长义勇辞金》，《中国古代戏曲经典丛书·明清杂剧卷》，华夏出
版社 2000 年版，第 17 页。

代表。关云长的形象正是在一代又一代人们不同的审美情趣中日益丰满、完美的。

二、曹操：从阴险狡诈到唯才是举

虽说两部杂剧对于关云长形象的塑造各有偏重，但整体方向一致，将附加不同时代特征的英雄形象叠加到一起，促使关云长在历史文化长廊中更加立体丰满。而二剧中曹操的表现则非如此。二剧对于曹操的塑造，存在着明显的差异。《千里独行》中，突出了"奸雄"曹操的阴险狡诈，《义勇辞金》中却展现了其唯才是举、礼贤下士的一面。可见剧中曹操形象的展示也代表了作者一定的历史认知和时代意识。

曹操（155—200），字孟德，小名阿瞒。沛国谯县人。三国时期著名的军事家、政治家、文学家。官至丞相，封魏王，谥武王，其长子曹丕称帝后，追尊为武皇帝，史称魏武帝。

历史上的曹操是一个备受争议的人物。《三国志》中陈寿评曹操：

> 太祖运筹演谋，鞭挞宇内，揽申、商之法术，该韩、白之奇策，官方授材，各因其器，矫情任算，不念旧恶，终能总御皇机，克成洪业者，惟其玥略最优也。抑可谓非常之人，超世之杰矣。[1]

可见曹操乃一代奇才。这个评价从正面较为公允地展示了曹操这位"非常之人，超世之杰"。然而，在历史发展进程中，对于曹刘孰为正统的问题，素有争议。对于曹操本人的看法，也就带上了感情色彩。

袁行霈主编的《中国文学史》中，介绍《三国演义》的章节里总结了历史上"拥刘反曹"的原因：

---

[1]　（西晋）陈寿：《三国志·魏书一》，（南朝宋）裴松之注，中华书局1959年版，第55页。

在历史上，曹、刘孰为正统的问题，从来就有不同的看法。在正统的史学著作中，大致自朱熹的《通鉴纲目》起，一般都奉蜀国为正统，以魏、吴为僭国。至于在民间流传的故事中，从来就有尊刘贬曹的倾向。究其原因，一是由于刘备是"帝室胄裔"，多少有点正统的血缘关系；二是刘备从来以"弘毅宽厚，知人待士"（陈寿《三国志·先主传》）著称，容易被接受。特别是在宋元以来民族矛盾尖锐的时候，"人心思汉"、"恢复汉室"，正是当时汉族人民共同的心愿，因而将这位既是"汉室宗亲"，又能"仁德及仁"的刘备敷为仁君，奉为正统，是最能迎合大众接受心理，符合广大民众的善良愿望的。①

由此可见，所谓的"拥刘反曹"更多的因素是民众心理和社会价值取向的主导作用。曹操"奸雄"的形象深入人心，由于刘备的宽厚仁德的对照，让人往往对其正面形象大打折扣，而将奸邪权诈的一面一再放大。

尤其到了社会矛盾及其尖锐复杂的元代，蒙古统治者统治残暴，而且社会等级森严，百姓终日生活在水深火热之中，然而他们的不满与抗议于事无补，作为一种大众的平民的文艺形式在此时成为他们宣泄愤怒的途径。元杂剧《千里独行》在歌颂关云长英雄形象的同时，将代表北方势力的奸雄曹操进行了丑化。与此相似的是，蒙古统治者同样来自北方，二者虽不可同日而语，但是民间的爱恨情仇得以转嫁，借助曹操的霸道、阴险、残暴，讽喻了当朝统治者令人切齿的暴行。

明代，身为藩王的剧作家朱有燉深谙用人之道，在他对曹操礼贤下士的描写中，不时流露出统治阶级对于贤才的渴慕。尽管朱有燉在《关云长义勇辞金·序》中写道：

予每读史至关羽辞曹操而归刘备，未尝不掩卷三叹，以为云长忠义之诚通于神明、达乎天地焉。夫曹瞒之心，奸雄残忍，又非与

---

① 袁行霈：《中国文学史》，高等教育出版社 1999 年版，第 26 页。

虏背之可比矣。然而云长辛能遂其忠义之愿而操不忍加害者，非操有英雄之量，若汉高祖唐太宗之为也。乃云长忠义之心精诚所致，若虎与虏辈自不能加害耳。宜乎后世载在祀典，为神明，司灾福，正直之气长存于天地之间也。予嘉其行为，作传奇以扬其忠义之大节焉。①

　　对曹操持贬损态度，认为其奸诈残忍，成就云长忠义并非曹操有英雄之量，但我们从作品的字里行间中可以看出朱有燉的言不由衷。他所展示的曹操并非一味地狡猾奸诈，他注重表现的是曹操礼贤下士、渴慕贤才的一面。也许正如《序》中所言，他"每读史至关羽辞曹操而归刘备，未尝不掩卷三叹"，由此见得，也许正是因为他对历史中曹操的不满，导致他的作品中出现这样一个形象。以此表达其立居统治阶级所拥有广纳贤才的胸怀，或者说更加希望统治阶级掌权者能够拥有这种胸怀和气量。此时已经没有了民族对立的大环境，自然曹刘之间的对立背景也被淡化，塑造理想的人物形象才更具现实意义。

　　《千里独行》中，曹操霸气登场，"手下军有百万，将有千员"②，统领十万雄兵至徐州擒拿刘、关、张，立誓"拿住三人必杀坏，怎时方表报冤仇"③。显然，曹操对待刘、关、张的态度是敌对的。而《义勇辞金》中曹操对于关云长的赏识与渴慕溢于言表。《千里独行》中当刘、张兵败逃走，曹操使诈骗得关云长投降，因其文武双全、英勇无比而收为己用。但是尽管"上马一提金，下马一提银"④相待甚厚，但从得知关云长闻知兄弟音讯、携家小离开曹营投奔而去时曹操的态度来看，说明他虽礼遇关云长，但实则视

①　（明）朱有燉：《新编关云长义勇辞金·序》，15世纪明刻本，第2—3页。
②　无名氏：《关云长千里独行》，《孤本元明杂剧》（一），中国戏剧出版社1958年版，第871页。
③　无名氏：《关云长千里独行》，《孤本元明杂剧》（一），中国戏剧出版社1958年版，第871页。
④　无名氏：《关云长千里独行》，《孤本元明杂剧》（一），中国戏剧出版社1958年版，第888页。

之为降将，收在帐下目的仅仅是为曹氏集团服务，而不似《义勇辞金》中的出于对人才的赏识、对英雄的渴慕，对关云长的归顺表现出格外的珍惜。

《千里独行》中，曹操为了让关云长受降，使诈骗说刘备、张飞都已战亡，同时以三房头家小为人质要挟关云长，使重义的关云长不得不为了保全家小，在提出三则要求之后投降。

> （曹末云）云长，你哥哥兄弟，都被我杀了也。你若肯投我呵，圣人跟前保奏过，我教你列坐诸官之右；你若不肯投降呵，你那三房头家小，被我都拿在营中，你徐州城也被俺占了。你不降呵，等到几时？①

威逼利诱，此中足见曹操之狡猾、阴险。

虽然应了关云长三愿，但全因"这其间知道他那哥哥兄弟有也无，都依的他"②。可见曹操自信其笼络权术，不同于《义勇辞金》中的仗义之行。当降将张虎报信被赴宴中的关云长知道了刘、张行踪时，曹操不计其前功，将其斩首，心狠手辣暴露无遗。

当关云长知道了兄弟的行踪，挂印封金，投奔而去时，曹操的表现极不近人情。

> （曹末云）谁想云长领着他家小，往古城寻刘玄德去了。我这般相待，他不辞我去了，更待干罢。唤将九牛许褚来。……（曹末云）许褚，我唤你来，别无甚事。因为关云长背了某，将领着他三房头老小，不辞我往古城去寻刘备去了。我今唤你来商议。（许褚云）丞相，俺如今领大势军兵赶上，活拿的云长来。（张辽云）丞相，咱不可与他交锋。想云长在十万军中，刺了颜良，诛了文丑，

---

① 无名氏:《关云长千里独行》，《孤本元明杂剧》（一），中国戏剧出版社1958年版，第880页。

② 无名氏:《关云长千里独行》，《孤本元明杂剧》（一），中国戏剧出版社1958年版，第882页。

俺如今领兵与他战，丞相也，枉则损兵折将。（曹末云）似此怎生
擒的云长？（张辽云）丞相，俺如今则可智取。（曹末云）你有何
智量？（张辽云）我有三条妙计，丞相领兵赶上云长，则推与他送
行。丞相若见云长，丞相先下马，关云长见丞相下马，他必然也下
马来。若是云长下马来，叫许褚上前抱住云长，着众将下手。第二
计，丞相与云长遁一杯酒，酒里面下上毒药。第三计，丞相把那西
川锦征袍，着许褚托在盘中。丞相赠与云长。云长见了，必然下马
来穿这袍。可叫许褚向前抱住，众将下手。恁的方可擒的云长。（曹
末云）张文远此计大妙，抖想云长出不的我这三条计也。则今日领
兵十万赶云长，走一遭去。我驱兵领将逞英豪，我这三条妙计他决
难逃。擒住云长必杀坏，方显曹公智量高。（下）①

　　这一大段的对白，曹操同张辽、许褚商议如何擒拿关云长，显然是对于
叛将的处置，全然不顾之前的承诺，"擒住云长必杀坏"，对于关云长存在的
只是害怕其英勇无比，擒拿时自己会损兵折将，全然没有惺惺相惜。如此看
来，该剧中的曹操霸道、狡猾、心狠手辣。

　　而《义勇辞金》中曹操，对于关云长的态度可谓真心可表。他将关云长
收归帐下，时时表现出对其的赏识。而且，从关云长的意欲报答的态度中也
看得出曹操礼贤下士的真诚。该剧不似《千里独行》中封锁刘、张消息，将
关云长困于曹营，为其所用。剧中的曹操唯才是用，礼遇关云长，虽求贤若
渴，但也光明磊落。

　　当斩杀颜良的捷报传来，曹操急切了解战况，期间不乏对于关云长的由
衷赞誉。然而，赏识归赏识，他理解关云长的忠义之行，并且也表现得也非
常仗义。

　　（外云）探子去了也！我想关云长，今日解了白马之围，斩了

_____

① 无名氏:《关云长千里独行》,《孤本元明杂剧》（一），中国戏剧出版社 1958 年版，第
891—892 页。

他一员上将。立了偌大功劳，必然思他旧主，不肯久留在此。一发将金银赏了他，凭他心意去留便了！①

夏侯惇煽风点火、进献谗言，妄图借刀杀人。然而曹操未受其左右，他并不拘于关云长所效忠的势力，赏识的是其侠肝义胆的英雄本质。

（外云）将军不以孤为不肖，勇立战功。深入虏营，斩获上将，遂解重围。信义昭明，岂胜感佩！谨将黄金百斤，白银千两，封将军为关内侯爵。少酬厚德，幸勿见拒！②

……

（外扮曹公上云）为因关云长，建立了功名，此人必不肯在此久留。我今做了绛红袍，白玉带，远游冠，乾皂靴。等他临行赠与他去也！③

曹操对英雄的赏识与珍爱在作品中表现得很充分，同时，这样的行为也展示了他的智慧。关云长的一段唱词言明"曹公虽则谲诈，必不残害忠良"④。

【正宫·端正好】凭智力将俊才收，假仁义把民心结。各施呈英武豪杰。乱纷纷据地图功业。恰便似闹穰穰蝇争血。⑤

---

① （明）朱有燉：《关云长义勇辞金》，《中国古代戏曲经典丛书·明清杂剧卷》，华夏出版社 2000 年版，第 24 页。

② （明）朱有燉：《关云长义勇辞金》，《中国古代戏曲经典丛书·明清杂剧卷》，华夏出版社 2000 年版，第 27 页。

③ （明）朱有燉：《关云长义勇辞金》，《中国古代戏曲经典丛书·明清杂剧卷》，华夏出版社 2000 年版，第 30 页。

④ （明）朱有燉：《关云长义勇辞金》，《中国古代戏曲经典丛书·明清杂剧卷》，华夏出版社 2000 年版，第 29 页。

⑤ （明）朱有燉：《关云长义勇辞金》，《中国古代戏曲经典丛书·明清杂剧卷》，华夏出版社 2000 年版，第 29 页。

此评价不失公允。曹操虽野心勃勃，但假仁义也好，诡诈也罢，终究有着雄才大略，展示其足智多谋的一面。

综上所述，可见二剧对曹操的态度截然不同。如果说《千里独行》中采用的是贬损的态度，那么《义勇辞金》中至少较为公允，对其唯才是用的举动多了几许欣赏和赞誉。《千里独行》的贬损源于对汉室的尊崇。在人心思汉的元朝，关云长降汉不降曹的作为引发众多的共鸣，对于曹操自然是深恶痛绝的；而在失去了民族对立大环境的明朝，从统治阶级的角度出发，《义勇辞金》中流露出的是对人才的渴慕，表达了统治阶级广纳贤士的意愿。

三、甘夫人：从秀外慧中到贤淑温婉

值得注意的是二剧中的旦角甘夫人。二剧皆可归为忠臣烈士剧，[①] 关云长是剧作塑造的中心。在这种展示英雄风采的剧中，旦角的出现往往使男性世界中略有了柔性的色彩，但并不占据主位。而《千里独行》却恰恰是一部旦本戏，这一点值得关注。剧中出现了两个女性角色，正旦甘夫人和小旦糜夫人，正旦主唱。此中，小旦糜夫人通过几句对白表现出其对甘夫人的依赖，而正旦甘夫人在其唱词和宾白中所展现出来的鲜明性格，更是这部忠臣烈士剧的一个闪光点。剧中，各个环节均有正旦参与。在出战前定计之时，甘夫人参与战事商议，并提出对张飞之计的质疑；被俘之后，她建议云长归曹，提出一壁厢统着士卒，一壁厢探着阵势的主张；见关云长受封受赏，又不知其真心所向，她对其大加指责；辞曹归汉途中曹操追来，她又谨慎小心地为关云长出谋划策，以避曹操奸计；兄弟团聚，刘、张误解云长，她向刘备解释来龙去脉，并严词指责张飞当初莽撞，为云长的忠义作证。可以说，整部剧中，甘夫人是关云长忠良义勇的见证，但又不是简单的旁观者姿态。旦角担任主唱，从全剧的唱词中，我们可以看到一个有见识、有主张、有性

① （明）朱权《太和正音谱》："一曰神仙道化、二曰隐居乐道、三曰披袍秉笏、四曰忠臣烈士、五曰孝义廉节、六曰叱奸骂谗、七曰逐臣孤子、八曰朴刀杆棒、九曰风花雪月、十曰悲欢离合、十一曰烟花粉黛、十二曰神头鬼面。"

格，同时又谨慎小心的女子形象，在这样一部以男性为主的忠臣烈士剧中，甘夫人的秀外慧中让我们感受到了女性的温柔和智慧。同时，这样创作也说明了作品的接受群体的视野里，元代社会女性也是相对占有一定地位的，并不完全是男性世界的附庸，她们具有自己的主动性和发言权。

《义勇辞金》中，甘夫人的出现仅仅几处，可以算是作为串场人物登场。简单的对白对塑造关云长形象起到了一定的侧面烘托作用。同时言行中流露出来的是对夫君的惦念：

> 叔叔！这几日可曾打听得刘皇叔在于何处？
> ……
> 听得人说已亡故了！未知虚实。[1]

刘备不在身边，全权听从于关云长：

> 叔叔既是知得刘皇叔实信时，我却放心也！
> ……
> 曹公的人来了，俺回宅去也！[2]

寥寥数语展现了一个封建社会典型的贤淑温婉的妇人形象。封建社会对妇女有着三从四德的要求，三从即"未嫁从父、既嫁从夫、夫死从子"[3]，四德即"妇德、妇言、妇容、妇功"[4]。甘夫人对于丈夫的惦念、依赖正是三从的一种体现。对小叔云长的信任、听从且不多语、妇人不参与男人之间的事情，皆是对四德的遵从。甘夫人以这样的出场去迎合明朝观众心中封建女性

---

① （明）朱有燉：《关云长义勇辞金》，《中国古代戏曲经典丛书·明清杂剧卷》，华夏出版社 2000 年版，第 8 页。

② （明）朱有燉：《关云长义勇辞金》，《中国古代戏曲经典丛书·明清杂剧卷》，华夏出版社 2000 年版，第 9 页。

③ 杨天宇：《仪礼译注》，上海古籍出版社 2004 年版，第 308 页。

④ 《十三经注疏·周礼注疏》，北京大学出版社 1992 年版，第 192 页。

形象，是非常符合生活真实的。

综上所述，《千里独行》和《义勇辞金》二剧，由于所述事件阶段和详略不同，所以，本节主要从人物入手进行了比较研究。《千里独行》中，关云长展示的是他的智勇双全；《义勇辞金》中则突出他的忠肝义胆。前者中曹操一副阴险狡诈的嘴脸；后者里却是唯才是举，求贤若渴。甘夫人更是差异鲜明，从性格鲜明的主唱到一个普通的串场人物，这样的差异足以见得人物的分量之差。

元代，由于异族入侵并主导朝政，社会从中原传统的汉族统治一下子有了质的转变，给中原人民的心理造成了重创。加之元朝统治的混乱、等级的森严，导致了民众对于义士英雄更加渴慕，智勇双全的关云长正是这个时代的呼唤。同时，对于北方强暴势力的咬牙切齿，在作品中象征性地表现了出来。曹操虽非异族，但是在尊汉室为上的时代，也是北方的非正统势力，元剧利用对曹操的丑化，来抒发对于本朝统治势力的不满。

明剧则有所不同，尤其该剧出自统治阶级藩王作家朱有燉之手。民族对峙的局面消失了，塑造理想人物成为了剧作突出的现实意义。从朱有燉的立场来看，他更加看重的是忠义。关云长的忠肝义胆正是统治者所需要的，对于关云长"义绝"形象的塑造有利于为时代树立楷模。同时，作品中曹操的礼贤下士进一步表达了这层意思。

由此，我们可以清晰地看出，元明在杂剧创作时的价值导向。虽然不能一叶障目，但是诞生于不同时代的两部剧作着实代表了一定的时代特征。

第二节　神仙道化剧的发展演进及内涵解读

《张天师断风花雪月》(下文简称《风花雪月》) 是元朝吴昌龄所撰写的(一说是无名氏)，[①] 叙述的是嫦娥思凡与书生陈世英人神相恋，而张天师、长眉

---

① 〔日〕青木正儿在其《元人杂剧概说》中分析认为："吴昌龄的《风花雪月》(元曲选中略称张天师)，在《录鬼簿》中题为张天师夜祭辰勾月，在《正音谱》中略称《辰勾月》，

大仙强行拆散美好姻缘的故事。明朝朱有燉改编此剧，创作了《张天师明断辰勾月》（下文简称《辰勾月》）。虽取材于此，但立意不同，该剧一改"嫦娥爱少年"[①]的元剧本意，为嫦娥立清名、讨公道，塑造了一个高高在上的正统神界集团，而把思凡、勾引等尘世的凡爱俗情推将予桃花精去演绎，明显的教化意图跃然纸上。

《风花雪月》四折一楔子，主要情节如下：洛阳太守陈全忠之侄陈世英上朝取应，途经洛阳，因试期尚远，于叔父家中安顿。正值中秋，陈世英散宴之后，独自吟诗奏乐，恰巧一曲瑶琴感动了仙界娄宿，使得月宫桂花仙摆脱了罗睺计都缠扰，救了月宫一难。桂花仙认定彼此有宿缘仙契，于是去寻陈世英报恩，二人欢会一夜，约定来年佳期。陈世英患相思一病不起，一心痴望并不听从嬷嬷劝说，病势越来越重。张真人因要回山修行，与陈太守前来作别，觉察陈世英因风花雪月之妖搅缠成病，于是设坛做法，押来梅、菊、荷、桃等众仙兴师问罪，桂花仙明人不做暗事，满口承认思凡之心，并指出众仙皆有。于是一众神仙都被张天师发往长眉仙处，断送风花雪月。长眉仙审案，最终饶免了梅、菊、荷、桃，遣其重还本位，念桃花仙居月殿从无匹配，思凡下尘世亦有可矜，于是允许伴玉兔将功折罪。

清代梁廷楠对其评价颇高："吴昌龄《风花雪月》一剧，雅驯中饶有韵致，吐属亦清和婉约，带白能使上下串联，一无渗漏；布局排场，更能浓淡疏密相间而出。在元人杂剧中，最为全璧，洵不多观也。"[②]

《辰勾月》改编自《风花雪月》，在故事情节上做了很大的改动。剧情如下：八月十五夜间月食，街上喧闹敲锣击鼓，救月之灾难。书生陈世英闻知昔日旧友娄大王原是上界二十八宿内娄金狗，于是求其解救月宫之难，霎时

王国维认为两者是同一种（曲路卷二）。任讷曾以《元曲选》本没有祭辰勾月的情节，疑为应系两种（曲录初补）。但是我以为王国维的论断是正确的。"本文采取此观点，认为《张天师断风花雪月》为吴昌龄所作。（[日]青木正儿著，隋树森译：《元人杂剧概说》，中国戏曲出版社1957年版，第73页）

①　（明）朱有燉：《张天师明断辰勾月》，《古本戏曲丛刊》四集之三《脉望馆钞校本古今杂剧》（第38册），商务印书馆1958年影印版，第5页。

②　梁廷楠：《曲话》，《中国古典戏曲论著集成》第八集，中国戏剧出版社1959年版，第257页。

间辰月光复圆。月宫嫦娥欲度脱陈世英，但因其无仙分，于是为他增些阳寿以报相救之恩。七百年的东园桃树化作精灵，想要享受人间情爱。恰巧陈世英因救了月，一心惦念着嫦娥报答，夜夜对月奏曲。于是，桃花精便假着嫦娥之名勾引并夜夜与陈欢会。由此，陈世英患上了邪妖病症，奶母请来医人均不见治愈，于是请了延生观李法官设坛做法，由于桃花精作乱，连累了嫦娥被传来审问，封十八姨前来作证，雪天王亦带着嫦娥前去寻张天师讨还公道。张天师明断辰勾月，终于还了嫦娥清正之名。

《风花雪月》中，仙子思凡，书生钟情，人神之间也向往着自由相爱、结合，而张天师与长眉仙似乎代表强力拆散美好姻缘的封建卫道势力。而《辰钩月》删去了嫦娥爱少年之事，报恩只是采取了为陈世英增阳寿的方式。该剧以张天师除妖为主，月中仙子断无思凡之理，只因妖精惑人，陈世英好色，才使嫦娥负屈衔冤，张天师明断是非，使嫦娥万古清光显要。

显然，二剧的立足点不同。《风花雪月》中从嫦娥思凡，人神相恋，到张天师断案，传唤众仙，皆被嫦娥指出风花雪月之事，重在探讨爱情。《辰勾月》则是重在维护一个正统的神界集团，为嫦娥树立清正之名。人世间的风花雪月之事皆为神界大忌。对比二剧，内容上存在很大的差异，由此可以管窥到改编的立意所在，可以看到元明同题材杂剧对于情与理的不同定位。

一、报恩方式的改变体现元明情与理的侧重倾向

二剧起因同为书生陈世英救了月宫一难，嫦娥[①]感恩前来相报。但是报恩的方式却大相径庭，一个基于情，一个基于理。

《风花雪月》中，凡世书生陈世英一曲瑶琴感动娄宿，救得月宫一难，桂花仙以身相许前来报恩，名为报恩，实为思凡的举动。

　　【油葫芦】俺和您回首瑶台隔几重，早来到书院中，怕甚么人间天上路难通！（云）封家姨也，不则俺思凡。（封姨云）仙子，

可再有何人思凡哩？（正旦唱）想当日那天孙和董永曾把琼梭弄。
（桃花仙云）可再有何人？（正旦唱）想巫娥和宋玉曾做阳台梦。（封
姨云）姐姐，你此一去报恩，可是如何？（正旦唱）他若肯早近傍，
我也肯紧过从。挤着个赚刘晨笑入桃源洞。（桃花仙云）不知刘震
别后，可曾得再会来？（正旦唱）到后来天台山下再相逢。①

桂花仙与封十八姨的此段对话，毫不掩饰地表达她对于人间爱情的向
往。而《辰勾月》中则并非如此，她将人神的界线划分得特别明确：

（么）休恁我知恩不报恩，自为你同尘不离尘，俺是天上女，
他是世间人。想这仙凡不混，但愿你千岁寿如椿。②

虽然中秋月夜，蒙陈世英下界苦告娄宿，使月宫脱难，月光得以复圆。
但是嫦娥恪守仙规，遵循人神之理。报恩所采取的方式是：

我待将玉兔长生药报那秀才恩，去想天仙凡人怎生有一同，说
话的理若有仙分，我告一位神仙度脱他成仙，看了他又无有仙分，
如今只分付东岳一声多与他些阳寿者。③

显然，对比二剧中嫦娥的报恩方式，可以看得出元剧中对于情的执着，
明剧中对于理的坚持。

元朝的少数民族统治者来自北方草原，天性崇尚原始、自然，尽管他们
尽力地采取汉制，但相比中原封建传统来说，伦理的束缚较少，感情的释放

---

① （元）吴昌龄：《张天师断风花雪月》，王季思：《全元戏曲》第三卷，人民文学出版社
1999 年版，第 376 页。
② （明）朱有燉：《张天师明断辰勾月》，《古本戏曲丛刊》四集之三《脉望馆钞校本古今
杂剧》（第 38 册），商务印书馆 1958 年影印版，第 3 页。
③ （明）朱有燉：《张天师明断辰勾月》，《古本戏曲丛刊》四集之三《脉望馆钞校本古今
杂剧》（第 38 册），商务印书馆 1958 年影印版，第 3 页。

比较自由，恋爱婚姻观念也较中原开放，这些自然会带来社会风尚的变化。因而，在元剧中，爱情题材的剧作很多，并且大多都是在积极地争取。像《风花雪月》这样的人神之恋在元剧中也展现得颇为自然。

而明朝则不然，作为一个由于中途经历元朝少数民族文化干扰，进而努力"拨乱反正"延承中原传统封建礼教的朝代，明朝对于礼教格外重视，对于男女的感情之事更是要求严格。男女的结合并不是在相爱的基础上，而是规矩在门第、礼教、道德，以及身份、修养等一系列封建传统所限制的框架之内，爱情受到封建礼教的强力压制。民间所流传的经典爱情故事的男女主人公往往最后尽成为礼教的牺牲品，炽烈的情感总是被掩埋在封建礼教之下。因此，在明代反映爱情的作品中，感情的抒发往往比较畸形。如汤显祖《牡丹亭》中深闺思春的杜丽娘，豆蔻年华春心萌动，却在礼教的束缚中抑郁而死，正常的男女爱情只能在梦中实现。身为皇室成员的朱有燉注定是在极力地维护传统礼教，因此，不难理解《辰勾月》中嫦娥报恩由思凡欢会到度脱或增寿的改变了。

二、陈世英形象：从单纯等爱到老成逐利

陈世英作为故事的男主角，从元剧到明剧，其性格有着明显的颠覆性。元剧中的陈世英比较单纯，而明剧中则显得较为老成。

《风花雪月》中，他起初只是一个一心求取功名的文弱书生，对于爱情懵懵懂懂，并没有丝毫向往而言。拯救嫦娥，纯属巧合，并不似《辰勾月》中为救月宫之难而苦苦哀求娄宿那般恳切。面对前来报恩的桂花仙，他谨慎待之。

> （陈世英云）这女人是从那里来的？必然是妖精鬼怪。哎！你说的是，万事全休；说的不是，你见我这床头宝剑么？我将你一剑挥之两段。①

---

① （元）吴昌龄：《张天师断风花雪月》，王季思：《全元戏曲》第三卷，人民文学出版社1999年版，第377页。

不似《辰勾月》中，救了月宫之难，便一心期待嫦娥的报恩之举。如：

> 今夜好天色也呵，这月明似水，正当玉宇澄清，露气如冰，况值金风萧瑟，小生每夜玩月，直至夜半方睡，今夜取琴对着月里嫦娥操一曲孤鸾忆凤之音。①
>
> ……
>
> 前日有月儿蚀时，他劝娄大王救了月儿一难，这个秀才每夜见月时心中便指望月里嫦娥报答他。②

由此可见，《辰勾月》中，陈世英救月，目的性很强。正是因为他的功利目的，才使得桃花精有机可乘。该剧中，陈世英表现得较为老成，虽一心图报，但是面对桃花精所扮嫦娥的勾引劝诱，他一番假意推脱，直到其要离开，才说：

> 嫦娥且住咱，既仙女有此坚心，小生敢不陪奉。③

另外，二剧中，男女主人公欢会之后，陈世英都生病了。但是病因却不同。《风花雪月》中，初涉世事的陈世英与桂花仙把盏相谈欢会一夜，虽约定来年相聚之期，但痴情种患相思，一病不起。而《辰勾月》中却是全因与桃花精一处厮混，妖邪缠身所致。面对美貌仙子，《风花雪月》中陈世英异常本分，虽把酒言欢，但毫无色心，只重功名。致使桂花仙无奈而言"我本待鸾凤配雌雄，你只想雕鹗起秋风"④。而《辰勾月》中却一番假意推脱，但

① （明）朱有燉：《张天师明断辰勾月》，《古本戏曲丛刊》四集之三《脉望馆钞校本古今杂剧》（第38册），商务印书馆1958年影印版，第3页。

② （明）朱有燉：《张天师明断辰勾月》，《古本戏曲丛刊》四集之三《脉望馆钞校本古今杂剧》（第38册），商务印书馆1958年影印版，第3页。

③ （明）朱有燉：《张天师明断辰勾月》，《古本戏曲丛刊》四集之三《脉望馆钞校本古今杂剧》（第38册），商务印书馆1958年影印版，第6页。

④ （元）吴昌龄：《张天师断风花雪月》，王季思：《全元戏曲》第三卷，人民文学出版社1999年版，第378页。

好色之心隐现。

从起初的正义推脱：

> 幽明之道非小子所敢求，况是年少之人，安有嫦娥屑就
> 之理。①

到顾虑伦理：

> 虽然仙女有报恩之心，奈小生无父母之命媒妁之言，不敢
> 从也。②

直到假扮嫦娥的桃花仙要离去时，才吐了真实想法：

> 嫦娥且住咱，既仙女有此坚心，小生敢不陪奉。③
> ……
> 嫦娥仙女不弃小生菲薄之才成配姻缘，愿仙女常以此心永如今
> 日。小生亦当终身不易其志。④

几次三番，逐一演进，可见其心计之深。

综上所述，对比二剧中的陈世英，前者中规中矩，后者圆滑世故。

《风花雪月》中的陈世英，诞生于元代背景下，按常规理解，本应浪漫
地熟谙风花雪月，但作品中表现的却恰恰是其懵懂的一面，以此体现书生仙

---

① （明）朱有燉：《张天师明断辰勾月》,《古本戏曲丛刊》四集之三《脉望馆钞校本古今
杂剧》（第 38 册），商务印书馆 1958 年影印版，第 5 页。
② （明）朱有燉：《张天师明断辰勾月》,《古本戏曲丛刊》四集之三《脉望馆钞校本古今
杂剧》（第 38 册），商务印书馆 1958 年影印版，第 6 页。
③ （明）朱有燉：《张天师明断辰勾月》,《古本戏曲丛刊》四集之三《脉望馆钞校本古今
杂剧》（第 38 册），商务印书馆 1958 年影印版，第 6 页。
④ （明）朱有燉：《张天师明断辰勾月》,《古本戏曲丛刊》四集之三《脉望馆钞校本古今
杂剧》（第 38 册），商务印书馆 1958 年影印版，第 6 页。

子对爱情的真挚，并非戏谑的行为，由此看得出元杂剧所表现的情真意切。以此印证了王国维在《宋元戏曲史》中所提到的："元曲之佳处何在？一言以蔽之，曰：自然而已矣。古今之大文学，无不以自然胜，而莫著于元曲。盖元剧之作者，其人均非有名位学问也。其作剧也，非有藏之名山，传之其人之意也。彼以意兴之所至为之，以自娱娱人。关目之拙劣，所不问也；思想之卑陋，所不讳也；人物之矛盾，所不顾也。彼但摹写其胸中之感想与时代之情状，而真挚之理与秀杰之气，时流露于其间。故谓元曲为中国最自然之文学，无不可也。若其文字之自然，则又为其必然之结果，抑其次也。"[1] 人物自然情感的流露反映出元杂剧的这一大特点。同时，从另一层面讲，剧中塑造书生柔弱的形象，恰恰是元代文人社会地位的一个映射。在元朝蒙古族统治之下，文人地位一落千丈。谢枋得在《送方伯载归三山序》中说："我大元制典，人有十等，一官二吏，先之者，贵之也。贵之者，谓有益于国也。七匠八娼，九儒十丐，后之者，贱之也。贱之者谓无益于国也。嗟乎！卑哉！介于娼之下丐之上者，今之儒也。"[2]《风花雪月》中的陈世英正是这所谓的"九儒"之流，因而剧中将他塑造成柔弱书生是具有一定现实意义的。

《辰勾月》中的陈世英比起以往明杂剧中的规矩书生来说，相反的却大胆了起来。事实上，细致分析，作品正是通过陈世英与桃花精的私会，来衬托嫦娥仙子的正派形象，来塑造神界的清正。陈世英虽不作为反面人物出现，但他毕竟是用于烘托正统的绿叶。作品正是通过陈世英和桃花精的市侩俗情来烘托嫦娥仙子的正统做派，以此为神界集团所象征的社会上层阶级树立范本。嫦娥仙子这种正统形象的完美塑造，成功地将上层社会的高贵、自信体现了出来，同时也是将社会阶层区分更加明显，突出上层社会的神圣不可侵犯。由此，也可以看得出文人地位由元朝的"九儒十丐"到明朝社会上层的一个转变。作品中的陈世英的书生身份，远不如嫦娥仙子所代表的正派形象更具有现实说服力。

---

① 王国维：《宋元戏曲史》，上海古籍出版社 1998 年版，第 98 页。

② （宋）谢枋得：《谢叠山集》卷 2，影印福州正谊书院藏本，第 3 页。

三、明杂剧增设桃花精的现实意义

桃花精是朱剧中独设的一个人物，她的出现为嫦娥洗脱了思凡的罪名。庄一拂曾指出："此剧系据吴作改编，痕迹显然。以桃妖代嫦娥，盖欲保全嫦娥之洁。"①

桃花精本为七百年东园桃树，经历了日月精华的沐浴终于幻化为精灵，她向往俗世男女之情，恰逢陈世英救月后夜夜对月企盼嫦娥相报，于是假托嫦娥之名，以报恩为由，勾引陈世英共享情爱。《辰勾月》中的桃花精从初化为人形向往爱情，到与陈世英欢会后独自相思，她的出现，将思凡的责任完全承担了起来。

青木正儿在《元人杂剧概说》中评说："桂花仙子和陈世英的事，据周宪王《辰勾月》杂剧'说道嫦娥思凡来，立名做辰勾月'（第四折正旦之白）的话来想，那么好像是本于月饽是因为嫦娥思凡所致的俗说；张天师裁判风花雪月诸神的意趣，含有裁判恋爱的意思，'风花雪月'是指恋爱说的。"②可见，该题材虽是以张天师断案为主的神仙道化剧，但实际上突出的是书生与仙子的风花雪月之事。

在《张天师明断辰勾月·引》中，朱有燉写道：

> 世人常以鬼神为戏言，或驰骋于文章以为传记者，予每病其蝶渎之甚也。夫后土地祇上元夫人，河洛之英，太阴之神，若此者不一，是皆天地之间至精至灵，正直之气，安可诬以荒淫，配之伉俪，播于人耳，声于笔舌间也。暇日因见元人吴昌龄所撰《辰勾月》传奇，予以为幽冥会合之道，言之木石之妖，或有此理。若以阴阳至精之正气，与天地而同行化育者，安可诬之若此耶。遂泚笔抽思亦制《辰勾月》传奇一本，使付之歌喉，为风月解嘲焉。③

————————
①　庄一拂：《古典戏曲存目汇考》，上海古籍出版社 1982 年版，第 412 页。

②　[日]青木正儿著，隋树森译：《元人杂剧概说》，中国戏曲出版社 1957 年版，第 74 页。

③　（明）朱有燉：《张天师明断辰勾月·引》，《古本戏曲丛刊》四集之三《脉望馆钞校本古今杂剧》（第 38 册），商务印书馆 1958 年影印版，第 1 页。

可见，从朱有燉改编剧作增设人物的这一现象来看，剧作家认为若是木石之妖的幽冥会合，尚可理解；但若是阴阳至精之正气，则断不可诬以荒诞。很显然，在一个正统皇族的视野范围内，神界集团亦为上层统治阶级的倒影，岂能容得下神圣被玷污。

分析朱剧，我们可以看得出，作品中的神界集团，实际上是现实社会中上层统治阶级的一个倒影，剧作家所极力维护的神界集团的正统和秩序，事实上是对于统治阶级正统观念的维护。张天师明断辰勾月，正是对于像桃花精这样对于礼教传统存在干扰的因素的肃清。因而，对桃花精的刻画，具有其一定的现实意义。从作品中，我们所看到的桃花精，本身其实并没有可恶之处，暂且抛开她妖邪的身份，作为一个向往凡世俗爱的女子，只能说她将对爱情的憧憬付诸了行动，然而此事正是有悖于传统礼教中的婚恋观念。文本中，桃花精勾引陈世英，使其误入迷途，妖媚缠身一病不起，并且由于冒充嫦娥，使其蒙受不白之冤，最终张天师明断辰勾月，制服桃花精，还了嫦娥清白。这一切，对于桃花精的审判与驯服，显然是对其大胆追求爱情的行为的遏制，更进一步是对这种有悖社会等级的结合行为的抹杀。

《辰勾月》是朱有燉现存最早的杂剧作品，是其所创作的节令贺寿吉祥戏中的一种，该剧创作于明成祖永乐二年八月，以"救月"为题材的剧目来为节令增添乐趣，这正符合当时终日沉湎于音律和文学创作里韬光养晦，借以避祸的周宪王朱有燉的创作心态，但身份的局限，使其将取材于元杂剧《风花雪月》这样有关节令的题材，以藩王的视野做了"翻案"的文章，令统治阶级的正统形象得以维护。历经了异族入侵、举国"左衽"的元朝之后，刚刚恢复正统的明代，统治者对于正统权威的重视不容小觑。在汉族统治力量重建大一统局面后，统治者的皇权专制为所谓的正统竖起了高墙，进行了标榜。因而，作品中借桃花精来洗脱嫦娥的罪名，为其树立正统形象的目的性就显而易见了。

综上所述，两相比较，同样以"救月—报恩"为题材的作品，元杂剧用来展现爱情，明杂剧则借以强调正统道德。通过朱有燉的序言可以明显地看出，《辰勾月》之于《风花雪月》，并非系简单的改编之作，而是思想上的一部翻案之作。吴昌龄的《风花雪月》，在元朝的社会背景和时代审美下，是很正常的一部花月神仙之作。但在明朝的藩王作家朱有燉眼里则有伤风化。元杂剧创作氛围之轻松、创作题材之广泛是明杂剧远不可及的。洪武二十五年（1393）刊刻《御制大明律》中规定"凡乐人搬做杂剧戏文，不许妆扮历代帝王后妃、忠臣烈士、先圣先贤神像，违者杖一百；官民之家，容令妆扮者同罪。其神仙道扮及义夫节妇、孝子顺孙、劝人为善者，不在禁限。"①明朝对于戏曲创作和演出的限制，使得杂剧作品或多或少带上了道德化的取向。朱有燉借杂剧作品的创作来实现其"使人歌咏搬演，亦可少补于世教"②的目的，将等级观念、道德风化融入作品中，这既是他作为统治阶级的主观意识，又代表了一个时代文学创作的客观氛围。

①　王利器：《元明清三代禁毁小说戏曲史料》，上海古籍出版社 1981 年版，第 11 页。
②　（明）朱有燉：《新编搊搜判官乔断鬼·引》，15 世纪明刻本，第 2 页。

结　语

第一节　从元杂剧到明传奇

元杂剧诞生的社会环境是在游牧文化影响下的中原社会，明传奇则是诞生在重新回到儒家传统文化的中原社会。文化语境的差异使二者有着不同的文化特征。游牧文化与元杂剧之间是影响关系，而明传奇对元杂剧的改写则是接受者重新创作的过程，这个过程则反映了明传奇作家的审美理想和价值判断。

在上编几个章节中，通过几组作品的比较分析，可以看到元杂剧与其明传奇改写本之间，的确有这种明显的文化差异。简单归纳起来，这些差异主要体现在以下几个方面。

一、在人物形象上，明传奇按照儒家传统的审美标准进行了人格重塑

从元杂剧与其明传奇改写本的比较中，可以看出，同一个人物形象在两部作品中，表现出的性格特征是有区别的。相比较而言，明传奇在重新改写的过程中，按照儒家传统的人格标准，对人物形象进行了重新塑造。比如，在《南西厢》中，崔莺莺身上带有更多的大家闺秀的气质和修养，张生的身上也更多地体现了诗书礼义的儒生特征；在《金锁记》对《窦娥冤》的改写中，窦娥原有的泼辣和顽强被削弱，突出她的节孝和温顺；蔡婆也变成了一个贤德母亲的典范；等等。明传奇在对诸多人物形象进行重新塑造的过程中，对元杂剧中人物身上所带有的不符合儒家传统礼教的特征进行了改造，使改写

后的人物形象基本上符合明代的生活真实和审美标准。

二、在情节处理上，体现出两种文化的差异

元杂剧是在多元文化语境中生成的，其中不免有违背封建礼教的情节，在明传奇中很多情节都得到了修改。比如，在元杂剧《裴度还带》中，裴度还带时将玉带直接交给了韩琼英；但在沈采改写的《还带记》中，裴度将玉带放在地上，让周女自己拾起。这个细节的变化极为形象而生动地诠释了中原传统礼教中的"男女有别，受受不亲"。《窦娥冤》中，蔡婆为了活命，不得不答应张驴儿父子进门，不仅遭到窦娥的指责，而且给窦娥带来了杀身之祸。蔡婆的这一行为与窦娥后来的舍生相救构成了不和谐。因此在《金锁记》对相关的情节进行了修改：把张驴儿的父亲替换母亲，从而蔡婆也没有了"许亲和劝嫁"的行为。这样《金锁记》中的这些情节都归顺了儒家的伦理道德。在《青衫记》中，作者把白居易被贬职的原因归于皇上不喜欢诗词，也反映出元代蒙古族统治者不懂欣赏汉语诗词的事实，因此带来了文人的精神失落。从明传奇对元杂剧旧有情节的改写中，可以看出明传奇向儒家礼教的回归。在明传奇的回归中，可以看出元杂剧中儒家传统礼教的偏离，以及游牧文化在元代社会生活中的影响。

三、在主题思想上，明传奇对元杂剧的原有主题进行了丰富和转移，体现了儒家文化的忠孝仁义思想

元杂剧通常只是四折一楔子，篇幅较短，容量也很有限。一般都截取生活中的一个片段展开故事情节，因此元杂剧的主题通常都比较单一。明传奇的篇幅通常都在二十出以上，有的多达五十多出，篇幅远远长于元杂剧，容量也大大地增加了。因此明传奇表现内容的空间很大，情节也更加复杂，这样作品的主题也更加丰富。在明传奇对元杂剧的改写中，对主题的丰富主要体现在儒家传统的忠孝仁义观念上。比如，在《二胥记》对《伍员吹箫》的修改中，站在"忠"的立场批评了伍子胥只"孝"不"忠"的做法，并用儒

家传统的"事君如事父"的观念，说明"不忠也就是不孝"。通过对伍子胥的批评，宣扬了忠君思想。明传奇在对一些作品的改写中，丰富了思想内容，同时使作品的主题发生了转移。如《窦娥冤》原本是通过窦娥的悲剧命运揭露和鞭挞了封建社会的黑暗统治。在《金锁记》中，不仅窦娥从法场上生还，而且最终获得了幸福的人生。作品把这一切归因于窦娥的节孝行为感动了上帝，鬼神帮她成就了幸福。这样就使作品的主题转向对妇女节孝行为的倡导。

四、在社会功能上，明传奇的教化功能突出

元杂剧兴起于民间，作品的娱乐功能较强。明传奇大多是正统文人和士大夫的作品，明传奇作者的立场往往是与统治阶级的正统思想一致的。明代的文化环境与元代颇不相同，明太祖登基后，一方面多次下令清理蒙元的遗风，另一方面积极倡导儒家的伦理道德，并且规范了戏曲演出的内容，发扬中原文学传统"文以载道"的精神，鼓励以义夫节妇、忠臣烈士、孝子顺孙等劝人为善为内容的戏曲。这样，在几个方面的作用下，明代的戏曲则承载了更多的儒家传统道德理念，因而戏曲的教化功能加强了。就如同《琵琶记》开场中所言："不关风化体，纵好了也枉然。"[1] 在上述参与比较的明传奇作品中，教化功能都不同程度地得到了强化。比如，《二胥记》中把楚昭王"亲兄弟远妻子"说成是善念，并因此得到了上帝的帮助恢复了楚国。《金锁记》中，夸大了窦娥的节孝行为，并因此感动上天，使她免于一死，并且最后还获得了幸福的生活。而作恶多端的张驴儿虽然逃出牢狱，但最终遭到"天极"，雷劈而死。裴度偶因一次还带，不仅改变了"饿死"命运结局，而且为他带来了一生赫赫功勋和荣华富贵。这些人物通过"积善成德"，最终得到了美好的结局。这些作品的教化目的和作用是非常明显的，比较而言元杂剧在这方面要弱很多。

从艺术成就上讲，元杂剧与明传奇各有千秋，如果从先入为主的角度来

---

① （元）高明：《琵琶记》，《六十种曲》，中华书局1958年版，第1页。

看明传奇改写本，可能会有"续貂蛇足"之嫌。但必须看到，无论在情节发展的逻辑性上，还是在演述形式的多样性上，明传奇都是更加完善和成熟的戏曲艺术。

第二节　从元杂剧到明杂剧

元杂剧兴起于北方，与此同时，南戏盛行于南方。随着社会历史的变迁，元代中后期南北文化的交融，曲坛中的剧种也出现了相互渗透。杂剧由北方发展到南方，遍布各地，南戏也逐步渗透到了北方。这种交流丰富了戏曲舞台艺术，然而繁盛一时的杂剧一方面受到自身体制的局限，另一方面受到南戏的冲击和影响，在元代后期开始衰落。入明以后，南戏昆山腔经历了魏良辅的改革后，以传奇的形式迅速发展，格律从自由趋于严整，语言由本色趋于文雅，规模更为宏大、曲调愈加丰富、角色分工更显细致。当此之际，杂剧失去了元代时得天独厚的生存环境，日渐衰微。儒家传统文化的回归使明杂剧在思想内容上承载了道德教化的社会功能，社会文化的变迁影响到了杂剧创作。创作主体渐趋贵族化、文人化，杂剧从娱乐大众的全民性艺术形式逐渐转变为供上层社会赏玩、宣礼讲道的功能性艺术形式。

社会背景和文化语境的不同使得元明同题材杂剧在文化内涵上有了明显的差异。从下编几个章节对于具体文本的比较分析，可以明确看到这种差异的存在。简单地归纳总结，差异大致体现在以下几个方面。

一、人物形象：从个性化到道德化

详细对比几组同类题材的作品，同一个人物形象在元明杂剧中会呈现截然不同的人物性格。元明同题材杂剧《曲江池》中，李亚仙在石剧中泼辣、热情、大胆、重情又仗义，具有反抗精神和斗争意识；朱剧中则是善良、坚贞、谨守妇道。显然，朱剧置换了石剧中李亚仙热情仗义的个性，将其引向了贞洁烈妇的行列。王昭君在马致远的《汉宫秋》中，既有小女儿的涓涓情爱，又有巾帼英雄的深明大义；而到了陈与郊的《昭君出塞》里，则是以一个久居深宫渴慕君恩的幽怨女子形象示人。《汉宫秋》中的大义凛然在陈剧中被男尊女卑的观念淹没，陈与郊笔下的幽怨昭君，命运始终由他人主宰，自己却敢怒不敢言。同一人物形象在元明两个朝代不同的时代背景下，被赋予了具有时代特征的性格元素。蒙古民族崇尚自然向往自由的天性令元杂剧中的人物个性鲜明。元代剧作家根据剧情的需要和所要表达的主题思想，自由地塑造人物。而在明杂剧中，我们则可以明显地感受到儒家传统道德的介入，也可以说是明代剧作家在有意地将元杂剧人物身上不符合伦理纲常的元素进行一一剔除。对于人物形象的重塑，体现了时代审美的变化。

二、情节设置：从偏离礼教到礼教回归

在情节的设置上，同样可以体现出两种文化的差异。《风花雪月》和《辰勾月》中，关于报恩情节的处理就有了明显的差异。《风花雪月》中，为了突出桂花仙子对于爱情的向往，将报恩这一情节设计成了私自下凡以身相许；而《辰勾月》里的嫦娥却极力撇清情爱因素，恪守仙规，报恩时只是为陈世英争取阳寿的延长。元剧中仙子思凡，追求爱情的行为显然是有悖于封建礼教的。明剧努力将人神的距离拉开，将人神相恋的因子扼杀，这样的情节设置，突出了等级观念，同时使偏离的礼教得以复归。再如《曲江池》中，郑元和功成名就后，面对前来相认的父亲，石剧中态度决绝，拒不相认；朱剧中则满心的欢喜。相异的情节设置突出表现了郑元和的变化：由元人笔下追求人性自由的个性张扬，转变成了明人剧中尊崇父子纲常的墨守成规。明代剧作家或改编情节、或增设情节，始终都是在与元剧中的不合伦理的成分对抗，从而实现礼教的回归。

三、社会功能：从抒发情感到突出教化

元朝文人地位的骤降是元杂剧繁荣不可忽视的前提。文人前所未有的落

魄致使他们只能混迹于勾栏瓦肆，同艺妓戏子为伍，创作的目的是娱乐大众，借以谋得生计。因而，辉煌一时的元杂剧，实质性的意义在于抒发情感和引起共鸣。黑暗社会下的奋起反抗，民族危亡时的义勇慷慨，爱情来临时的大胆追求，种种情愫都在作品中得以展现。元代较为宽松的社会环境使得杂剧能够自由地表达情感。

而在恢复正统的明朝，对杂剧的内容进行了明确的限制。杂剧演出由民间也逐渐走向宫廷。明杂剧的创作者集中为上层文士、达官贵人以及宫廷贵族，他们的价值取向是顺应统治阶级的，自然对元人背离礼教的思想嗤之以鼻。明杂剧发扬着"文以载道"的精神，承载着儒家伦理道德观念，行使着道德教化的历史使命。

仅仅几部作品代表不了全貌，但窥斑见豹，我们至少可以从这几组作品的对比中找到一些共同的因素。元明两个朝代的更迭，除了改朝换代还存在异族文化的强烈差异。因此，从文化的层面上，我们可以看出同期作品的共性和两种文化给作品带来的巨大差异。由此我们也看到，同样一个故事题材，只因置身的文化土壤发生了变化，作品所承载的使命和宣扬的思想就发生了如此大的变化。由此可见，文学不仅属于文人和欣赏者，它同样属于时代文化。

第三节　余　论

生活是文学创作的唯一源泉，这是早已被证实了的文学基本规律。元杂剧和其明代改写本的创作也同样遵循这一规律。元杂剧诞生于元代的北方，自1127年金朝灭亡北宋开始，至1368年蒙古族建立的元朝结束，北方大部分地区就处在游牧民族建立的政权统治之下，在社会生活的诸多方面都受到了游牧文化的冲击，而这时的北方地区就是孕育元杂剧的温床。1368年，朱元璋率领的起义军攻入大都，蒙古族统治者撤回草原。在明朝建立之初，开国皇帝朱元璋就曾经多次下令，要"拨乱反正"，消除游牧文化的影响。洪武十八年御制《大诰》，颁示天下：

初，元氏以戎狄入主中国，大抵多用夷法，典章疏阔，上下无等，政柄执于权臣，任官重于部族，断狱迷于财贿，黜陟混于贤愚，奢而僭上者无罪，奸而犯伦者不问，辫发左衽，将率而为夷。至元天历之时，虽称富庶，而先王之制荡然矣。至顺帝荒淫昏弱，纪纲益废，内之奸臣乱政，外之强将跋扈。典兵者崇空名，牧民者无善政，仕进者尚阿附而轻廉耻，读书者重浮华而乏节行，庶绩不凝，四民失序。加以舞文之吏玩法于上，豪强之家兼并于下，事无统纪，民无定志，一遇凶荒，而乱者四起，由法制不明而彝伦之道坏也。上尝叹曰："华风沦没，彝道倾颓，自即位以来，制礼乐，定法制，改衣冠，别章服，正纲常，明上下，尽复先王之旧，使民晓然知有礼义，莫敢犯分而挠法。万机之暇，著为《大诰》，以昭示天下。且曰忠君孝亲，治人修己，尽在此矣。能者养之以福，不能者败以取祸。颁之臣民，永以为训。"[1]

这段话从一个侧面证实了游牧文化在元代社会生活中的广泛存在。朱元璋的这道政令旨在消除游牧文化在各个方面的影响。他力主"制礼乐，定法制，改衣冠，别章服，正纲常，明上下，尽复先王之旧，使民晓然知有礼义，莫敢犯分而挠法"，使社会意识形态逐渐回归到儒家的传统。与此同时，明代的理学得到进一步发展，当儒家的传统礼教上升为"天理"的时候，它所具有的约束力要远远大于前代。

明传奇就是在这样一个文化氛围中发展壮大起来的。明传奇在演述形式、篇幅结构、声腔系统等诸多方面与杂剧是不同的。为了使人民喜闻乐见的艺术形象重新回到舞台，明传奇作家进行了大量的改写工作，把旧有的元杂剧作品改写成明传奇剧本。元杂剧诞生的社会环境是在游牧文化影响下的中原社会，明传奇则是诞生在重新回到儒家传统文化的中原社会。文化语境的差异使二者有着不同的文化特征。

---

① 《明太祖实录》卷176，台湾"中央研究院"历史语言研究所1950年影印版，第1页，总2665页。

　　不仅仅是传奇，即便是从明代改编的几部杂剧来看，俨然也可以看出，或为翻案之作，或是摒弃元杂剧的内容直接取材于史，思想内容和价值取向对元杂剧的延承较少。由此可见，社会背景和文化语境的不同使元明同题材戏剧作品在文化内涵上有了明显的差异。

　　游牧文化与元杂剧之间是影响关系，而明代剧作家对元杂剧进行的改写则是接受者重新创作的过程，这个过程则反映了明代剧作家的审美理想和价值判断。明代剧作家看元杂剧的视角基本是站在儒家传统文化的立场，他们在改编中的取舍也就是儒家传统文化对元杂剧中农耕文化的"取"、对游牧文化的"舍"。当然，游牧文化与农耕文化不是绝对对立的，有些方面还是一致的，但其中不相容的部分也就是明代剧作所要删改的部分。元杂剧就好比是一个混血儿，它的身体里带有游牧和农耕两种文化基因，而明代改写本只是继承并强化了其中的农耕文化基因，而它所试图剔除的恰恰是体现了元杂剧的另外一部分基因——游牧文化，当然这在很大程度上是由改写者无意中实现的。通过具体改写作品的比较，可以发现和鉴别元杂剧中的两种文化基因，并因此可以实证元杂剧接受了游牧文化的影响。

　　在中国文学史上，对旧有题材的吟咏和加工是一种非常普遍的创作方式，或者是对前面作品的不满，或者有新的立意、寄托。文学改写、续写活动以明清的叙事文学最为丰富，无论是在戏曲创作还是在小说创作上，各种改本、续本一时猬兴，对改本、续本的文学批评也一时云起。但通常意义上，对改本、续本都是持批评态度。比如，在明代戏曲评论家李渔的《闲情偶记》中，就有过这样的评论：

　　　　向有一人欲改《北西厢》，又有一人欲续《水浒传》，同商于予。予曰："《西厢》非不可改，《水浒》非不可续，然无奈二书已传，万口交赞，其高踞词坛之座位，业如泰山之稳，磐石之固，欲遽叱之使起而让席于予，此万不可得之数也。无论所改之《西厢》、所续之《水浒》，未必可继后尘，即使高出前人数倍，吾知举世之人不约而同，皆以'续貂蛇足'四字，为新作之定评矣。"二人唯唯而去。……《北西厢》不可改，《南西厢》则不可不翻。何也？世人喜观此剧，非故嗜痂，因此剧之外别无善本，欲睹崔张旧事，舍此无由。地乏朱砂，赤土为佳，《南西厢》之得以浪传，职是故也。使得一人焉，起而痛反其失，别出心裁，创为南本，师实甫之意，而不必更袭其词，祖汉卿之心，而不独仅续其后，若与《北西厢》角胜争雄，则可谓难之又难，若止与《南西厢》赌长较短，则犹恐屑而不屑。①

　　这段话从读者的接受心理上指出了改本难写、续本难著的原因。
　　本书所比较的情况与此颇有不同。第一部分所提到的元杂剧与明传奇的差异，是由于元明两代的文化造成的，而不是由于作者的创作技巧造成的。明传奇改写元杂剧是出于形式上的需要。如李渔所讲："地乏朱砂，赤土为佳。"把元杂剧作品重新搬上舞台，是明传奇作家改写元杂剧的主要动力，因此在戏曲传承和服务大众方面，明传奇功不可没。明传奇作家的改编活动是一个对元杂剧"扬弃"的过程。他们的"扬弃"过程，等于是对元杂剧的双重文化属性进行了一次"分拣"。因而根据时代生活的特征和作家个人的审美进行增删改写是不可避免的。结合第二部分的元明同题杂剧比较分析，可以看出本书所要比较的是元明的文化差异，比较的目的是找到元杂剧所受到的游牧文化影响，而其明代改写本则更多体现中原传统，并不是想分出高低上下，孰优孰劣。从艺术成就上讲，杂剧与传奇各有千秋；从文化上讲，元明戏剧作品皆为时代特征的艺术标签。
　　通过研究元明同题材戏剧作品的修改，我们反观到了元杂剧中游牧文化的存在：或者是弱化的儒家的传统礼教，或者是不符合农耕文化的传统审美。这种差异存在的根本原因当归结为元明两代的社会生活差异。元代社会中游牧文化对中原文化的影响不单单表现在汉人"辫发左衽"、讲几个蒙古语词，游牧文化已经深入到意识形态深处，在世界观、人生观、价值观上，

① （清）李渔著，杜书瀛评点：《闲情偶记》，学苑出版社1998年版，第74—75页。

已经影响了中原的传统。现实生活的改变促成了元杂剧与其明代戏剧改写本在人物、情节及主题的差异。

元杂剧与其明代戏剧改写本文化差异的存在，证实了蒙古游牧文化在元杂剧中的影响，也证实了蒙古游牧文化对元代文学的影响，进而也证实了少数民族文化对中国古代文学的影响。

附　录

表一：存本元杂剧与明传奇改写本对照表

	元杂剧	作　者	明传奇	作　者
1	崔莺莺待月西厢记	王实甫	南西厢记	李日华
2	江州司马青衫泪	马致远	青衫泪	顾大典
3	半夜雷轰荐福碑	马致远	双鱼记	沈　璟
4	感天动地窦娥冤	关汉卿	金锁记	袁于令
5	山神庙裴度还带	关汉卿	裴度香山还带记	沈　采
6	晋陶母剪发待宾	秦简夫	运甓记	吾邱瑞
7	苏子瞻醉写赤壁赋 花间四友东坡梦	佚　名 吴昌龄	金莲记 狮吼记	陈汝元 汪廷讷
8	东堂老劝破家子弟	秦简夫	锦蒲团	佚　名
9	萨真人夜断碧桃花	佚　名	梦花酣	范文若
10	说鱄诸伍员吹箫 楚昭公疏者下船	李寿卿 郑廷玉	二胥记	孟称舜
11	萧何月夜追韩信 韩元师暗度陈仓	金仁杰 佚　名	千金记	沈　采

	元杂剧	作　者	明传奇	作　者
12	诸葛亮博望烧屯 两军师隔江斗智	佚　名 佚　名	草庐记 锦囊记	佚　名 佚　名
13	金水桥陈琳抱妆盒	佚　名	金丸记	佚　名
14	莫离支飞刀对箭 薛仁贵衣锦还乡	佚　名 张国宾	金貂记 白袍记	佚　名 佚　名

表二：存本同题元杂剧、南戏、明传奇对照表

	元杂剧	作　者	宋元南戏	作　者	明传奇	作　者
1	崔莺莺待月西厢记	王实甫			南西厢记 南西厢记	李日华 陆　采
2	感天动地窦娥冤	关汉卿			金锁记	袁于令
3	闺怨佳人拜月亭	关汉卿	幽闺记	施　惠		
4	吕蒙正风雪破窑记	王实甫	破窑记	佚　名	彩楼记	佚　名
5	李亚仙花酒曲江池	石君宝			绣襦记	徐　霖
6	温太真玉镜台	关汉卿			玉镜台 花筵赚	朱　鼎 范文若
7	洞庭湖柳毅传书	尚仲贤			橘浦记	许自昌
8	司马相如题桥记 卓文君私奔相如	佚　名 朱　权			凤求凰 琴心记	澹慧居士 孙　柚
9	谢金莲诗酒红梨花	张寿卿			红梨记 红梨花记	徐复祚 王元寿 （或佚名）

续表

	元杂剧	作　者	宋元南戏	作　者	明传奇	作　者
10	玉箫女两世姻缘	乔　吉			玉环记	佚　名
11	王月英元夜留鞋记	佚　名			胭脂记	童养中
12	王筱然断杀狗劝夫	萧天瑞	杨贤德杀狗劝夫	徐　畛		
13	半夜雷轰荐福碑	马致远			双鱼记	沈　璟
14	江州司马青衫泪	马致远			青衫泪	顾大典
15	山神庙裴度还带	关汉卿			裴度香山还带记	沈　采
16	赵氏孤儿大报仇	纪君祥	赵氏孤儿报冤记	佚　名	八义记	徐　元
17	晋陶母剪发待宾	秦简夫			运甓记	吾邱瑞
18	冻苏秦衣锦还乡	佚　名	金印记	佚　名	金印合纵记	高一苇
19	须贾大夫谇范雎	高文秀			范雎绨袍记	佚　名
20	苏子瞻醉写赤壁赋花间四友东坡梦	佚　名吴昌龄			金莲记狮吼记	陈汝元汪廷讷
21	东堂老劝破家子弟	秦简夫			锦蒲团	佚　名
22	开坛阐教东坡梦	马致远			黄粱梦境记邯郸记	苏汉英汤显祖
23	金童玉女娇红记	刘　兑			鸳鸯冢娇红记	孟称舜
24	萨真人夜断碧桃花	佚　名			梦花酣	范文若
25	地藏王证东窗事犯	孔文卿	岳飞破虏东窗记	佚　名	精忠记	佚　名
26	包待制智勘后庭花	郑廷玉			桃符记	沈　璟
27	破幽梦孤雁汉宫秋	马致远			和戎记	佚　名

续表

元杂剧	作 者	宋元南戏	作 者	明传奇	作 者
28 说鱄诸伍员吹箫 楚昭公疏者下船	李寿卿 郑廷玉			二胥记	孟称舜
29 萧何月夜追韩信 韩元帅暗度陈仓	金仁杰 佚 名			千金记	沈 采
30 诸葛亮博望烧屯	佚 名			草庐记	佚 名
31 两军师隔江斗智	佚 名			锦囊记	佚 名
32 莫离支飞刀对箭 薛仁贵衣锦还乡	佚 名 张国宾			金貂记 白袍记	佚 名 佚 名
33 锦云堂美女连环记	佚 名			连环记	王 济
34 庞涓夜走马陵道	佚 名			天书记	汪廷讷
35 金水桥陈琳抱妆盒	佚 名			金丸记	佚 名

表三：同题元杂剧与南戏及明传奇列表

序 号	元杂剧	作 者	宋元南戏	作 者	明传奇	作 者
1	诈妮子调风月（存）	关汉卿	莺燕争春诈妮子调风月（佚）	佚 名		
2	温太真玉镜台（存）	关汉卿	温太真（残）	佚 名	玉镜台（存） 玉镜台（佚） 玉镜台（佚） 花筵赚（存）	朱 鼎 清阮堂 孙 某 范文若
3	闺怨佳人拜月亭（存）	关汉卿	王瑞兰闺怨拜月亭（残）	佚 名	幽闺记（存）	施 惠
4	感天动地窦娥冤（存）	关汉卿			金锁记（存）	袁于令

序　号	元杂剧	作　者	宋元南戏	作　者	明传奇	作　者
5	钱大尹智宠谢天香（存） 柳耆卿诗酒玩江楼（残） 柳耆卿诗酒玩江楼（佚）	关汉卿 戴善甫 杨　讷	柳耆卿诗酒玩江楼（残） 花花柳柳清明祭柳七记（佚）	佚　名 佚　名	领春风（佚） 宫花记（佚）	王　械 周锡珪
6	钱大尹鬼报绯衣梦（存）	关汉卿	林昭得三负心（残）	佚　名		
7	孟良盗骨（残） 放火孟良盗骨殖（存） 私下三关（佚） 谢金吾诈拆清风府（存）	关汉卿 朱　凯 王仲文 佚　名			三关记（残） 金牌记（佚） 金镜记（残）	施凤来 佚　名 佚　名
8	风雪狄梁公（佚） 狄梁公智斩武三思（佚）	关汉卿 于伯渊			望云记（存） 望云记（佚）	金怀玉 程文修
9	汉元帝哭昭君（佚） 汉宫秋（存） 夜月走昭君（佚） 昭君出塞（佚）	关汉卿 马致远 吴昌龄 张时起	王昭君（残）	佚　名	宁胡记（残） 紫召怨（佚） 和戎记（存）	陈宗爵 王　域 佚　名
10	刘盼盼闹衡州（佚）	关汉卿	刘盼盼闹衡州（残）	佚　名		
11	萱草堂玉簪记（佚）	关汉卿			玉簪记（存）	高　濂
12	荒坟梅竹鬼团圆（佚）	关汉卿	梅竹姻缘（残）	佚　名		
13	风流郎君三负心（佚）	关汉卿	陈叔文三负心（佚）	佚　名		
14	苏氏进织锦回文（佚）	关汉卿	织锦回文（残）	佚　名		
15	介休县敬德降唐（佚） 尉迟恭三夺槊（存） 老敬德铁鞭打李焕（佚） 尉迟恭病立小秦王（佚） 敬德扑马（佚） 敬德不伏老（存） 老敬德挝怨鼓（佚） 尉迟恭单鞭夺槊（存）	关汉卿 尚仲贤 郑廷玉 于伯渊 屈恭之 杨　梓 佚　名			金貂记（存） 白袍记（存）	佚　名 佚　名

序　号	元杂剧	作　者	宋元南戏	作　者	明传奇	作　者
16	金谷园绿珠坠楼（佚）	关汉卿			竹叶舟（存）	毕　魏
17	晋国公裴度还带（佚）	关汉卿			裴度香山还带记（存）	沈　采
18	董解元醉走柳丝亭（佚）	关汉卿	董解元智夺金玉兰传（佚）	佚　名		
19	薄太后走马救周勃（佚）	关汉卿	周勃太尉（佚）	佚　名	双福寿（存）	佚　名
20	吕蒙正风雪破窑记（佚） 吕蒙正风雪破窑记（存） 吕蒙正风雪斋后钟（佚）	关汉卿 王实甫 马致远	吕蒙正风雪破窑记（存）	佚　名	彩楼记（存）	佚　名
21	姑苏台范蠡进西施（佚） 陶朱公范蠡归湖（残）	关汉卿 赵明道			浮鸥记（佚）	羽中园生
22	柳花亭李婉复落娼（佚）	关汉卿	李婉（残）	佚　名		
23	升仙桥相如题柱（佚） 升仙桥相如题柱（佚） 鹔鹴裘（佚） 卓文君白头吟（佚） 风月瑞仙亭（佚） 司马相如题桥记（存） 卓文君私奔相如（存） 卓文君驾车（佚）	关汉卿 屈子敬 范居中 孙仲章 汤　式 佚　名 朱　权 佚　名	司马相如题桥记（残） 风月亭（残） 卓氏女鸳鸯会（佚） 四喜俱全记（佚）	佚　名 佚　名 佚　名 佚　名	题桥记（佚） 凌云记（佚） 琴心记（存） 凤求凰（存） 绿绮记（残） 当炉记（佚）	陆济之 韩上桂 孙　柚 瀹慧居士 杨柔胜 陈贞贻
24	须贾谇范雎（存）	高文秀	褅袍记（残） 苏娴娴（残）	佚　名 佚　名	范雎绨袍记（存）	
25	禹王庙霸王举鼎（佚） 知汉兴陵母伏剑（佚） 荥阳城火烧纪信（佚） 霸王垓下别虞姬（佚） 火烧阿房宫（残）	高文秀 顾仲清 顾仲清 张时起 佚　名			千金记（存）	沈　采
26	忠义士班超投笔（佚）	高文秀			投笔记（存）	华山居士
27	五凤楼潘安掷果（佚）	高文秀			金雀记（存）	佚　名

序号	元杂剧	作者	宋元南戏	作者	明传奇	作者
28	相府门廉颇负荆（佚） 蔺相如夺锦标名（佚）	高文秀			箱环记（残） 完璧记（佚）	翁子忠 佚名
29	郑元和风雪打瓦罐（佚） 李亚仙诗酒曲江池（存）	高文秀 石君宝	李亚仙诗酒曲江池（佚）	佚名	绣襦记（存）	徐霖或薛近兖
30	楚昭王疏者下船（存）	郑廷玉	楚昭王（残）	佚名	二胥记（存）	
31	包待制智勘后庭花（存）	郑廷玉	包待制智勘后庭花（佚）	佚名	桃符记（存）	沈璟
32	看钱奴冤家债主（存）	郑廷玉	冤家债主（残）	佚名	灵宝符（佚）	王元寿
33	曹伯明复勘赃（佚） 曹伯明复勘赃（佚） 曹伯明复勘赃（佚）	郑廷玉 武汉臣 纪君祥	曹伯明复勘赃（残）	佚名		
34	子父梦秋夜栾城驿（佚）	郑廷玉	子父梦栾城驿（残）	佚名		
35	孟姜女送寒衣（佚）	郑廷玉	孟姜女送寒衣（残）	佚名	长城记（残）	佚名
36	裴少俊墙头马上（存）	白朴	裴少俊墙头马上目成记（残）	佚名		
37	唐明皇秋夜梧桐雨（存） 杨太真霓裳怨（佚） 杨太真华清宫（佚） 罗公远梦断杨贵妃（残）	白朴 庚天锡 庚天锡 岳伯川	马践杨妃（佚）	佚名	钿合记（佚） 合钗记（佚） 合钗记（佚）	戴应鳌 吾邱瑞 单本
38	董秀英花月东墙记（存）	白朴	董秀英花月东墙记（残）	史九敬先		
39	韩翠颦御水流红叶（残） 金水题红怨（佚）	白朴 李文蔚			红叶记（佚） 红叶记（佚） 题红记（存）	王炉 李长祚 王骥德
40	高祖归庄（佚） 汉高祖衣锦还乡（佚）	白朴 张国宾			歌风记（残）	庚生子

序 号	元杂剧	作 者	宋元南戏	作 者	明传奇	作 者
41	十六曲崔护谒浆（失） 崔护谒浆（佚）	白 朴 尚仲贤	崔护谒 浆记（残）	佚 名	桃花记（残） 双合记（佚） 题门记（佚） 登楼记（佚） 玉杵记（佚）	金怀玉 王 濬 佚 名 佚 名 杨之迥
42	祝英台死嫁梁山伯（佚）	白 朴	祝英台（残）	佚 名	牡丹记（佚） 英台记（佚） 访友记（同窗 记）（残）	朱从龙 朱少斋 佚 名
43	楚庄王夜宴绝缨会（佚）	白 朴			摘缨记（佚）	笔花主人
44	薛琼琼月夜银筝怨（佚） 崔怀宝月夜闻筝（残）	白 朴 郑光祖			玉马隧（佚） 天马媒（存）	王 械 刘 方
45	裴航遇云英（佚）	庾天锡	杵蓝田裴航 遇仙（佚）	徐 畛	蓝桥记（佚） 蓝桥记（佚） 玉杵记（佚） 蓝桥玉杵记 （存）	龙 膺 吕天成 杨之炯 云水道人
46	列女青陵台（佚）	庾天锡			韩朋十 义记（存）	佚 名
47	玉女琵琶怨（佚）	庾天锡	琵琶怨（佚）	佚 名		
48	孟尝君鸡鸣度关（佚）	庾天锡			狐白裘记（残） 四豪记（残）	谢天瑞 佚 名
49	会稽山买臣负薪（佚） 朱太守风雪渔樵记（存）	庾天锡 佚 名	朱买臣 休妻记（残）	佚 名	佩印记（佚） 露绶记（残） 负薪记（残）	佚 名 佚 名 佚 名
50	英烈士周处三害（佚）	庾天锡	周处风云记（明 改本存）	佚 名	蛟虎记 跃剑记	黄伯羽 潘×××
51	江州司马青衫泪（存）	马致远			青衫记（存）	顾大典
52	半夜雷轰荐福碑（存）	马致远			双鱼记（存）	沈 璟
53	太华山陈抟高卧（存）	马致远			恩荣记（佚）	佚 名

序　号	元杂剧	作　者	宋元南戏	作　者	明传奇	作　者
54	开坛阐教黄粱梦（存） 邯郸道卢生枕中记（佚）	马致远 谷子敬	吕洞宾 黄粱梦（佚）	佚　名	黄粱梦境 记（存） 邯郸记（存）	苏汉英 汤显祖
55	崔莺莺待月西厢记（存）	王实甫	崔莺莺 西厢记（佚） 崔莺莺 西厢记（残）	佚　名 李景云	南西厢记（佚） 南西厢记（存） 南西厢记（存） 王百户南西 厢记（佚） 续西厢升仙 记（存） 锦西厢（佚） 翻西厢（存）	崔时佩 李日华 陆　采 王百户？ 黄粹吾 周公鲁 研雪子
56	苏小卿月夜贩茶船（佚） 信安王断复贩茶船（佚） 苏小卿丽春园（佚） 豫章城人月两团圆（佚）	王实甫 纪君祥 庾天锡 佚　名	苏小卿月夜贩茶 船（残） 苏小卿西湖 柳记（佚）	佚　名 佚　名	茶船记（佚） 三生记（残）	佚　名 马湘兰
57	娇红记（佚） 金童玉女娇红记（存） 死葬鸳鸯冢（残）	王实甫 刘　兑 郏　经	娇红记（残）	宋梅洞	娇红记（残） 鸳鸯冢娇红 记（存）	沈　龄 孟称舜
58	赵光普进梅谏（佚） 赵光普进梅谏（佚）	王实甫 梁进之	赵普进梅谏（残）	佚　名		
59	晋谢安东山高卧（佚）	李文蔚			谢安石东山 记（佚）	沈　采
60	花间四友东坡梦（存） 佛印烧猪待子瞻（佚） 苏子瞻风雪贬黄州（存） 苏子瞻醉写赤壁赋（存） 醉写满庭芳（佚） 苏东坡夜宴西湖梦（佚）	吴昌龄 杨　讷 费唐臣 佚　名 赵善庆 金仁杰			赤壁记（佚） 玉麟记（残） 金莲记（存） 狮吼记（存） 麟凤记（佚）	黄　澜 叶祖宪 陈汝元 汪廷讷 或陈所闻 佚　名
61	鬼子母揭钵记（佚）	吴昌龄	鬼子揭钵（残）	佚　名		
62	浣纱女抱石投江（佚）	吴昌龄	浣纱女（佚）	佚　名		

序 号	元杂剧	作 者	宋元南戏	作 者	明传奇	作 者
63	张天师夜祭辰钩月（佚） 张天师断风花雪月（存）	吴昌龄 佚 名			月桂记（佚）	佚 名
64	穷韩信登坛拜将（佚） 萧何月夜追韩信（存） 子房货剑（佚） 江阴县韩信乞食（佚） 韩信诋水斩陈余（佚） 汉高祖诈游云梦（佚）	武汉臣 金仁杰 吴弘道 王仲文 钟嗣成 钟嗣成	韩信筑坛 拜将（佚） 十大功劳（佚） 淮阴记（佚）	佚 名 佚 名 佚 名		
65	救孝子贤母不认尸（存）	王仲文	不认尸（残）	佚 名		
66	从赤松张良辞朝（佚）	王仲文			椎秦记（佚） 博浪椎（佚） 赤松记（存）	王万几 张公琬 佚 名
67	感天地王祥卧冰（佚）	王仲文	王祥卧冰（残）	佚 名		
68	七星坛诸葛祭风（佚）	王仲文			赤壁记（残）	佚 名
69	孟月梅写恨锦香亭（佚）	王仲文	孟月梅写恨锦香 亭（残）	佚 名		
70	说鱄诸伍员吹箫（存） 申包胥兴兵完楚（佚）	李寿卿 佚 名			临潼记（佚） 举鼎记（残） 临潼会（佚） 临潼会（佚） 昭关记（残） 兴吴记（佚） 合襟记（佚） 泣庭记（佚） 二胥记（存）	沈 采 佚 名 许自昌 佚 名 佚 名 吴于东 王 洙 谢天佑 孟称舜
71	鼓盆歌庄子叹骷髅（残） 破莺燕蜂蝶蝴蝶梦（佚）	李寿卿 史 樟	蝴蝶梦（残）	佚 名	玉蝶记（佚） 南华记（佚） 蝴蝶梦（存）	谢 惠 佚 名 谢 国
72	司马昭复夺受禅台（佚）	李寿卿			青虹啸（别名 《檐头水》）（存）	邹玉卿

序号	元杂剧	作者	宋元南戏	作者	明传奇	作者
73	洞庭湖柳毅传书（存）	尚仲贤	柳毅洞庭湖龙女（佚）	佚名	传书记（佚） 龙绡记（佚） 桔浦记（存）	周侍御 黄维楫 许自昌
74	陶渊明归去来兮（残）	尚仲贤			赋归记（存） 赛四节记（残）	高濂 佚名
75	凤凰坡越娘背灯（残）	尚仲贤	越娘背灯（佚）	佚名		
76	海神庙王魁负桂英（残）	尚仲贤	王魁负桂英（残） 王俊民休书记（佚） 桂英诬王魁（佚）	佚名 佚名 佚名	焚香记（存）	王玉峰
77	鲁大夫秋胡戏妻（存）	石君宝	秋胡戏妻（佚）	佚名	采桑记（残）	佚名
78	郑孔目风雪酷寒亭（存）	杨显之	酷寒亭（佚）	佚名		
79	刘泉进瓜（佚）	杨显之			进瓜记（佚）	王昆玉
80	冤报冤赵氏孤儿（存）	纪君祥	赵氏孤儿报冤记（存）	佚名	八义记（佚） 八义记（存） 接缨记（佚）	徐元 佚名 佚名
81	白门斩吕布（佚） 锦云堂美女连环记（存）	于伯渊 佚名	貂蝉女（残）	佚名	连环记（存）	王济
82	折担儿武松打虎（佚）	红字李二			义侠记（存）	李璟
83	陶学士醉写风光好（存）	戴善甫	陶学士（佚）	佚名		
84	薛仁贵衣锦还乡（存） 莫离支飞刀对箭（存）	张国宾 佚名			金貂记（存） 白袍记（存）	佚名 佚名
85	沉香太子劈华山（佚）	张时起	刘锡沉香太子(佚)	佚名		
86	渡孟津武王伐纣（佚）	赵文敬			熊黑梦（佚） 鹿台记（佚）	东村学究 佚名
87	李太白贬夜郎（佚） 李太白醉写秦月楼（佚）	王伯成 郑光祖			彩毫记（存） 青莲记（残） 采石矶（佚） 沉香亭（佚） 李白宫锦袍记（佚）	屠隆 戴子晋 李岳 雪蓑渔隐 佚名

序 号	元杂剧	作 者	宋元南戏	作 者	明传奇	作 者
88	贾充宅韩寿偷香（佚）	李子中	贾充宅韩寿偷香（残）	佚 名	青琐记（残） 怀香记（存）	沈 鲸 陆 采
89	关盼盼春风燕子楼（佚）	侯克中	燕子楼（残）	佚 名	燕子楼（佚）	竹林逸士
90	晋文公火烧介子推（佚）	狄君厚			斩祛记（佚） 琨琯记（佚） 禁烟记（佚） 赤林记（佚）	汪景旦 两宜居士 卢鹤江 蒋 萧
91	地藏王证东窗事犯（存）	孔文卿	岳飞破虏东窗记（存）	佚 名	精忠记（存）	佚 名
92	谢金莲诗酒红梨花（存）	张寿卿	诗酒红梨花（残）	佚 名	红梨记（存） 红梨花记（存）	徐复祚 王元寿 或佚名
93	济饥民汲黯开仓（佚）	宫天廷			符节记（残）	章大纶
94	迷青琐倩女离魂（存）	郑光祖	王文举月夜追倩魂（佚）	徐 畛	离魂记（佚）	佚 名
95	蔡琰还朝（佚）	金仁杰			胡笳记（佚）	黄粹吾
96	曲江池杜甫游春（佚） 杜秀才曲江池（佚）	范 康 佚 名			杜子美曲江记（佚） 众僚友喜赏浣花溪（存） 午日吟（存）	沈 采 佚 名 许 潮
97	欢喜冤家（佚）	沈 和	欢喜冤家（佚）	佚 名		
98	徐附马乐昌分镜记（佚）	沈 和	乐昌分镜（佚）	佚 名	金镜记（佚） 合镜记（残） 分镜记（残） 破镜重圆（佚） 红拂记（存）	佚 名 佚 名 佚 名 佚 名 张凤翼
99	玉箫女两世姻缘（存）	乔 吉			玉箫两世姻缘（存） 玉环记（存）	佚 名 佚 名

序 号	元杂剧	作 者	宋元南戏	作 者	明传奇	作 者
100	杜牧之诗酒扬州梦（存）	乔 吉			气麀记（残）	卜世臣
101	燕乐毅黄金台（佚）	乔 吉			金台记（残）	佚 名
102	莺莺牡丹记（佚）	睢景贤	张浩（残）	佚 名	宿香亭（佚）	顾 苓
103	楚大夫屈原投江（佚） 屈大夫江潭行吟（佚）	睢景贤 佚 名			汨罗记（佚） 汨罗记（佚）	徐应乾 袁 晋
104	持汉节苏武还乡（残）	周文质	席雪餐毡忠节苏 武传（佚）	佚 名	雁书记（佚） 金节记（佚）	曹大章 祁彪佳
105	孙武子教发兵（佚） 孙武子（或南戏，佚）	周文质 佚 名			兴吴记（佚）	吴于东
106	晋陶母剪发待宾（存） 陶侃拿苏峻（佚）	秦简夫 佚 名			运甓记（存） 八翼记（佚）	吾丘瑞 何斌臣
107	东堂老劝破家子弟（存）	秦简夫			锦蒲团（存）	佚 名
108	王翛然断杀狗劝夫（存）	萧天瑞	杨贤德妇杀狗劝 夫（存）	徐 畛		
109	犯押狱盆吊小孙屠（佚）	萧天瑞	遭盆吊没兴小孙 屠（存）	佚 名		
110	刘玄德醉走黄鹤楼（存）	朱 凯			草庐记（存）	佚 名
111	冯骦烧券（佚）	钟嗣成			弹铗记（残） 长铗记（佚）	车任远 龙门山人
112	寄情韩翃章台柳（佚）	钟嗣成	章台柳（残）	佚 名	金鱼记（佚） 练囊记（残）	吴 鹏 张仲豫和 吴大震
113	西湖三塔记（佚）	郏 经			雷峰塔（佚）	黄六龙
114	西游记（存） 唐三藏西天取经（残） 鬼子母揭钵记（佚）	杨 讷 吴昌龄 佚 名			西游记（佚） 唐僧西游 记（佚） 佛莲记（佚）	夏均政 佚 名 沈季彪
115	红白蜘蛛（佚）	杨 讷	郑将军红白蜘蛛 记（残）	佚 名		

续表

序 号	元杂剧	作 者	宋元南戏	作 者	明传奇	作 者
116	磨勒盗红绡（佚）	杨讷	磨勒盗红绡（残）	佚 名	双红记	更生氏
117	楚襄王梦会巫娥女（佚）	杨讷			春芜记（存） 神女记（佚） 双栖记（佚）	王 錂 吕天成 佚 名
118	史教坊断生死夫妻（佚）	杨讷	生死夫妻（蒋兰英）（残）	佚 名		
119	庞居士误放来生债（存）	高茂卿			灵宝符（佚）	王 械
120	石曼卿三丧不举（佚）	高茂卿			麦舟记（佚）	谢天瑞
121	诸葛亮博望烧屯（存）	佚 名			草庐记（存） 囊锦记（存）	佚 名 佚 名
122	玉清庵错送鸳鸯被（存）	佚 名	玉清庵（佚）	佚 名	鸳鸯被（佚） 绣被记（佚）	王 域 孟称舜
123	金水桥陈琳抱妆盒（存）	佚 名			金丸记（存）	佚 名
124	管鲍分金（佚）	佚 名			管鲍分金记（存）	叶良表
125	庞涓夜走马陵道（存）	佚 名	减灶记（残）	佚 名	天书记（存） 马陵道（佚）	汪廷讷 佚 名
126	冻苏秦衣锦还乡（存）	佚 名	苏秦衣锦还乡（存）	佚 名	金印合纵记（存） 白璧记（佚）	高一苇 黄廷俸
127	王月英元夜留鞋记（存）	佚 名	王月英月下留鞋（残）	佚 名	留鞋记（佚） 胭脂记（存）	徐 霖 童养中
128	神奴儿大闹开封府（存）	佚 名	佚名同题南戏（佚）	佚 名		
129	包待制断丁丁当当盆儿鬼（存）	佚 名	包待制判盆儿鬼（佚）	佚 名	瓦盆记（佚）	叶碧川
130	施仁义刘弘嫁婢（存）	佚 名			空缄记（佚）	王 械

续表

序　号	元杂剧	作　者	宋元南戏	作　者	明传奇	作　者
131	行孝道目连救母（佚）	佚　名			目连救母劝善戏文（存）	郑之珍
132	逞风流王焕百花亭（存）	佚　名	风流王焕贺怜怜（佚）	佚　名		
133	两军师隔江斗智（存）	佚　名			锦囊记（存）试剑记（佚）试剑记（佚）	
134	守贞节孟母三移（存）	佚　名	孟母三移（佚）	佚　名		

参考文献

基本文献

1.《古本戏曲丛刊》，上海商务印书馆 1954、1955 年，上海文学古籍刊行社 1957 年影印版。

2. 王季思：《全元戏曲》（1—12 卷），人民文学出版社 1999 年版。

3. 毛晋：《六十种曲》（1—12 卷），中华书局 1958 年版。

4.（明）袁于令：《金锁记》，中华书局 2000 年版。

5.（元）王实甫：《西厢记》，王季思校注，上海古籍出版社 1978 年版。

6.（明）孟称舜：《娇红记》，上海古籍出版社 1988 年版。

7.（清）金圣叹批评：《贯华堂第六才子书西厢记》，傅晓航校点，甘肃人民出版社 1985 年版。

8.（明）陶宗仪：《说郛》，中国书店 1986 年版。

9.（西汉）刘向：《说苑》，天津古籍出版社 1988 年版。

10.（东晋）干宝：《搜神记》，中华书局 1979 年版。

11.《太平御览》，中华书局 1950 年版。

12. 宁希元点校：《元刊杂剧三十种新校》，兰州大学出版社 1988 年版。

13. 王季思、张人和：《集评校注西厢记》，上海古籍出版社 1987 年版。

14.（明）李日华：《南西厢记》，张树英点校，中华书局 2000 年版。

15. 钱南扬辑录：《宋元戏文辑佚》，上海古典文学出版社 1956 年版。

16. 凌景埏校注：《董解元西厢记》，人民文学出版社 1962 年版。

17. 隋树森选编：《全元散曲简编》，上海古籍出版社 1984 年版。

相关史料

1.（元）脱脱：《宋史》，中华书局 1977 年版。

2.（元）脱脱：《金史》，中华书局 1975 年版。

3.（宋）宇文懋昭：《大金国志校证》，崔文印校证，中华书局 1986 年版。

4.（明）宋濂：《元史》，中华书局 1976 年版。

5.（清）张廷玉：《明史》中华书局 1974 年版。

6.（东汉）班固：《汉书选》，中华书局 1962 年版。

7.（后晋）刘昫：《旧唐书》，中华书局 1975 年版。

8.《明太祖实录》，台湾"中央研究院"历史语言研究所 1950 年影印版。

9. 道润梯步：《新译简注蒙古秘史》，内蒙古人民出版社 1979 年版。

10. 余大钧：《蒙古秘史》，河北人民出版社 2001 年版。

11. 黄时鉴点校：《通志条格》，浙江古籍出版社 1986 年版。

12. 王利器：《元明清三代禁毁小说戏曲史料》（增订本），上海古籍出版社 1981 年版。

13. 怀效锋点校：《大明律》，辽沈书社 1990 年版。

14.（唐）长孙无忌等：《唐律疏议》，刘俊文点校，中华书局 1983 年版。

15. 罗布桑却丹：《蒙古风俗鉴》，辽宁民族出版社 1988 年版。

16.（明）顾起元：《客座赘语》，中华书局 1987 年版。

17.（元）熊梦祥：《析津志辑佚》，北京古籍出版社 1983 年版。

18.（明）陶宗仪：《辍耕录》，文化艺术出版社 1998 年版。

19.（元）孔齐：《至正直记》，上海古籍出版社 1987 年版。

20.（元）李志常：《长春真人西游记》，党宝海译注，河北人民出版社 2001 年版。

21.（清）曹雪芹：《红楼梦》，人民文学出版社 1973 年版。

22.（宋）郑思肖：《郑思肖集》，上海古籍出版社 1991 年版。

23.（唐）孔颖达：《毛诗正义》，上海古籍出版社 1990 年版。

24. 刘方元：《孟子今译》，江西人民出版社 1985 年版。

25. 唐满先：《论语今译》，江西人民出版社 1982 年版。

26. 张涛：《烈女传译注》，山东大学出版社 1990 年版。

27.《孝经》，延边大学出版社 2001 年版。

28.《礼记》，北京燕山出版社 1995 年版。

文学史类著作

1. 邓绍基等：《中华文学通史》，华艺出版社 1997 年版。

2. 游国恩：《中国文学史》，人民文学出版社 1963 年版。

3. 袁行霈：《中国文学史》，高等教育出版社 1999 年版。

4. 章培恒：《中国文学史》，复旦大学出版社 1996 年版。

5. 荣苏赫等：《蒙古族文学史》（1—4 卷），内蒙古人民出版社 2000 年版。

6. 郑振铎：《中国俗文学史》，东方出版社 1996 年版。

7. 云峰：《蒙汉文学关系史》，新疆人民出版社 1997 年版。

8. 王国维：《宋元戏曲史》，叶长海导读，上海古籍出版社 1998 年版。

9. 王易：《词曲史》，东方出版社 1996 年版。

10. 李修生：《元杂剧史》，江苏古籍出版社 2002 年版。

11. 尚学锋等：《中国古典文学接受史》，山东教育出版社 2000 年版。

12. 许金榜：《中国戏曲文学史》，人民文学出版社 1994 年版。

13. 唐文标：《中国古代戏剧史》，中国戏剧出版社 1985 年版。

14. 邓涛、刘立文：《中国古代戏剧文学史》，北京广播学院出版社 1994 年版。

15. 赵义山：《元散曲通论》，上海古籍出版社 2004 年版。

16. 胡士莹：《话本小说概论》，中华书局 1980 年版。

17. 许金榜：《元杂剧概论》，齐鲁书社 1986 年版。

18. 谭帆：《中国古典戏剧理论史》，中国社会科学出版社 1993 年版。

文学理论批评著作

1.《中国古典戏曲论著集成》，中国戏剧出版社 1959 年版。

2. 蔡毅：《中国古典戏曲序跋汇编》（1—4 卷），齐鲁书社 1989 年版。

3. 吴毓华：《中国古典戏曲序跋集》，中国戏剧出版社 1990 年版。

4.（南朝梁）刘勰：《文心雕龙注释》，周振甫注，人民文学出版社 1981 年版。

5. 程炳达、王卫民：《中国历代曲论释评》，民族出版社 2000 年版。

6. 隗芾、吴毓华编：《古典戏曲美学资料集》，文化艺术出版社 1992 年版。

7. 秦学人、侯作卿编著：《中国古典编剧理论资料汇辑》，中国戏剧出版社 1984 年版。

8.（元）钟嗣成：《录鬼簿》，上海古籍出版社 1978 年版。

9.（清）李渔：《闲情偶记》，杜书瀛点评，北京学苑出版社 1998 年版。

10. 扎拉嘎：《比较文学——文学平行本质的比较研究》，内蒙古教育出版社 2002 年版。

11. 陈惇、刘象愚：《比较文学概论》，北京师范大学出版社 2000 年版。

12. 乐黛云：《比较文学原理》，湖南文艺出版社 1988 年版。

13. 程爱民：《跨文化语境中的比较文学》，南京译林出版社 2003 年版。

14. 敏泽、党圣元：《文学价值论》，社会科学文献出版社 1999 年版。

15. 张岱年：《中国文化概论》，北京师范大学出版社 1994 年版。

16. 何国瑞主编：《艺术生产原理》，人民文学出版社 1989 年版。

17. 孙耀煜等：《文学理论教程》，人民文学出版社 1991 年版。

18. 杜书瀛：《创作论》，人民文学出版社 2001 年版。

19.（清）焦循：《剧说》，上海古典文学出版社 1957 年版。

研究著述

1. 宁一宗等：《元杂剧研究概述》，天津教育出版社 1987 年版。

2. 陈平原主编：《20 世纪中国学术文存——元杂剧研究》，湖北教育出版社 2003 年版。

3. 查洪德、李军：《元代文学文献学》，社会科学文献出版社 2002 年版。

4. 褚斌杰：《中国古代文体概论》，北京大学出版社 1990 年版。

5. 扎拉嘎：《〈一层楼〉〈泣红亭〉与〈红楼梦〉比较》，内蒙古人民出版社 1984 年版。

6. 扎奇斯钦：《蒙古文化与社会》，台北商务印书馆 1987 年版。

7. 邢莉：《游牧文化》，北京燕山出版社 1995 年版。

8. 程国赋：《唐五代小说的文化阐释》，人民文学出版社 2002 年版。

9. 周少川：《元代史学思想研究》，社会科学文献出版社 2001 年版。

10. 陈寅恪：《陈寅恪史学论文选集》，上海古籍出版社 1992 年版。

11. 孙少先：《英雄之死与美人迟暮》，社会科学文献出版社 2000 年版。

12. 朱义禄：《儒家理想人格与中国文化》，辽宁教育出版社 1991 年版。

13. 王纲：《关汉卿研究资料汇考》，中国戏剧出版社 1988 年版。

14. 张淑香：《元杂剧的爱情与社会》，台北长安出版社 1980 年版。

15. 赵景深：《中国古典小说戏曲论集》，上海古籍出版社 1986 年版。

16. 郭英德：《明清文人传奇研究》，北京师范大学出版社 2001 年版。

17. 李炳海：《民族融合与中国古代文学》，东北师范大学出版社 1997 年版。

18. 白·特木尔巴根：《古代蒙古作家汉文创作考》，内蒙古教育出版社 2002 年版。

19. 么书仪：《元人杂剧与元代社会》，北京大学出版社 1997 年版。

20. 么书仪：《铜琵铁琶与红牙板》，大象出版社 1997 年版。

21. 么书仪：《元代文人心态》，文化艺术出版社 1993 年版。

22. 郭英德：《元杂剧与元代社会》，北京师范大学出版社 1996 年版。

23. 季羡林：《比较文学与民间文学》，北京大学出版社 1991 年版。

24. 孟驰北：《草原文化与人类历史》，国际文化出版公司 1999 年版。

25. 周少川：《元代史学思想研究》，社会科学文献出版社 2001 年版。

26. 项英杰：《中亚——马背上的文化》，浙江人民出版社 1993 年版。

27. 孛尔只斤·吉尔格勒：《游牧文明史论》，内蒙古人民出版社 2002 年版。

28. 孙崇涛：《南戏论丛》，中华书局 2001 年版。

29. 胡适：《胡适说文学变迁》，上海古籍出版社 1999 年版。

30. 夏咸淳：《情与理的碰撞——明代士林心史》，河北大学出版社 2001 年版。

31. 陈衍：《中国古典戏曲理论初探》，湖北人民出版社 1984 年版。

32. 陈平原：《元杂剧研究》，湖北教育出版社 2003 年版。

33. 刘念兹：《南戏新证》，中华书局 1986 年版。

34. 王道成：《科举史话》，中华书局 1988 年版。

35. 刘国忠、黄振萍：《中国思想史参考资料集·隋唐至清卷》，清华大学出版社 2004 年版。

36.《元代文化研究》（第一辑），北京师范大学出版社 2001 年版。

37. 孔令纪等：《中国历代官制》，齐鲁书社 1993 年版。

38. 史卫民：《都市中的游牧民》，湖南出版社 1996 年版。

39. 寒声：《西厢记新论》，中国戏剧出版社 1992 年版。

40. 孙崇涛：《风月锦囊考释》，中华书局 2000 年版。

41. 蒋星煜：《西厢记的文献学研究》，上海古籍出版社 1997 年版。

42. 许并生：《中国古代小说戏曲关系论》，文化艺术出版社 2002 年版。

43. 吴梅：《中国戏曲概论》，冯统一点校，中国人民大学出版社 2004 年版。

44. 徐扶明：《〈红楼梦〉与戏曲比较研究》，上海古籍出版社 1984 年版。

45. 张燕瑾：《西厢记浅说》，百花文艺出版社 1986 年版。

46. 瞿同祖：《中国法律与中国社会》，上海书店 1989 年版。

47. 蒋星煜：《西厢记考证》，上海古籍出版社 1988 年版。

48. 孙逊：《董西厢和王西厢》，上海古籍出版社 1983 年版。

49. 段启明：《西厢论稿》，四川人民出版社 1982 年版。

50. 商韬：《论元代杂剧》，齐鲁书社 1986 年版。

51. 黄克：《关汉卿戏剧人物论》，人民文学出版社 1984 年版。

52. 徐扶明：《元明清戏曲探索》，浙江古籍出版社 1986 年版。

53. 曾永仪：《中国古典戏剧论集》，台湾联经出版事业公司 1975 年版。

54. 朱承朴、曾庆会：《明清传奇概说》，香港三联书店 1985 年版。

55. 张福清：《女诫——妇女的枷锁》，中央民族大学出版社 1996 年版。

56.《元明清戏曲研究论文集》，作家出版社 1957 年版。

57. 赵景深：《戏曲笔谈》，上海古籍出版社 1980 年版。

58. 王国维：《王国维戏曲论文集》，中国戏剧出版社 1984 年版。

59. 吕思勉：《中国民族史》，东方出版社 1996 年版。

60. 内蒙古社会科学院历史所编：《蒙古族通史》，民族出版社 2001 年版。

61. 史卫民：《元代社会生活史》，中国社会科学出版社 1996 年版。

62. 车吉心主编：《中华野史·辽夏金元卷》，泰山出版社 2000 年版。

63. 卢明辉：《清代蒙古史》，天津古籍出版社 1990 年版。

64. [日] 吉川幸次郎：《元杂剧研究》，郑清茂译，台湾艺文印书馆 1960 年版。

65. [美] 西利尔·白之：《白之比较文学论文集》，微周等译，湖南文艺出版社 1987 年版。

66. [伊朗] 志费尼：《世界征服者史》，内蒙古人民出版社 1980 年版。

67. [日] 青木正儿：《元人杂剧概说》，隋树森译，中国戏剧出版社 1957 年版。

工具书

1. 庄一拂：《古代戏曲存目汇考》（上中下），上海古籍出版社 1982 年版。

2. 傅惜华：《元代杂剧全目》，人民文学出版社 1957 年版。

3. 傅惜华：《明代传奇全目》，人民文学出版社 1959 年版。

4. 赵景深：《元明北杂剧总目考略》，中州古籍出版社 1985 年版。

5. 李修生：《古本戏曲剧目提要》，文化艺术出版社 1997 年版。

6. 内蒙古大学图书蒙古学部编：《蒙古学论文资料索引 1949—1985》，内蒙古大学出版社 1987 年版。

7. 额尔德尼编：《蒙古学论著索引 1986—1995》，辽宁民族出版社 1997 年版。

8. 方龄贵：《古典戏曲外来语考释词典》，汉语大词典出版社、云南大学出版社 2001 年版。

9.《曲海总目提要》（上下），天津古籍书店 1992 年版。

10. 陈光主编：《中国历代帝王年号手册》，北京燕山出版社 2000 年版。

论文

1. 扎拉嘎：《游牧文化影响下中国文学在元代的历史变迁》，《文学遗产》2002 年第 5 期。

2. 李春祥：《元人杂剧反映元代民族关系的几个问题》，《河南师范大学报》1980 年第 2 期。

3. 扎拉嘎：《北方少数民族对中国文学的贡献》，《社会科学战线》2003 年第 3 期。

4. 杨义：《"北方文学"的宏观价值与基本功能》，《民族文学研究》2003 年第 1 期。

5. 周齐：《试论明太祖的佛教政策》，《世界宗教研究》1998 年第 3 期。

6. 王卫民：《〈窦娥冤〉与历代改本之比较》，《华中理工大学学报》（哲学社会科学版）1994 年第 3 期。

7. 席永杰：《元曲描写中蒙古族民风被忽视的原因》，《民族文学研究》1996 年第 1 期。

8. 云峰：《论蒙古民族及其文化对元杂剧繁荣兴盛之影响》，《内蒙古师范大学学报》2003 年第 4 期。

9. 刘祯：《元大都杂剧勃盛论》，《文艺研究》2001 年第 3 期。

10. 母进炎：《接受·扬弃·创造——〈窦娥冤〉与〈金锁记〉戏曲艺术经验传承比较研究》，《贵州师范大学学报》2002 年第 6 期。

11. 葛根高娃、乌云巴图：《试论蒙古族传统文化的基本要素》，《内蒙古社会科学》

1990 年第 5 期。

12. 孟东风：《金代女真人的汉化与民族融合》，《东北师范大学学报》1994 年第 6 期。

13. 金乃俊：《论〈窦娥冤〉改编中的几个问题》，《戏曲研究》第 21 辑，文化艺术出版社 1986 年。

14. 吴双：《明代戏曲的社会功能论》，《中国文化研究》1994 年总第 6 期。

15. 叶蓓：《浅析蒙古族文化对元杂剧形成及发展的影响》，《民族文学研究》1997 年第 4 期。

16. 舒振邦、舒顺华：《儒学在元代蒙古人中的影响》，《内蒙古社会科学》1997 年第 5 期。

17. 杜桂萍：《戏曲教化功能的失范——元杂剧衰微论之一》，《北方论丛》1997 年第 1 期。

18. 刘祯：《元大都杂剧勃盛论》，《文艺研究》2001 年第 3 期。

19. 秦新林：《元代蒙古族的婚姻习俗及其变化》，《殷都学刊》1998 年第 4 期。

20. 姜书阁：《从诸宫调到宋金元杂剧和南戏传奇》，《中国韵文学刊》1996 年第 2 期。

21. 俞为民：《南戏流变考述——兼谈南戏与传奇的界限》，《艺术百家》2002 年第 1 期。

22. 朱建明：《也谈明传奇的界定》，《艺术百家》1998 年第 1 期。

23. 陈多：《〈西楼记〉及其作者袁于令》，《艺术百家》1999 年第 1 期。

24. 张炳森：《〈西厢记诸宫调〉究竟创作于何时》，《河北学刊》2002 年第 4 期。

25. 许彦政：《从〈西厢记〉看作者的爱情婚姻理想》，《延安教育学院学报》1998 年第 1 期。

26. 谢柏良：《从〈琵琶行〉到〈青衫泪〉》，《黄石师院学报》1982 年第 3 期。

27. 赵仲颖：《从桃杌、窦天章的形象塑造看〈窦娥冤〉反民族压迫的思想意义》，《殷都学刊》1988 年第 1 期。

28. 黄克：《关汉卿杂剧中的妇女形象》，《信阳师范学院学报》1984 年第 3 期。

29. 蒋中崎：《孔子儒家思想对中国戏曲形成和发展的消极影响》，《杭州师范学院学报》1993 年第 3 期。

30. 李成：《略论女真文学的民族文化特征及对中国文学的贡献》，《齐齐哈尔师范学院学报》1994 年第 2 期。

31. 杨立新：《满族风俗文化概观》，《吉林师范学院学报》1996 年第 1 期。

32. 曾代伟：《试论金朝婚姻制度的二元制特色》，《西南民族学院学报》1995 年第 5 期。

33. 王文东：《试论金代女真人对儒家伦理的吸收》，《满族研究》2003 年第 1 期。

34. 李秀莲：《试论金代女真人开放的文化心态与其汉化》，《黑龙江农垦师范专科学院学报》2002 年第 4 期。

35. 纵丽娟：《试论清代内蒙古东部地区兴起的戏剧热》，《内蒙古大学学报》2000 年第 1 期。

36. 高云萍：《伍子胥故事的历史演变》，《枣庄师范专科学校学报》2004 年第 1 期。

37. 曾玮：《西厢故事里的莺莺们》，《伊犁教育学院学报》2002 年第 3 期。

38. 徐朔方：《袁于令年谱（1592—1674）》，《浙江社会科学》2002 年第 5 期。

39. 李令媛：《略论元杂剧中反传统的婚姻价值观》，《河北大学学报》1993 年增刊。

40. 吕文丽：《元明戏曲舞台上的伍子胥形象及其审美特征》，《苏州铁道学院学报》2001 年第 1 期。

41. 张则桐：《元杂剧〈伍员吹箫〉论析》，《徐州教育学院学报》1999 年第 2 期。

42. 季国平：《元大都的戏剧文化》，《河北学刊》1991 年第 3 期。

43. 段庸生：《马致远心态与神仙道化剧》，《重庆师范学院学报》1992 年第 4 期。

44. 李修生：《元杂剧与蒙元文化》，《雁北师院学报》1995 年第 1 期。

45. 张云生：《石君宝论》，《冀东学刊》1997 年第 2 期。

46. 徐子方：《明杂剧社会背景探源》，《东南大学学报》1999 年第 1 期。

47. 李姣玲：《元代前期神仙道化剧的愤世精神》，《阜阳师范学院学报》2002 年第 5 期。

48. 徐子方：《朱有燉及其杂剧考论》，《南京师范大学文学院学报》2002 年第 2 期。

49. 张正学：《从南戏、传奇、元杂剧到明清南杂剧——试论南杂剧对南北戏曲文化的继承和发展》，《重庆师范学院学报》2002 年第 4 期。

50. 夏咸淳：《明代文人心态之律动》，《东南大学学报》（哲学社会科学版）2003 年第 4 期。

51. 徐子方：《明初社会变革及其后果——明杂剧社会背景探源之二》，《盐城师范学院学报》（人文社会科学版）2003 年第 1 期。

52. 王丽娟：《新思路、大视野下的关羽研究——读刘海燕〈从民间到经典——关羽形象与关羽崇拜的生成演变史论〉》，《福建师范大学学报》（哲学社会科学版）2005 年第 4 期。

53. 刘红艳：《从李亚仙、元和故事演变看时代变迁对戏剧创作的影响》，《戏剧文学》2006 年第 4 期。

54. 王成：《皇权政治背景下的奇特景观：忠文化与关羽崇拜》，《山东大学学报》2007 年第 5 期。

55. 毛佩琦：《明教化厚风俗——朱元璋推行教化的几个特点》，《学习与探索》2007 年第 5 期。

56. 吴晓红：《〈汉宫秋〉与〈昭君出塞〉比较》，《太原城市职业技术学院学报》2008 年第 6 期。

57. 张泽洪：《元明时期道教道情的传播及其影响——以元明杂剧小说中的唱道情为

中心》，《四川大学学报》（哲学社会科学版）2008 年第 1 期。

58.周志艳：《元代文人地位变迁与元杂剧中女性意识的突显》，《荆楚理工学院学报》2010 年第 4 期。

59.赵红：《"威人以法不若感人以心"——论元明间"辰钩月"系列杂剧的道德化展衍趋向》，《西南交通大学学报》（社会科学版）2011 年第 1 期。

主要咨询网站

1.国学网：http://www.guoxue.com/

2.中知网：http://www.cnki.net/

3.超星数字图书馆：http://www.ssreader.com/

4.台湾"中央研究院"历史语言研究所：http://www.ihp.sinica.edu.tw/

5.南京大学网站：http://www.nju.edu.cn/

6.中华诗歌网：http://www.chinapoem.net/

7.中国昆曲网：http://www.kunqu.net/

8.北方昆曲网：http://www.beikun.com/

责任编辑：刘　畅

封面设计：石笑梦

图书在版编目（CIP）数据

元明戏曲流变研究／郝青云，马婧如　著 . — 北京：人民出版社，2020.2

ISBN 978 - 7 - 01 - 022025 - 3

I.①元… 　II.①郝… 　②马… 　III.①古代戏曲 - 文学研究 - 中国 - 元代 ②古代戏曲 - 文学研究 - 中国 - 明代　IV.① I207.37

中国版本图书馆 CIP 数据核字（2020）第 060982 号

元明戏曲流变研究

YUANMING XIQU LIUBIAN YANJIU

郝青云　马婧如　著

人民出版社 出版发行

（100706　北京市东城区隆福寺街 99 号）

中煤（北京）印务有限公司印刷　新华书店经销

2020 年 2 月第 1 版　2020 年 2 月北京第 1 次印刷

开本：710 毫米 ×1000 毫米 1/16　印张：17

字数：260 千字

ISBN 978 - 7 - 01 - 022025 - 3　定价：49.00 元

邮购地址 100706　北京市东城区隆福寺街 99 号

人民东方图书销售中心　电话（010）65250042　65289539